AF203475

Der Autor

Dr. Joseph Murphy, 1889–1981, ist einer der erfolgreichsten Autoren der Lebenshilfeliteratur. Er wurde im Süden Irlands geboren und wanderte 1922 in die USA aus. Sein Studium der Religions- und Rechtswissenschaften sowie der Philosophie schloss er mit der Promotion in allen drei Fächern ab. 1962 erschien sein Hauptwerk »Die Macht Ihres Unterbewusstseins«, dem zahlreiche weitere Publikationen folgten. Durch seine Bücher und seine rege Vortragstätigkeit in der ganzen Welt wurde er zum Wegbereiter des Positiven Denkens.

Von Joseph Murphy sind in unserem Hause erschienen:

Das große Dr. Joseph Murphy-Buch
Wie uns die Liebe heilt
Das Erfolgsbuch
Das Superbewusstsein

DR. JOSEPH MURPHY

Das
Super
Bewusst
Sein

Die Kunst,
das Unmögliche
möglich zu machen

Aus dem Amerikanischen übersetzt
von Gabriel Stein

Ullstein

Besuchen Sie uns im Internet:
www.ullstein.de

Wir verpflichten uns zu Nachhaltigkeit
- Klimaneutrales Produkt
- Papiere aus nachhaltiger
  Waldwirtschaft und anderen
  kontrollierten Quellen
- ullstein.de/nachhaltigkeit

Allegria im Ullstein Taschenbuch

Aus dem Amerikanischen übersetzt von Gabriel Stein
Titel des Originalmanuskripts: WITHIN YOU IS THE POWER
(© JMW Group Inc. NY)

MIX
Papier aus verantwor-
tungsvollen Quellen
FSC® C083411

Ullstein Taschenbuch ist ein Verlag der Ullstein Buchverlage GmbH, Berlin.
Originalausgabe
1. Auflage September 2008
6. Auflage 2021
© 2008 by Ullstein Buchverlage GmbH, Berlin
© der Originalausgabe by JMW Group Inc. NY
Umschlaggestaltung: FranklDesign, München
Titelabbildung: www.leeladhar.com
Gesetzt aus der Minion
Satz: Pinkuin Satz und Datentechnik, Berlin
Druck und Bindearbeiten: CPI books GmbH, Leck
ISBN 978-3-548-74310-3

Inhalt

Erstes Kapitel
In Ihrem Innern ist die Kraft
(Mit Dr. Murphy um die Welt)

Zweites Kapitel
Hören Sie auf, Ihre Eltern
zur Rechenschaft zu ziehen

Drittes Kapitel
Werden Sie von bestimmten Konstellationen beherrscht?

Viertes Kapitel
Was ist Wahrheit?

Fünftes Kapitel
Die wahre Kunst der Meditation
und der Entspannung

Sechstes Kapitel
Der Sinn der uralten Wahrheiten

Siebtes Kapitel
Frieden finden in dieser wechselhaften Welt

Achtes Kapitel

Neuntes Kapitel
Die biblische Bedeutung der fremden Frau

Zehntes Kapitel
Geistige Kräfte, die Sie sich
zunutze machen können

Elftes Kapitel
Die Antwort kommt aus Ihrem Innern

Zwölftes Kapitel
Eine Meditation über den 23. Psalm

Sechzehntes Kapitel
Zahlreiche Antworten
auf Ihre zahlreichen Fragen

Siebzehntes Kapitel
Einige Dinge, die Sie wissen sollten

ERSTES KAPITEL

In Ihrem Innern ist die Kraft
(Mit Dr. Murphy um die Welt)

Im Oktober 1976 unternahm ich eine 50-tägige Weltreise, die mich nach Griechenland, in die Türkei, nach Ägypten, Jordanien, Israel, Indien, Nepal, Thailand, Singapur, Hongkong, Japan und Hawaii führte und mir an allen Orten faszinierende Besichtigungsfahrten bot. Ich traf viele interessante Menschen, besuchte eine ganze Reihe von Heiligtümern und hörte Vorträge über die verschiedenen Glaubenslehren, die Wunderheilungen an Kultstätten, die angewandten Gebetstechniken sowie über die einzigartige Methode zahlreicher Leute, sich der Unsichtbaren Gegenwart und Kraft anzunähern. Während dieser Reise hatte ich Gelegenheit, mit etlichen Personen über die Gesetze des Bewusstseins und die Verfahrensweise des göttlichen Geistes zu sprechen. Besonders interessierte es mich zu erfahren, dass all diese Menschen in den von mir besuchten Ländern tieferen Einblick in die Funktionsweise des Unterbewusstseins gewinnen wollten.*

Einer der Gründe für diese Reise bestand darin, Material für ein neues Buch zu sammeln. Daher machte ich mir über das, was ich sah und hörte, innerlich Notizen, von denen viele in die folgenden Seiten mit eingegangen sind.

Athen ist heute eine ziemlich moderne Stadt mit einer ihr eigenen Bedeutung und Anziehungskraft. Bei jedem meiner Besuche erscheint sie mir noch bezaubernder. Eigentlich geht

---

* Vgl. dazu: Dr. Joseph Murphy, *The Power of Your Subconscious Mind*, Englewood Cliffs, New Jerey: Prentice-Hall Publishing Company 1963.

es hier buchstäblich um eine Erforschung der Antike – ob auf der Akropolis mit dem Parthenon und dem Tempel des Zeus oder auf Exkursionen nach Eleusis und Korinth. Dort erinnerte ich mich an die eleusinischen Mysterien und an die Einweihung in andere geheimnisvolle Tempelriten, in denen uralte geistige Schätze gleichsam aufbewahrt wurden.

Sie sind Ihr eigener Erlöser

Der Fremdenführer in Korinth erläuterte relativ ausführlich, dass wir uns hier an genau der Stelle befanden, wo Paulus seine Episteln den Korinthern vortrug. Dann fügte er hinzu, Paulus habe gewusst, dass Jesus der Erlöser des Menschen sei. Doch das ist nicht richtig, wie Sie bei sorgfältiger Lektüre dieses Kapitels sehen werden. Paulus sagte nämlich: ... *Christus in euch, die Hoffnung der Herrlichkeit.* (Kolosser 1,27) Und: *Ist aber Christus nicht auferstanden, so ist unsre Predigt vergeblich.* (1. Korinther 15,14) ... *Wache auf, der du schläfst, und stehe auf von den Toten, so wird dich Christus erleuchten.* (Epheser 5,14)

Was meint die Bibel mit solchen Formulierungen? Die wörtliche Auslegung des Buches der Bücher hat viel dazu beigetragen, dass Menschen in den Unglauben getrieben wurden. Wir müssen uns deutlich machen, in welch hohem Maße die heiligen Schriften von symbolischen Bedeutungen durchdrungen sind. Zahlreiche Ausdrücke und Kapitel der Bibel lassen sich nicht wörtlich verstehen; und wenn auch nur ein Teil als metaphorisch, allegorisch oder mystisch gilt, so mag das auch auf viele andere Teile zutreffen. Jene Männer, die die Bibel verfassten und zumeist namenlos blieben, sagten sich: »Wir wissen, welche Botschaft wir übermitteln möchten, aber wie können wir sie den Menschen nahebringen?« Deshalb entschlossen sie sich, von Problemen, Mühen, Streitigkeiten,

Kriegen, Krankheiten usw. zu sprechen, und erklärten dann, auf welche Weise diese zu überwinden seien.

Die Hoffnung auf Herrlichkeit

Hierbei handelt es sich nicht um Frömmelei – zur Kirche gehen, Loblieder singen, die Vorschriften und Grundsätze einer religiösen Institution befolgen –, sondern darum, die Gegenwart Gottes in sich selbst immer wieder neu zu erfahren. Das heißt, Licht, Liebe, Wahrheit und Schönheit *jetzt* zum Ausdruck zu bringen, glücklich zu sein und in freudiger Erwartung des Besten zu leben. Wenn man positive Schwingungen aussendet, wenn die Beziehungen innerhalb der Familie und zu den anderen Menschen intakt sind, so bezeugt auch das die Herrlichkeit (das Glühen und das Strahlen) Gottes. Christus bezeichnet die Gegenwart Gottes im eigenen Innern.

Wie Sie wissen, ist »Christus« kein Eigenname. Das Wort verweist auf einen Titel. Es stammt aus dem Griechischen, bedeutet »gesalbt« oder »heilig« und entspricht dem hebräischen »Messias« und dem indischen »Buddha«. Der Christus im Innern meint die Göttliche Gegenwart in Ihnen, die spirituelle Wahrheit über Sie selbst. Jesus ist der Name eines Menschen. Die Namen »Jesus« und »Josua« sind synonym. Der letztere besagt: »Gott ist die Lösung«. Gott ist die Rettung oder Lösung für all Ihre Probleme. Christus im Anderen sehen heißt, Frieden zu sehen (geistig wahrzunehmen), wo Zwietracht herrscht, Liebe zu entdecken, wo Hass regiert, Freude zu empfinden, wo Trauer ist, und Ganzheit, Schönheit und Vollkommenheit zu erkennen, wo Krankheit ist. Diese gedankliche und geistige Übung wird oft die Verwirklichung der Gegenwart Gottes genannt.

Und ich, wenn ich erhöht werde von der Erde, so will ich alle zu mir ziehen. (Johannes 12,32) Damit ist Folgendes gemeint:

15

Wenn Sie Ihr Ideal durch Gebet und Meditation zur bejahenden Einstellung erhöhen, wird die Manifestation in Erscheinung treten. Mit anderen Worten: Sie werden jene Freude erfahren, die aus dem beantworteten Gebet resultiert.

Die Göttliche Gegenwart berühren

Wenn Sie beten und dann ein Gefühl von Frieden, Ruhe und Vertrauen empfinden, so haben Sie Ihr Höheres Selbst (Gott im Innern – das ICH BIN) geistig berührt und angefangen, sich selbst ein wenig besser kennenzulernen. Der Christus in Ihnen ist das »ICH BIN«, der Allmächtige Lebendige Geist, das Lebensprinzip. Descartes sagte: *Cogito ergo sum* – Ich denke, also BIN ICH.

Das Vermögen des Geistes besteht darin, zu denken; er befähigt Sie, zu vergleichen, abzuwägen, auszuwählen und zu entscheiden. Sie verfügen über einen Willen, über Wahlfreiheit und Entschlusskraft. Die einzige immaterielle Kraft, deren Sie sich bewusst sind, ist Ihr Denken. Descartes vertrat den rationalistischen Standpunkt, dass keine objektive Gegebenheit absolut wahr ist, da sie zum Beispiel auf optischer Täuschung oder Lüge beruhen kann. Die einzige Gewissheit im Universum besteht darin, dass Gott Gott ist. Wenn Sie sagen: »ICH BIN«, verkünden Sie damit die Gegenwart Gottes in Ihrem Innern.

Gott wirkt in Ihnen

Wenn Sie freundlich und großzügig sind, andere Menschen in Ihrem Denken und Fühlen erhöhen und etwas Angenehmes und Erbauliches sagen, dann ist das innere ICH BIN am Werk. Sie sind eine individuelle Ausformung des Unendlichen

Geistes und befinden sich hier, um Ihre Göttlichkeit immer deutlicher zum Ausdruck zu bringen. Wir erheben uns von den Toten, wenn wir veraltete oder falsche Überzeugungen und abergläubische Vorstellungen aufgeben und uns der Gegenwart Gottes im Innern bewusst werden.

Besuch in Istanbul

Unsere Reisegruppe bestand aus 21 Personen. Jeder hatte seine eigenen religiösen Auffassungen, doch alle stimmten darin überein, dass wir uns tatsächlich in einer exotischen Stadt aufhielten, die halb zu Europa, halb zu Asien gehört. Es lohnt sich, die berühmte Blaue Moschee, die Moschee von Suleiman dem Großen, das Museum der Hagia Sophia und das Hippodrom zu besichtigen.

Die Türken sind wohl die leidenschaftlichsten Moslems. Freitag ist der islamische Sabbat, an dem das Geschäftsleben teilweise zum Stillstand kommt. In den Moscheen sprechen die Imame Gebete und halten Predigten. Die Moscheen, die wir besuchten, waren angefüllt mit Menschen, aber es herrschte ein so tiefes Schweigen, dass ich die Anwesenheit der Gläubigen gar nicht wahrnahm. Das zentrale Dogma des Islams ist die absolute Einheit und Übermacht Gottes. Allah ist Gott und Mohammed Sein Prophet.

Eine berechtigte Frage und ihre Antwort

Als ich mit einem der Männer in der Moschee plauderte, fragte er, warum wir auf der Notwendigkeit beharren, Jesus als unseren Erlöser anzusehen. Dann zitierte er den Ausspruch eines Missionars in der christlichen Schule, die er als Junge besucht hatte: *Denn also hat Gott die Welt geliebt, dass er seinen ein-*

gebornen Sohn gab, auf dass alle, die an ihn glauben, nicht verloren werden, sondern das ewige Leben haben. (Johannes 3,16)

Meine Erklärung lautete folgendermaßen: Einige Prediger nehmen die Bibel leider wörtlich und vergessen dabei jene uralten Wahrheiten: *Denn der Buchstabe tötet, aber der Geist macht lebendig.* (2. Korinther 3,6) *Und ihr sollt niemand euren Vater heißen auf Erden; denn* einer *ist euer Vater, der im Himmel ist.* (Matthäus 23,9) *Ich fahre auf zu meinem Vater und zu eurem Vater, zu meinem Gott und zu eurem Gott.* (Johannes 20,17) All diese Aussagen weisen darauf hin, dass wir einen gemeinsamen Vater oder Urerzeuger haben, das Lebensprinzip – und dass wir alle im Grunde Brüder und Schwestern sind.

Ich machte den Mann darauf aufmerksam, dass jeder Mensch sein eigener Erlöser sei, weil Gott allen Menschen innewohnt. In der Bibel steht: *Wohl habe ich gesagt: Ihr seid Götter und allzumal Söhne des Höchsten.* (Psalm 82,6) Paulus führt aus: *Denn welche der Geist Gottes treibt, die sind Gottes Kinder.* (Römer 8,14) Vor Gott sind alle gleich. *Denn es ist kein Ansehen der Person vor Gott.* (Römer 2,11)

Die Bibel ist im Wesentlichen ein psychologisches und spirituelles Lehrbuch; sie wird von vielen Menschen, welche die verborgene Bedeutung der durchgängig auftauchenden Symbole, Parabeln, Fabeln, Mythen, Kryptogramme und Zahlen untersuchen, gerade *nicht* wörtlich genommen.

Ich räumte gegenüber meinem Gesprächspartner ein, dass Geistliche oft über das Seelenheil im Leben nach dem Tode sprechen; doch das Leben nach dem Tode ist schon morgen, nächste Woche, nächstes Jahr. Das Lebensprinzip in jedem von uns bildet auf dem »Spiegel des Raumes« ständig die Resultate unserer gewohnten Gedanken und Vorstellungen ab. Der Mensch kann seine Seele, die ewig und unzerstörbar ist, ebenso wenig verlieren, wie Gott sich selbst verlieren kann.

Es gibt keine verlorene Seele. Vom psychologischen Standpunkt aus betrachtet mag ein Mensch für die Harmonie, die Gesundheit und den Seelenfrieden verloren sein, doch er kann sich stets mit dem Unendlichen Geist in seinem Innern vereinigen und das, was er verloren glaubte, erneut beanspruchen, fühlen und erfahren. Der Mensch möchte, dass Krankheit, Schmerz, Unglück, Entbehrung und Leiden ihm hier und jetzt erspart bleiben. Das ist das unmittelbare und grundlegende Problem – nicht nur in der Türkei, sondern überall auf der Welt.

Die Zukunft des Menschen liegt in seinem gegenwärtigen Denken, das durch seine Erfahrungen und Lebensbedingungen objektiviert wird. Man macht seine Erlösung beziehungsweise die Lösung zum eigenen Problem nicht von einem Menschen oder einer anderen Persönlichkeit wie Jesus, Mohammed, Buddha oder Laotse abhängig. Man wendet sich nicht an jemand anders, um erlöst zu werden. Vielmehr erkennt man, dass es, wenn man sich im Dschungel verirrt hat, niemanden gibt, der einen rettet. Doch wendet man sich der Unendlichen Intelligenz im Innern zu, wird die Antwort kommen, wird man aus der Gefahr in Sicherheit und Freiheit geführt.

»Gott gab seinen Sohn«, das heißt seinen Ausdruck, seine Macht, seine Eigenschaften und verankerte sie im Unterbewusstsein jedes Menschen. Deshalb sagte Paulus: … *dass du erweckest die Gabe Gottes, die in dir ist …* (2. Timotheus 1,6) *Wisset ihr nicht, dass ihr Gottes Tempel seid und der Geist Gottes in euch wohnt?* (1. Korinther 3,16)

Gott stellte sich vor, ein Mensch zu sein, und Gott wurde, was er sich vorstellte. Jeder Mensch ist eine Manifestation oder ein projiziertes Bild des Unendlichen. Sämtliche Kräfte Gottes sind in jedem Menschen. Die Kraft, Bilder zu entwerfen, ist das erste Vermögen des Menschen. Was immer er in seiner Vorstellung und Empfindung sein möchte, wird Wirklichkeit – aus dem einfachen Grund, weil alles, was sich dem

Unterbewusstsein tief einprägt, zum Ausdruck kommt und als Form, Funktion, Erfahrung, Ereignis zu Tage tritt.

Der Mann, den ich gerade kennengelernt hatte, bestätigte mir die Richtigkeit dieser Aussage. Er erzählte, dass er – in den Slums geboren und oft mit Hunger und Depression aufgewachsen – als Junge kränklich gewesen war. Irgendwann hatte jemand aus der Gruppe der Gläubigen in seiner Moschee zu ihm gesagt, er solle sich vorstellen, auf der Universität zu sein und jeden Abend auf sein Diplom an der Wand schauen, als besäße er es bereits; und Allah sorge dafür, dass all dies geschehe. Jeden Abend hatte er diese Methode angewandt. Eines Tages dann war er am Strand gewesen und hatte ein Mädchen vor dem Ertrinken gerettet. Dessen Vater, ein Botschafter, war ihm sehr dankbar, schickte ihn nach England, damit er dort studieren konnte, und beglich all seine Unkosten. Heute erfährt er am eigenen Leib das immerwährende Leben, auf das die obige Bibelstelle anspielt.

Der Begriff »immerwährend« bezeichnet ein stetiges Leben ohne die großen Umschwünge des Schicksals; ein schöpferisches, friedliches, harmonisches Leben ohne Höhen und Tiefen, Krankheit und Gesundheit, Reichtum und Armut, Trauer und Freude. Das Lebensmuster dieses Mannes ist ebenso konstruktiv wie progressiv. Das ist die eigentliche Bedeutung jener Bibelstelle, die in theologischer Vielschichtigkeit aufgeht und dem logischen Denken absurd erscheint. Darüber hinaus ist es für den Juden, den Moslem, den Buddhisten und den Shintoisten eine Beleidigung, wenn man ihm sagt, er müsse an die Person Jesu glauben, um gerettet zu werden. Gerettet werden wovor? Wir müssen gerettet werden vor Unwissenheit, Furcht, Aberglauben, Armut, Krankheit. Unwissenheit ist die einzige Sünde, aus ihr resultiert alles Leiden.

Entwerfen Sie ein neues Bild Ihrer selbst

Gott ist die Universale Gegenwart und Kraft, über die jeder Mensch unmittelbar verfügt, ungeachtet dessen, ob er Atheist, Agnostiker oder Heiliger ist. Ihr Denken ist schöpferisch. Sie können anfangen, ein neues Selbstbild davon zu entwerfen, wie Sie gerne sein möchten. Festigen Sie diese Vorstellung mit Glauben und Vertrauen, und Sie werden entdecken, dass die schöpferische Macht Gottes in Ihnen ist. Dann werden Sie zum ersten Mal erkennen, dass Sie Ihr eigener Erlöser sind, und so den Beweis dafür erhalten, dass Gott Ihnen innewohnt.

Es gibt nur eine Schöpferische Macht. Machen Sie sich das deutlich bewusst. Durchdenken Sie diese Tatsache, bis sie zu einer inneren Überzeugung wird, in der Sie – jenseits aller Behauptungen, Auseinandersetzungen oder Spitzfindigkeiten – geistigen Frieden und Harmonie finden. Alle Weisheit und Kraft Gottes sind in Ihnen als eingeborenem Sohn – das heißt, Sie sind Ausdruck, Nachkomme und Bild des Unendlichen Geistes. Wir alle sind eingeborene Kinder des Einzigen, denn da ist nur Eine Gegenwart und Macht. Diese Erklärung stellte meinen moslemischen Freund vollauf zufrieden; er liest jetzt meine beiden Bücher *The Power of the Subconscious Mind** und *Peace Within Yourself***.

Das Land der Pharaonen

Es war mein dritter Aufenthalt in dieser faszinierenden Gegend. Wer Luxor besucht, unternimmt eine Reise in die Vergangenheit und sieht die herrlichen Tempel von Karnak, das

---

* Vgl. Anmerkung auf S. 165
** Dr. Joseph Murphy, *Peace Within Yourself*, Marina del Rey, California: De-Vorss and Company, Inc. 1956.

Tal der Könige und den Koloss Memnon in Theben – Sehenswürdigkeiten, die alle Besucher wirklich mit einer Art mystischer Ehrfurcht und Verwunderung erfüllen. Im Ägyptischen Museum in Kairo hörten wir Vorträge und sahen die sagenumwobenen Überreste des Grabes von Tutenchamun, die alabasterne Sphinx sowie die gewaltige Cheopspyramide. Außerdem gab es bei den Pyramiden eine atemberaubende Sound-and-Light-Show, die uns die legendären Tage der Pharaonen veranschaulichte.

Die Große Pyramide

Diese Pyramide wird als das imposanteste der Sieben Weltwunder und oft auch als »Evangelium in Stein« bezeichnet. Sie befindet sich in der Mitte der Welt und verbildlicht so die tiefe Wahrheit, dass Gott die Mitte unseres Wesens bildet. Die Pyramide verweist auf den Menschen wie auf das Universum und setzt sie miteinander in Beziehung. Wissenschaftler aus aller Welt haben ihre wunderbare Architektur und ihr hohes Alter, ihre vorzügliche Ausführung und die Geheimnisse ihrer Entstehung untersucht. Der Vortragsredner machte uns darauf aufmerksam, dass herausragende Astronomen, Mathematiker, Ägyptologen und Archäologen nach gründlichen Forschungen zu folgendem Ergebnis gelangt seien: Die ursprünglichen Planer und Konstrukteure waren Männer von sehr hoher Intelligenz und verfügten über kosmische Weisheit.

Die vier Kardinalpunkte

Die Ausrichtung der Großen Pyramide steht in Beziehung zu den vier Kardinalpunkten oder Himmelsrichtungen, welche mit den vier Bereichen des Menschen korrespondieren: Geist,

Verstand, Gefühl und Körper. Zudem verweisen sie auf vier Buchstaben im Namen Jehovah, nämlich auf Yod, He, Vau und He. Yod ist Bewusstheit, Geist, ICH BIN. He steht für die Vorstellung, das Gedankenbild in Ihrem Kopf. Vau stellt den emotionalen Bereich dar, das Gefühlsleben, die Liebe. Und das abschließende He ist der konkrete Ausdruck dessen, was Sie sich vorstellen und für wahr halten. Auf diese Weise setzen sich alle Wesen und Dinge zusammen. Es gibt nichts, das nicht auf diese Weise zusammengesetzt wäre. Gott spricht zu Ihnen durch das Verlangen. Fühlen Sie Ihr Verlangen, nähren Sie es, bekräftigen Sie es, vergegenwärtigen Sie sich dessen Realität, erkennen Sie in all Ihren Angelegenheiten den glücklichen Ausgang – dann wird es in Ihrem Unterbewusstsein allmählich Gestalt annehmen und Wirklichkeit werden.

Ihr Durchmesser bestimmt über Ihre Zukunft

Die Pyramide, die auch eine Geschichte des Menschen ist, stellt die Beziehung zwischen dem Durchmesser und dem Umfang des Kreises dar, die in Zahlenwerten zum Ausdruck kommt. Der Kreis entspricht der Unendlichkeit oder Gott, der weder Anfang noch Ende hat. Der Durchmesser wiederum bedingt den Umfang des Kreises. Der Durchmesser ist Ihre Vorstellung, die Einschätzung oder der Entwurf Ihrer selbst, der den Kreis Ihrer Bekannten, Ihren gesellschaftlichen, politischen, finanziellen und beruflichen Status in der Welt bedingt. Sie können den Durchmesser jederzeit verlängern und ein umfassenderes Selbstbild entwerfen, wodurch Sie Ihr inneres Potenzial vergrößern beziehungsweise erweitern und die Möglichkeit erhalten, der Menschheit noch mehr zu Diensten zu sein und auf all Ihren Wegen Erfolg zu haben.

Sie verlängerte ihren Durchmesser

Als ich mit einer pensionierten Musikerin sprach, erfuhr ich, dass sie sich im Ruhestand gelangweilt und deshalb eines Tages still hingesetzt hatte, um zu bekräftigen: »Gott vergrößert meine Talente auf wunderbare Weise, und immer mehr Menschen werden durch meine Gaben gesegnet.« Daraufhin kamen Professoren, Lehrer, Studenten und Geistliche in Scharen zu ihr, um Privatunterricht zu erhalten. Sie musste einige sogar wegschicken, da sie sich nicht um alle kümmern kann. Sie hat den *élan vital*, die Lebenskraft, wiederentdeckt, die Freude, andere Menschen an ihren Talenten teilhaben zu lassen und den im Innern eingeschlossenen Glanz freizusetzen. Sie ist zu der Einsicht gelangt, dass Alter nicht gleichbedeutend ist mit dem Dahinschwinden der Jahre, sondern mit dem Heraufdämmern der Weisheit.

Die Deutung der Pyramide

Der Sinn des Wortes »Pyramide« wurde auf unterschiedliche Weise erklärt, zum Beispiel als »Licht der Sonne«. Im Grunde aber bedeutet es »Zehnermaß«. Addiert man die Anzahl der Seiten und Ecken, ergibt sich die Zahl Zehn. Vom biologischen Standpunkt aus betrachtet steht sie für die männlichen und weiblichen Geschlechtsorgane, was symbolisch die Vereinigung des männlichen und des weiblichen Prinzips in jedem von uns ausdrückt. Demnach liegt die eigentliche Bedeutung der Pyramide in der Wechselbeziehung zwischen Bewusstsein und Unterbewusstsein, in deren harmonischer Vereinigung, die Ihnen Eintracht, Gesundheit, Frieden und Fülle beschert. Die Kammer des Königs und die Kammer der Königin repräsentieren das männliche und das weibliche Prinzip in jedem von uns.

Die Erstlinge der Früchte

Ein Viehzüchter, der uns begleitete, fragte mich: »Warum werden die ersten Früchte dem Herrn gegeben?« Er zitierte die folgende Passage: ... *so sollst du nehmen die Erstlinge aller Feldfrüchte, die du von deinem Lande einbringst, das der HERR, dein Gott, dir gibt, und sollst sie in einen Korb legen* ... (5. Mose 26,2)

Bei vielen Völkern des Nahen Ostens und an anderen Orten gibt es den Brauch, die ersten Früchte verderben zu lassen, da sie Gott gehören. Gemäß jüdischer Tradition erhält der Erstgeborene das Land oder Eigentum. In einigen Ländern besteht das Erstgeburtsrecht, welches dem ältesten Kind in Familien mit gleichem Vater und gleicher Mutter besondere Privilegien einräumt. Nach englischem Recht hat der erstgeborene Sohn alleinigen Anspruch auf das Erbe.

Das Gesetz des Lebens läuft all dem zuwider. Die ersten Früchte nicht weiter zu beachten und nur die folgenden zu essen, erscheint wie ein Missverständnis. Aber dieses lässt sich leicht aufklären. Im Grunde geht es hier um die Frage, wer man jetzt ist und wer man gerne sein möchte. Man muss den alten Zustand absterben lassen und ganz dem neuen Zustand leben. Mit anderen Worten: Man bereichert und verstärkt das eigene Ideal in der Gewissheit, dass die Allmächtige Kraft einem Hilfe leistet. Sobald man seinem Ideal treu bleibt, prägt es sich dem Innern ein; dann stirbt das Alte und in Erscheinung tritt das Neue.

Sie sagte: »Alles läuft verkehrt«

Eine Frau fragte mich: »Warum habe ich all diese Probleme? Ich habe gebetet für einen neuen Zustand. Ich weiß zwar, was ich will, aber alles läuft verkehrt.« Ich erklärte ihr, dass der

Vorgang des Betens ihr Unterbewusstsein verändere, dass ihr alter Zustand, wenn sie ihm auch weiterhin keine Beachtung schenke, sich allmählich auflöse, dass dieser Wandlungsprozess aber ein wenig lästig sein könne. Wenn man das Zimmer ausfegt, wirbelt Staub auf und man hat das Bedürfnis, es zu verlassen. Doch wenn es sauber ist, nimmt man dort gern Platz und alles ist zufriedenstellend. Man sieht den Staub nicht wirklich. In neun von zehn Fällen geschieht Folgendes: Prägt man dem Unterbewusstsein lebensbejahende Muster ein, setzen die alten, im Unterbewusstsein verborgenen Überreste und Komplexe sich zur Wehr und wirbeln etwas Staub auf; aber wenn man den Reinigungsprozess fortsetzt, ändert sich die eigene Welt grundlegend und man erlebt eine innere Transformation.

Sie wollte einen Pelzmantel

Während der Reise plauderte ich mit einer Frau, die mir sagte, dass sie sich einige Jahre zuvor einen Pelzmantel gewünscht hatte, ohne das dafür nötige Geld zu besitzen. In New York, wo es äußerst kalt werden kann, nahte der Winter heran. Sie hatte sich vorgestellt, einen Nerzmantel zu tragen, spürte dieses imaginäre Kleidungsstück auf ihrem Körper, berührte es, betrachtete sich damit in ihrem geistigen Spiegel und empfand Freude daran. Einige Tage später ging sie zu Macy's, um dort einen Blick auf die Mäntel zu werfen und einige anzuprobieren. Doch unterdessen wurde ihr der alte Mantel gestohlen, woraufhin die Geschäftsführung ihr einen Nerzmantel zu stark herabgesetztem Preis überließ, den sie sich damals leisten konnte.

Ihr Unterbewusstsein arrangierte all dies auf seine Weise. Es weiß alles und braucht die Angelegenheiten und Probleme nicht zu durchdenken, denn ihm wohnt die Unendliche

Intelligenz inne. Wenn man induktiv denkt, gibt man damit zu, dass nicht alles möglich ist. Die oben genannte Frau kam zu der Überzeugung, dass ein Nerzmantel für sie zu teuer sei, doch indem sie sich vorstellte, einen zu tragen, und ihn tatsächlich am Körper spürte, akzeptierte das Unterbewusstsein ihren Wunsch und verwirklichte ihn auf seine Weise. Für das tiefere Denken gibt es nichts, das unmöglich wäre. Zweifellos war es der Frau gelungen, durch die ständige Vergegenwärtigung des ersehnten Objekts das eigene Unterbewusstsein gleichsam zu programmieren, sodass es dann gemäß ihrer Vorstellung reagierte.

Wir haben die Wahl

Sie können sich dafür entscheiden, erfolgreich, glücklich, frohgemut und frei zu sein. Ihre Rolle ist nicht von vornherein festgelegt. Es gibt keine Vorbestimmung. Andernfalls hätten wir kein Recht, jemanden zu kritisieren oder zu loben, da dieser Mensch ja nur seinen Part in einem Stück ausfüllen würde. Sie können jede gewünschte Rolle spielen, indem Sie das Geschenk Gottes in Ihrem Innern zum Leben erwecken. Sie müssen sich bewusst machen, dass wir nicht wachrufen könnten, was in uns schlummert, wenn es nicht schon von Anfang an dort vorhanden wäre. Wenn Sie zum Beispiel sagen, Ihr Sohn habe sich für das Gute entschieden, so verdient das durchaus Anerkennung. *Denn tausend Jahre sind vor dir wie der Tag, der gestern vergangen ist, und wie eine Nachtwache.* (Psalm 90,4) Das ist eine poetische Formulierung, die bedeutet, dass im Drama des geistigen Erwachens eine Million Jahre wie eine Sekunde sind. Lassen Sie Gottes Kräfte in Ihrem Innern auferstehen, und Wunder werden geschehen, während Sie beten.

ZWEITES KAPITEL

Hören Sie auf, Ihre Eltern
zur Rechenschaft zu ziehen

Jordanien ist ein faszinierendes Land, und der Ausflug nach Petra führt in eine großartige, rosenrote Stadt mit antiken, aus Sandsteinfelsen herausgehauenen Palästen, Gräbern, Tempeln, Treppen und Straßen. Der Besucher ist von einer Art mystischen Ehrfurcht ergriffen, wenn er durch die Ruinen dieser geschichtsträchtigen Stätte wandert. Verschiedene Ausgrabungen beim biblischen Dibon haben ergeben, dass die Besiedlung des Ortes bis in die frühe Bronzezeit etwa 3000 v. Chr. zurückreicht.

Während des Gesprächs mit einem Mann im Hotel in Amman, der Hauptstadt Jordaniens, erfuhr ich, dass er in den Slums zur Welt gekommen war, seine Eltern nie gesehen hatte und nun als Diplomat an einer ausländischen Botschaft arbeitete. Er machte gerade Urlaub und besuchte die historischen Sehenswürdigkeiten seines Heimatlandes. Plötzlich brachte er eine tiefgründige Wahrheit zum Ausdruck: Ungeachtet dessen, wo und unter welchen Umständen man geboren wird, kann man sich erheben, innere und äußere Grenzen überschreiten und größer werden, wenn man es versteht, Kontakt aufzunehmen mit der Göttlichen Gegenwart im Innern, die alles weiß und alles sieht.

Er sagte, viele Wissenschaftler und Romanautoren würden behaupten, dass die Gene unser Schicksal bestimmen und dass in Zukunft nichts weiter zu tun sei, als den genetischen Code zu ändern; dann könnten wir jenen Typ von Mann und von Frau hervorbringen, den wir uns wünschen – etwa so, wie wir

Vieh oder Pferderassen züchten. Lachend fügte er hinzu, einige meinten sogar, dass wenn eine Frau ein Kind wie Einstein, Lincoln, Mozart, Michelangelo oder irgendeinen anderen großen Staatsmann, Gelehrten, Künstler haben wolle, müsse sie nur eine künstliche Befruchtung vornehmen lassen, vorausgesetzt, von der gewünschten Person sei tiefgefrorene Samenflüssigkeit verfügbar; dann würde sie jene Art von Mensch zur Welt bringen, die sie bewundert. Andere wiederum verträten den Standpunkt, wir bräuchten uns lediglich einige Gewebszellen einer herausragenden Persönlichkeit zu beschaffen, sie in eine Nährlösung geben und eine Kultur anlegen – schon könnten wir so viele Duplikate dieses Menschentyps erzeugen, wie wir möchten. In all dem steckt eine gehörige Portion Firlefanz und Unsinn plus Phantasterei.

Natürlich stimmt es, dass wir durch die Gene die Farbe unserer Augen, unseres Haars, unserer Haut und zahlreiche andere Eigenschaften erben. Außerdem scheinen wir die Neigung zu bestimmten Krankheiten sowie niedrige beziehungsweise hohe Intelligenz von unseren Eltern vererbt zu bekommen. Dennoch ist es an der Zeit, sich die Frage zu stellen, was wir von der Unendlichen Gegenwart und Macht Gottes in unserem Innern geerbt haben. Im Grunde sind wir Tempel des Lebendigen Gottes – und hier auf Erden, um all die eigenen Kräfte und Merkmale sowie die uns inhärenten Eigenschaften Gottes zu offenbaren.

Machen Sie sich einmal Folgendes bewusst: Sie waren ein Junge oder ein Mädchen, der/das einen Vater hatte, der seinerseits einen Vater hatte. Gehen Sie die Geschlechterkette immer weiter zurück. Wohin führt sie? Zu der Urzelle, der Göttlichen Quelle, dem Vater von allem. Alle Religionen sprechen von »Unserem Vater«. Wir alle haben einen gemeinsamen Urerzeuger, das Lebensprinzip. Die Gene von Abraham, Moses, Jesus, Elias, Mohammed usw. sind ebenso in uns wie die von Dschingis Khan, Sokrates, Platon und Aristoteles. Wenn Sie

Indianer sind, so denken Sie an all Ihre Vorfahren seit der Landung der englischen Puritaner in New England. Ein Mathematiker kann deren Zahl schnell ausrechnen. Robby Wright, ein junger Physiker, dessen Stammbaum ins frühe 16. Jahrhundert zurückreicht, ermittelte für sich 17000 Ahnen seit dem Jahr 1600.

Sie sind nicht das Opfer der Vererbung

Eine meiner Schwestern, die vor ihrem Eintritt in ein englisches Kloster viele Jahre an einer Schule unterrichtete, erzählte mir, dass sie einmal in ihrer Klasse einen sehr klugen Jungen hatte. Tatsächlich übertraf er all seine Mitschüler, weshalb sie ihn dem örtlichen Geistlichen empfahl, der sich bereit erklärte, ihn ins Priesterseminar zu schicken. Der Unterricht würde kostenlos sein. Doch der Schüler lehnte ab mit der Begründung: »Ich bin nur der Sohn eines Bergarbeiters.« Sein Vater hatte die gleiche Einstellung. Diese Denkweise hielt den Jungen ebenso gefangen wie viele andere begabte Jugendliche.

Aber es gab auch ein interessantes Gegenbeispiel. Ein Ehepaar der örtlichen Oberschicht wollte einen Jungen adoptieren. Meine Schwester empfahl ein Kind im nahe gelegenen Waisenhaus, das keine Eltern mehr hatte. Der Mann und seine Frau nahmen den Jungen sofort bei sich auf, völlig gleichgültig gegenüber der Tatsache, dass dessen Vorfahren seit mehreren Generationen Bergarbeiter waren. Dieser Junge wurde privat durch eine Gouvernante erzogen und später auf eine englische Universität geschickt. Er wuchs in komfortablen Verhältnissen auf und verkehrte nur mit den Jungen und Mädchen wohlhabender Familien. Er lebte nach den Sitten und Gebräuchen einer bestimmten Gesellschaftsklasse, die bei seiner Erziehung und Ausbildung maßgeblich waren. Während eines Besuchs zu Hause rief er meine Schwester an, um sie zu seiner Geburtstagsparty einzuladen, und erwähnte, dass er allerdings nicht den Studenten einladen könne, der sie zur Party fahre, weil es sich um den Sohn eines Bergarbeiters handle.

Sie sehen, worin und wodurch sich die beiden Fälle unterscheiden: Ein Waisenkind, der Sohn eines Bergarbeiters, gut erzogen, umfassend geschult und förmlich darauf gedrillt, ein stark ausgeprägtes Selbstwertgefühl zu entwickeln, hielt gerade aufgrund dieser Ausbildung einen anderen Bergarbeitersohn für minderwertig. Dagegen mangelte es dem zuvor genannten, äußerst gescheiten Junge an Mut, ihm unbekanntes Gebiet zu betreten, weil ihm eingetrichtert worden war, dass er der Unterschicht angehört, und er sich infolgedessen als minderwertig ansah. Weder seine Gene oder Chromosomen noch die Tatsache, dass er der Sohn eines Bergarbeiters war, hielten ihn zurück, sondern seine innere Einstellung.

Fassen Sie die wahre Quelle ins Auge

Es ist töricht, wenn Sie die Eltern, Großeltern oder Vorfahren als Quelle Ihrer Kräfte, Eigenschaften, Neigungen, Fähigkeiten Begabungen betrachten. Auf diese Weise schränken Sie nur Ihr Potenzial ein. Erkennen Sie vielmehr, dass Sie von Gott abstammen. Er wohnt in Ihrem Innern und ist Ihr Himmlischer Vater. All seine Weisheit, Macht und Herrlichkeit steht Ihnen zur Verfügung und wartet darauf, dass Sie sich Sein unerschöpfliches Reservoir an Stärke und Intelligenz zu eigen machen. Sie sind nicht bloß eine Ansammlung von Atomen, Molekülen, Genen und geerbten Neigungen, sondern ein Sohn des Lebendigen Gottes und Erbe all Seiner spirituellen, mentalen und materiellen Reichtümer.

Und stellet euch nicht dieser Welt gleich, sondern verändert euch durch Erneuerung eures Sinnes, auf dass ihr prüfen möget, was Gottes Wille ist, nämlich das Gute und Wohlgefällige und Vollkommene. (Römer 12,2) Das ist der Schlüssel zu einem neuen Leben. Ihr Geist ist ein Aufnahmegerät, und alle theologischen Überzeugungen, Eindrücke, Meinungen und Vorstellungen, die Ihnen in der Kindheit übermittelt wurden und die Sie akzeptiert haben, sind in Ihr Unterbewusstsein eingeprägt.

Aber Sie können Ihren Geist ändern – ihn jetzt mit göttlichen Denkmustern füllen, sich in Übereinstimmung bringen mit dem Unendlichen Geist im Innern und dabei Schönheit, Liebe, Frieden, Freude, Weisheit, Kraft und schöpferische Ideen beanspruchen. Dieser Geist wird Ihnen antworten und Ihr Bewusstsein ebenso verändern wie Ihren Körper und Ihre Lebensumstände. Ihr Denken ist das Medium zwischen dem Göttlichen Geist und Ihrem Körper sowie der materiellen Welt.

Die neue Gattung der Männer und Frauen

In Amerika werden nicht deshalb große Männer und Frauen in Erscheinung treten, weil ihre Ahnen auf der Mayflower aus England herüberkamen oder weil sie bestimmte ererbte Anlagen haben, und auch nicht deshalb, weil manche glauben, man könne eine bessere Gattung von Menschen auf ähnliche Weise wie Pferde züchten. Der Göttliche Geist oder Gott lässt sich nicht ausklammern. Einige der klügsten Köpfe stammten aus den Slums. George Washington Carver zum Beispiel bat den Geist in seinem Innern um Unterweisung und Inspiration, stieg dadurch zu den Gipfeln menschlicher Erkenntnis auf, und segnete als herausragender Botaniker und Chemiker Land und Volk mit seinen Formeln, Entdeckungen, Erfindungen. Er betrachtete sich nicht mehr als Sklaven oder Leibeigenen und war keinem anderen unterlegen.

Sein ständiges Gebet lautete: *Gedenke an ihn auf allen deinen Wegen, so wird er dich recht führen.* (Sprüche 3,6) Und Gott antwortete ihm, segnete und begünstigte ihn. Fragen Sie sich immer wieder: Was habe ich vom Unendlichen geerbt? Und vernehmen Sie die Antwort: Gott wohnt mir inne mit all seinen Eigenschaften; deshalb muss ich diese Macht anerkennen und diese Gegenwart in mir erwecken und Wunder vollbringen, denn Sein Name ist Wunderbar.

Er wurde in des Teufels Küche geboren

Ein großer Chirurg, den ich kenne, erzählte mir einmal, dass er in des Teufels Küche zur Welt gekommen war; dass seine Mutter eine Prostituierte war; dass ihm in der Jugend beigebracht wurde zu stehlen; und dass er seinen Vater niemals gesehen hatte. Man könnte sagen, alles habe sich gegen ihn verschworen, oder die Frage stellen, welche Chance er hatte. Die Antwort lautet: Er hatte die Chance seines Lebens. Eines Tages verband ihm ein Chirurg die Wunde, die er sich bei einem Kampf zugezogen hatte, und dieser Mann war derart freundlich und gut zu ihm, dass er beschloss, selbst Chirurg zu werden.

Dann teilte er mir Folgendes mit: »Ich stellte mir vor, in Weiß gekleidet zu sein und zu operieren, und bat Gott, mir zu helfen. Plötzlich fand in mir eine Veränderung statt. Ich konnte nicht mehr stehlen. Ich begann zu studieren, war enorm fleißig, gewann ein Stipendium und einer meiner Professoren kam für all meine Ausgaben an der medizinischen Fakultät auf. Er sagte: ›Sie können sich revanchieren, indem Sie ein guter Arzt und ein tüchtiger Chirurg werden.‹« Gott hatte sein Gebet beantwortet.

Lassen Sie Ihre innere Göttlichkeit zum Vorschein kommen

Wir können die Zellstrukturen von Kakteen, Getreide, Reis und Früchten verändern, und Wissenschaftler tun das auch schon tagaus, tagein. Um jedoch einen gottähnlicheren Menschen hervorzubringen, kommt es nicht darauf an, in seinen Körper oder seine Gehirnstruktur einzugreifen, sondern allein darauf, das Unsichtbare, die unfassbaren Kräfte Gottes in seinem Innern wachzurufen. Man vermischt solche Eigenschaften wie Ehrlichkeit, Rechtschaffenheit, Gerechtigkeit, Freude, Mut, Glaube, Vertrauen, Inspiration, Liebe und Wohlwollen nicht in einem Reagenzglas. Man kann Träume, Visionen und Erleuchtungen nicht einer Mixtur beifügen und sagen: »Jetzt werden wir einen neuen Menschen erschaffen.« Charakter ist Schicksal.

Um zur Transzendenz fähig zu sein, braucht der Mensch geistigen Frieden. Dieser ermöglicht es ihm, mit der Welt in Frieden zu leben. Er bedarf der Liebe und des Wohlwollens, um Wutgefühle, Prüfungen und äußere Widrigkeiten heil zu überstehen. Er hat im Rahmen der schöpferischen Gesetzmäßigkeiten seines Geistes Mut, Glauben und Vertrauen nötig, die ihn dazu veranlassen, dem Rest der Menschheit auf liebevollere Weise zu dienen und dieser ständig sich verändernden Welt Harmonie zu bescheren. Friede, Harmonie, Freude, Liebe, Weisheit und Verständnis rühren von Gott. Man kann sie einem Menschen nicht einpflanzen, denn sie sind schon in seinem Innern angelegt und warten nur darauf, von ihm zum Ausdruck gebracht zu werden.

Um solcher Ursache willen erinnere ich dich, dass du erweckest die Gabe Gottes, die in dir ist ... (2. Timotheus 1,6)

Wer sind Ihre Kinder?

Khalil Gibran, der libanesische Mystiker und Dichter, spricht es deutlich aus: »Eure Kinder kommen durch euch, aber nicht von euch.« *Und ihr sollt niemand euren Vater heißen auf Erden; denn einer ist euer Vater, der im Himmel ist.* (Matthäus 23,9)

Wenn Sie sich auf Ihren Vater oder Gott oder diese Unsichtbare Gegenwart und Kraft besinnen, die alle sichtbaren und unsichtbaren Wesen und Dinge erschuf, stammen Sie von einer edlen Linie ab. Der Himmel repräsentiert die Unendliche Intelligenz, in der Sie leben, sich bewegen und Ihr Sein haben. Kehren Sie also im Gebet zur Quelle allen Lebens zurück und beanspruchen Sie von der Ursprünglichen Gegenwart im Innern – dem Vater von allem – geistige Führung, Weisheit, Fülle und Inspiration.

Weigern Sie sich, den äußeren Bedingungen, Umständen, Ereignissen oder dem genetischen Code Ihrer Eltern, Großeltern, Ahnen Macht und Einfluss beizumessen. Männer, Frauen und Zustände sind nicht die Ursache Ihres Glücks beziehungsweise Ihres Unglücks. Die Höchste Ursache – die einzige Ursache und Macht – ist der Göttliche Geist. Weder Karma noch Vergangenheit können Sie binden. In Ihrem Innern wohnt Gott. Erfreuen Sie sich Ihres Lebens, seien Sie heiter, und werden Sie reich an Weisheit, Wahrheit und Schönheit.

Lassen Sie Gott im Innern auferstehen

Abraham Lincoln erlitt in seiner politischen Karriere viele Rückschläge, doch er blieb standhaft, setzte seinen Weg fort, hatte Glauben und Vertrauen in eine Höchste Macht, die ihn führte. Den so genannten Hindernissen schenkte er keine Beachtung. Er marschierte über 60 Kilometer, um einen Vortrag zu hören. Seine Eltern waren völlig verarmte Analphabeten, er aber hatte eine Vision; und durch Gottes Macht verwirklichte er sie.

Beethoven war taub, aber er vernahm die Sphärenmusik mit dem inneren Ohr. Leonardo da Vinci kam aus ärmlichen Familienverhältnissen, war der Sohn eines einfachen Mädchens vom Lande und eines örtlichen Schürzenjägers. Thomas Alva Edison wurde von der Schule geworfen, weil der Lehrer ihn für zurückgeblieben hielt, doch nichtsdestotrotz beschloss er, die Welt mit seinen zahlreichen Erfindungen zu erhellen. Albert Einstein wurde an mehreren Schulen nicht aufgenommen, weil man ihn als zu wenig klug einstufte, aber ungeachtet dessen setzte er sich durch, revolutionierte Mathematik und Physik und offenbarte eine Welt göttlicher Gesetzmäßigkeit und Ordnung. Isaac Newton war der Sohn eines sehr armen Bauern, der vor seiner Geburt starb. Newton wandte sich der Quelle aller Weisheit zu, schenkte uns das Gesetz *actio gleich reactio* und erleuchtete mit seinen astronomischen Ableitungen und Entdeckungen den menschlichen Geist.

Machen Sie sich klar, dass das Genie aus den ärmsten Familien kommen kann. John Milton, der große englische Dichter, schrieb und vermachte uns sein Werk *Paradise Lost*, obwohl er blind war. Sein geistiges Auge war durchdrungen von göttlicher Einbildungskraft, die ihn befähigte, sich gleichsam um Gottes Angelegenheiten zu kümmern, wobei er Zeit, Raum und Materie überwand und die Wahrheiten der Unsichtbaren Gegenwart in uns allen zum Vorschein brachte. Und vergessen Sie auch nicht, wie Chico, jener Pariser Kloakenreiniger, sich einen paradiesischen Bewusstseinszustand – »den siebten Himmel« – vorstellte und darin lebte, obwohl er fast nie das Tageslicht erblickte.

Ein neuer Milton, Shakespeare, Newton oder Beethoven taucht nicht unbedingt dann auf, wenn man in einem Palast geboren wird oder der Sohn eines Königs beziehungsweise der Sproß einer adligen Familie ist. Menschen vollbringen große

Leistungen, wenn sie sich ihrer Göttlichen Abstammung bewusst werden und in stillen Augenblicken der Meditation und der Göttlichen Vorstellungskraft die Tatsache erkennen, dass Seine unsichtbaren Gaben vom Anfang der Zeit deutlich sichtbar sind.

Der Glaube ist Ihr Inneres Bewusstsein

Ihre geistige Einstellung spiegelt Ihren Glauben wider. Sie prägt sich in dem Maße ein, wie Sie der Schöpferischen Intelligenz in Ihrem Innern vertrauen. Werden Sie sich also der Unterweisung und der Güte des Unendlichen bewusst, das in Ihnen, durch Sie und überall rings um Sie wirkt.

Eliminieren Sie Ausflüchte und Entschuldigungen

Vor einigen Jahren las ich, dass ein Strafverteidiger für die bösartigen kriminellen Handlungen seines Mandanten mehrere Entschuldigungen vorbrachte, indem er behauptete, dass der Mann aus verarmter Familie und erbärmlichen Verhältnissen komme; sein Vater sei ein Trinker gewesen und seine Mutter habe ein süßes Leben geführt. Der weise Richter sagte zu dem Anwalt: »Erzählen Sie mir nicht solche Geschichten. Der Bruder dieses Mannes, in der gleichen Gegend und unter den gleichen äußeren Bedingungen aufgewachsen, ist heute einer der hervorragendsten Juristen in unserem Bundesstaat.«

Der Schmetterling entschlüpft dem Kokon und bildet Flügel aus, die es ihm ermöglichen zu fliegen, seine Schönheit und Pracht zu offenbaren. Ebenso können Sie Ihr beschränktes Zuhause oder Gefängnis verlassen, Ihre Fesseln abstreifen, um sich mit den Flügeln des Glaubens und der Einbildungskraft empor zu schwingen und so Ihre eigene Herrlichkeit zu entfalten.

Ihre Göttliche Abstammung und Ihre menschliche Abstammung

Gewiss, Sie haben von Ihren Eltern bestimmte Anlagen ge-erbt, welche die Farbe Ihrer Augen und Ihrer Haut sowie Ihre körperliche Verfassung bedingen. Ihr Temperament und Ihre Stimmung werden durch die mentale und emotionale Atmo-sphäre im Zuhause beeinflusst. Jedes Kind ist der frühen Erzie-hung und Schulung der Eltern, ihren Gefühlen, Launen und Überzeugungen ausgesetzt. Doch wenn das Kind heranwächst und sich der Göttlichen Gegenwart im Innern bewusst wird, kann es sich erheben und jedes Hindernis überwinden. Plötz-lich ist ihm seine Göttliche Quelle offenbar. Sobald es über die ewigen Wahrheiten nachsinnt, übersteigt es die durch Eltern und Umwelt erzeugte Atmosphäre und Beeinflussung – so-wohl die vergangene als auch die gegenwärtige.

Unsere Erziehung und Konditionierung

Auch wenn wir Opfer falscher Lehren, falscher theologischer Überzeugungen in Bezug auf Gott, Leben und Welt gewesen sind, können wir diese ablegen, indem wir es uns zur Ge-wohnheit machen, immer wieder konstruktive, harmonische und friedliche Gedanken zu hegen. Unser Unterbewusstsein ist zwar der Sitz der Gewohnheit, aber uns sollte bewusst sein, dass wir sämtliche Gewohnheiten ändern können. Mentale und emotionale Ängste, abergläubische Vorstellungen, Tabus und engstirnige Ansichten wurden zweifellos in der Jugend auf uns übertragen.

Während meines Besuchs in Indien, Nepal, Thailand und anderen asiatischen Ländern hörte ich Hochschulabsolventen sagen: »Oh! Wenn ich mich in diesem Leben nicht anständig verhalte, werde ich im nächsten vielleicht als Tiger, Löwe, Hund oder anderes Tier wiedergeboren.« Sie führten aus, dass ihr gegenwärtiger Zustand von ihrem Karma abhänge und dass sie nun ernten würden, was sie in einem früheren Leben gesät haben. Sie glaubten, dass sie für ihre vergangenen Missetaten bestraft würden. Für viele war das Karma ein grausames Gesetz, das ihnen Strafen auferlegte – etwa nach dem Grundsatz: Auge um Auge, Zahn um Zahn.

All das ist von der Wahrheit weit entfernt. Wenn man sich der Göttlichen Liebe richtig annähert, löst sie – ungeachtet unserer Vorvergangenheit – alles auf, außer sich selbst. Gott ist das Ewige Jetzt. Karma hingegen beinhaltet das Gesetz oder die kausale Verkettung von Aktion und Reaktion. Doch im Geist-Prinzip gibt es weder Zeit noch Raum. Jeder Mensch kann sein Leben heute transformieren, indem er sein Inneres von der Liebe, dem Licht und der Wahrheit Gottes durchdringen lässt. Dank der Reinigung seines Unterbewusstseins tilgt er die Folgen seiner früheren Irrtümer. Wenn wir es verschmutzen oder ihm falsche Überzeugungen einprägen, haben wir unter deren Konsequenzen zu leiden. Wir können solche »Flecken« aber auch durch systematisches Beten entfernen, das heißt durch die immer wieder eingeübte Besinnung auf Gottes Gegenwart.

Die mehr oder weniger abscheulichen Vergehen, Irrtümer, Fehler des Menschen können aus dem Unterbewusstsein gelöscht werden, sodass er von jenen Nachwirkungen oder Strafen verschont bleibt, die zwangsläufig aus den negativen Prägungen des Unterbewusstseins resultieren. Flüchtige Gebete oder die Mitgliedschaft in einer Glaubensgemeinschaft reichen dafür nicht aus. Nichts Oberflächliches wird dem Genüge tun; doch ein starkes Verlangen und tiefes Bedürfnis des

Individuums nach einer Neugeburt in Gott, die seinen Charakter von Grund auf ändert, begleitet von einer Sättigung seines Geistes mit ewigen Wahrheiten, wird die Reaktion oder Strafe aus dem Unterbewusstsein beseitigen.

Die Aktion kommt aus dem Bewusstsein, die Reaktion aus dem Unterbewusstsein. Karma ist nicht irgendeine schreckliche Strafe, die ertragen oder verbüßt werden muss. Die Vorstellung vom Karma stammt ursprünglich aus dem Osten; doch in allen heiligen Schriften – einschließlich der Bhagavad-Gita – stößt man auf die Einsicht, dass die Rückkehr zur Göttlichen Mitte und die Besinnung auf Göttliche Wahrheiten das Ende des alten Zustandes und den Anfang des neuen verheißen. Durch die konkrete Erfahrung der Gegenwart Gottes kann man von allem Unglück und Leid geheilt und erlöst werden. Eine veränderte Einstellung verändert alles.

Werden Sie von den Toten beherrscht?

Haben die toten Gedanken, Überzeugungen und Ansichten von Menschen, welche diese Dimension des Lebens vor langer Zeit verlassen haben, weiterhin einen bestimmenden Einfluss auf Sie? Tote Gedanken sind solche, die auf Unwissenheit, Angst und Aberglaube beruhen. Man kann auf der ganzen Welt Millionen von Menschen finden, die immer noch von Neigungen und Gefühlen wie Furcht, Ressentiment, Habgier, Feindseligkeit und Selbsthass beherrscht und getrieben werden und sie von Generationen übernommen haben, die längst in die nächste Dimension des Lebens übergewechselt sind.

Vergessen Sie nicht, dass alles, was Sie in der Kindheit gelernt und erworben haben, durch systematisches Beten geändert werden kann – selbst wenn Sie nach wie vor die Gewohnheiten Ihrer Eltern oder Großeltern nachahmen. Es ist nur logisch, dass die Unendliche Intelligenz, die Sie aus einer

Zelle schuf, Sie auch heilen kann. Sie erzeugte all Ihre Organe und kontrolliert sämtliche Prozesse Ihres Körpers. Ihr Geist ist Gottes Geist, da allen Menschen nur ein Geist gemeinsam ist. In Ihnen liegen gewaltige Möglichkeiten verborgen.

Ihre unterbewussten Annahmen, Vorstellungen und Überzeugungen dominieren und kontrollieren all Ihre bewussten Handlungen. Mit anderen Worten: Sie sind der Ausdruck dessen, was Sie glauben. Treffen Sie jetzt eine Entscheidung und erkennen Sie, dass Sie nicht mehr den falschen Denkmustern unterworfen sind, die Ihnen in der Jugend eingetrichtert wurden. Der Geist oder Gott in Ihnen ist die einzige Gegenwart, Macht, Ursache und Substanz. Verbinden Sie sich mit Ihrem himmlischen Vater und transformieren Sie Ihr Leben.

Geist und Materie

Die moderne Wissenschaft weiß, dass Geist und Materie austauschbar und im Grunde gleichbedeutend sind – dass Materie nichts anderes als verlangsamter, zu sichtbarer Form verdichteter Geist ist. Es ist daher auch falsch zu sagen, dass Sie von Ihrer Umwelt – Ihrem Zuhause, Ihrer Arbeit, Ihren Geschäften, Ihren Umständen – konditioniert werden, da es sich hierbei nur um einen oberflächlichen Eindruck handelt. Doch wenn Sie ihn für bare Münze nehmen, werden Sie weiterhin die gleichen alten Denk- und Verhaltensmuster Ihrer Vorfahren wiederholen und das gleiche alte Leben führen, das auf Glaubensbekenntnis, Dogma und Tradition beruht. Äußere Bedingungen sind nicht schöpferisch. Die Schöpferische Kraft befindet sich in Ihrem Innern. Ein wissenschaftlicher Denker macht aus etwas, das erschaffen oder hervorgebracht wurde, keine Ursache, denn es stellt deren Wirkung dar. Indem Sie den wahren Sitz der Schöpferischen Kraft und Ersten Ursache erkennen, schreiben Sie keiner Person, Stelle oder Situation mehr die Kraft der Schöpfung oder Erzeugung zu. Ihr eigenes Denken ist die einzige Schöpferische Kraft, deren Sie sich bewusst sind.

Werden Sie zu einem Kanal für das Göttliche

Alle Kräfte des Unendlichen sind in Ihrem Innern verborgen. Ein wunderbar geeignetes Gebet lautet folgendermaßen: »Gott ist, und Seine Heilige Gegenwart durchströmt mich als Schönheit, Harmonie, Liebe, Freude, Weisheit, Verständnis, Göttliche Anleitung und Fülle. Ich weiß, dass Gott mühelos, mit der Leichtigkeit eines Grashalms, all das wird, und ich danke dafür, dass dem so ist.«

Wiederholen Sie diese Wahrheiten drei oder vier Mal abends und morgens, und achten Sie darauf, dass Sie dann nicht verleugnen, was Sie zuvor bejaht haben. So werden Sie feststellen, dass Sie wirklich ein Sohn oder eine Tochter des Unendlichen und ein Kind der Ewigkeit sind. Allmählich werden sämtliche Kräfte des Unendlichen Sie durchströmen, was die Bibel als den inneren Christus, als die Hoffnung der Herrlichkeit bezeichnet. Verlassen Sie sich stets auf Ihr geistiges Erbe und niemals auf Ihre menschlichen Eltern oder Ahnen. Sie haben Macht über Ihr Leben und besitzen die Fähigkeiten wie auch die Mittel, Ihre Welt tiefgreifend zu ändern.

Hören Sie auf, Ihre Eltern zur Rechenschaft zu ziehen

Als Kinder waren wir leicht zu beeindrucken und zu formen und den Ansichten, Überzeugungen, beherrschenden Einflüssen unserer Eltern unterworfen. Wir verfügten nicht über die geistige Einsicht oder Urteilskraft, all jene negativen Gedanken und Ängste zurückzuweisen, die uns mit auf den Weg gegeben wurden. Als Erwachsene jedoch sind wir verantwortlich für das, was wir denken, fühlen, glauben und tun. In Ihrer Welt sind Sie der einzige Denker. Allein Sie tragen die volle Verantwortung für Ihr Handeln und Ihre Reaktionen auf das Handeln der anderen. Den ganzen Tag über leben Sie so, wie es Ihrem Denken entspricht. Sie sind und werden das, was Sie denken und fühlen.

Was immer Ihnen durch Theologen, Eltern, Onkel, Tanten oder Lehrer beigebracht wurde – Sie können sich davon frei machen. Die Überzeugungen und traditionellen Vorstellungen, die Sie sich in der Jugend angeeignet haben, oder die abergläubischen Handlungen etwa Ihres Großvaters, die Sie damals nachahmten, können jetzt, in diesem Augenblick, korrigiert und verändert werden. Füllen Sie Ihren Geist mit Gottes Wahrheiten, dann werden Sie alles, was Ihm *nicht* ähnelt, daraus verbannen.

Sie sind ein König

Es ist an der Zeit, dass Sie Ihre Königswürde beanspruchen, da Sie der Herrscher über das gesamte Reich Ihrer Vorstellungen sind. Vergessen Sie nicht, Sie könnten in den Dschungel gehen, einen ebenso urwüchsigen wie ungebildeten Jungen adoptieren, ihn die Weisheit Gottes lehren und dazu anhalten, das richtige Denken, Fühlen und Handeln in die Praxis umzusetzen, während Sie ihn die ganze Zeit daran erinnern, dass er der Sohn eines Königs und Thronfolger ist: der Junge würde Ihnen Glauben schenken, die Rolle des Prinzen spielen, ein königliches Benehmen entwickeln und eine edle Haltung annehmen. Allmählich würde er zum König über seine Gedanken, Worte, Handlungen, Leistungen und Reaktionen und die Herrschaft über sein Leben antreten. Das geschähe deshalb, weil der Allmächtige König in seinem Innern ist; sonst wäre es unmöglich.

Sie sind ein Sohn, eine Tochter des Lebendigen Gottes. Beanspruchen Sie jetzt Ihr Erbe. Die Innere Stimme wird zu so einer Person sagen: »*Du bist mein Sohn, heute habe ich dich gezeugt.*« (Hebräer 1,5)

DRITTES KAPITEL

Werden Sie von bestimmten Konstellationen beherrscht?

Die Ideen zu diesem Kapitel kamen mir, als wir eine interessante Fahrt mit mehreren Autos durch Jordanien nach Israel unternahmen, dabei die Allenby-Brücke und den Jordan überquerten. Wir besichtigten jene berühmten heiligen Stätten, die in den Geschichten der Bibel so geschätzt werden.

Ein Besuch in Bethlehem ist äußerst reizvoll, ebenso wie der Blick unterwegs auf die herrlichen Hügel und Täler Judäas. Das Kloster des Elias und das Grab der Rachel haben tiefe innere Bedeutungen. Der Ölberg repräsentiert einen hohen Bewusstseinszustand, in welchem man über das Göttliche nachsinnt. Aus esoterischer Perspektive betrachtet stellt der Garten Gethsemane den eigenen Geist dar, aus dem man, tief versunken in die Göttliche Gegenwart, das Öl der Freude presst und einen Augenblick erlebt, der ewig andauert.

Die Klagemauer macht uns bewusst, die Dinge dahinter zu vergessen und um des Lohns der Weisheit, der Wahrheit, der Schönheit und der Freude willen der äußersten Grenze zuzustreben. Die Kirche des Heiligen Stephan und der Felsendom gemahnen uns daran, dass die Kirche eigentlich in uns ist und dass wir hier auf Erden sind, um die Wunder des im Innern verborgenen Unendlichen hervortreten zu lassen. Das griechische Wort für Kirche lautet *ecclesia*, was so viel heißt wie: die Macht und die Weisheit Gottes aus unserem Höheren Selbst zum Vorschein bringen. Der Fels verweist darauf, dass man von der unverletzlichen, unerschütterlichen und unangreifbaren Gegenwart Gottes überzeugt ist.

Bethanien, das Grab des Lazarus und Jericho sind ebenfalls erfüllt von tiefem Sinn. Jericho versinnbildlicht den wohlriechenden, köstlichen Zustand. Wenn Sie auf Ihr Gebet eine Antwort erhalten, können Sie die aufkommende Freude genauso wenig unterdrücken wie den Duft der Rose. Das Grab des Lazarus dagegen repräsentiert jeden leblosen Zustand wie Krankheit, Frustration und tote Ideale oder Wünsche, die nicht wieder zum Leben erweckt wurden. Sobald Sie sich Ihrer Göttlichen Kräfte bewusst werden, können Sie das Unendliche anrufen und jenen im Innern verborgenen Wunsch neu aufleben lassen. Ihr Unterbewusstsein wird erwecken, was immer Sie als wahr erachten und beanspruchen, und es auf den Spiegel des Raumes projizieren.

Auch das Tote Meer hat eine symbolische Bedeutung: nichts lebt darin. Es hat einen Hauptzufluss, den Jordan, aber keinen Abfluss; deshalb ist es tot. Das soll uns lehren, die eigenen Talente, Fähigkeiten und Fertigkeiten großzügig und freudig mit den Menschen ringsum zu teilen. Sie können ihnen Herzlichkeit, Freundlichkeit und Wohlwollen entgegenbringen, positive Schwingungen aussenden und den Göttlichen Funken im Nächsten entfachen. Übermitteln Sie Gottes Ideen. Schenken Sie, wie der Baum seine Früchte schenkt und die Sonne ihre Strahlen schenkt, und stellen Sie keine Fragen. Lassen Sie zu, dass Gottes Liebe, Friede und Harmonie, die stets in Ihrem Innern wirken, im Umlauf bleiben. Lassen Sie Ihre Reichtümer auf kluge, vernünftige und schöpferische Weise zirkulieren. All das ist für ein erfülltes und glückliches Leben wesentlich. Es liegt in der Natur, Liebe so zu schenken, wie eine Mutter ihrem Säugling in der Wiege Liebe schenkt. Sie fordert keine Gegenleistung.

Bethlehem verweist auf das Haus des Brots – auf das Brot des Friedens, der Harmonie, der Freude, der Eingebung und der Göttlichen Unterweisung. Dies ist das Brot des Lebens. Bethanien wiederum bezeichnet die Überwindung jedes Problems mit Hilfe der Göttlichen Kraft in Ihrem Innern. Elias meint die Gegenwart Gottes oder das Bewusstsein des ICH BIN in Ihnen – und das Wissen, dass der dort verborgene Gott Ihr Retter ist.

Er gab den Sternen die Schuld

»In meinem Horoskop gibt es eine unheilvolle Planetenstellung, und alles geht schief. Saturn steht in Opposition zu meinem Sonnenzeichen«, verkündete ein Mann, der mich vor einiger Zeit um Rat fragte. Er vertrat die Überzeugung, dass die starke Beeinträchtigung seines Sehvermögens sowie seine finanziellen Verluste durch die Sterne vorherbestimmt waren, obwohl sein Ophthalmologe nach einer Untersuchung des Augenhintergrunds die Sehschwäche viel eher auf eine emotionale Störung zurückführte. Ich könnte hinzufügen, dass der Mann äußerst neidisch auf einen Kollegen und dessen finanziellen Erfolg in geschäftlichen Angelegenheiten war; darin lag der eigentliche Grund für seine Geldverlegenheit und seine gescheiterten Unternehmen.

Ich erklärte ihm, in der psychosomatischen Medizin sei heute wohlbekannt, dass die Wechselwirkung zwischen mentalen, emotionalen und physischen Faktoren eine entscheidende Rolle bei der Entstehung von Krankheiten spielt. Während der Konsultation verriet der Mann, der sich vor seinem Horoskop derart ängstigte, dass er tiefe Ressentiments gegenüber seiner Schwiegermutter hege, ihr gar extrem feindlich gesinnt sei. Er sagte, dass er ihren Anblick förmlich verabscheue.

Ich wies ihn darauf hin, dass sein Unterbewusstsein ihn beim Wort nehme und seine Augen gleichsam als Sündenbock gewählt habe. Außerdem habe sein Neid auf den finanziellen Erfolg eines Kollegen ihn ärmer gemacht, weil er sich im Grunde sage: »Er hat Erfolg, klettert die Karriereleiter

nach oben und ist reich, aber ich bin dazu nicht imstande.«
Tatsächlich erhob er den anderen aufs Podest und erniedrigte
sich selbst. Er nahm sich etwas weg und zog so noch mehr
Nachteile, Leiden und Beschränkungen an.

Die Erkenntnis dessen, was er sich antat, wurde zum Heilmittel. Er bat seine Schwiegermutter, aus der gemeinsamen
Wohnung auszuziehen, und sie kam seinem Wunsch nach.
Ressentiment und Feindseligkeit schwanden, als er ihr ebenso freimütig wie liebevoll versicherte: »Ich strahle Liebe und
Wohlwollen in deine Richtung aus und wünsche dir alle Segnungen des Lebens. Ich sehe, wie die Gegenwart Gottes in dir,
durch dich und rings um dich wirkt.«

Dieses Gebet machte er sich zur Gewohnheit, woraufhin
auch seine Sehstörungen nachließen. Der Augenarzt informierte ihn, dass sein Sehvermögen wieder intakt sei. Tatsächlich hatte er seine eigene Blindheit verfügt, da seinem Unterbewusstsein nichts anderes übrig blieb, als die Anweisungen des
Bewusstseins zu befolgen. Er fing an, für den Erfolg und den
Wohlstand seines Kollegen zu beten, und zu seinem großen
Erstaunen ging es auch mit ihm wieder bergauf. Er stellte fest,
dass er im Beten für das Glück des beneideten Mannes zugleich für sich selbst betete. Diese neue Einstellung löste allen
Neid auf, der das Kind der Angst ist. Derlei geschah trotz der
bösen Vorzeichen auf der astrologischen Karte.

Die Einzige Macht

»Es steht nicht in den Sternen, sondern in uns selbst, dass wir
Untergebne sind«, sagte Shakespeare. Die einzige Macht liegt
in Ihrem Bewusstsein, welches das ICH BIN, Ihre Wachheit,
den Lebendigen Geist oder Gott im Innern bezeichnet. Deshalb sollten Sie nicht den Sternen gehorchen, sondern Gott,
der die Sterne ebenso wie die Planeten erschaffen hat. Wir

müssen dem Schöpfer Macht zuerkennen, nicht dem Erschaffenen.

In der Bibel wird immer wieder betont, dass wir keine Götzen anbeten dürfen: *Du sollst keine anderen Götter haben neben mir.* (Exodus 20,3) *Ich, der HERR, das ist mein Name, ich will meine Ehre keinem andern geben noch meinen Ruhm den Götzen.* (Jesaja 42,8) *Du hast dich müde gemacht mit der Menge deiner Pläne. Es sollen hertreten und dir helfen die Meister des Himmelslaufs und die Sterngucker, die an jedem Neumond kundtun, was über dich kommen werde!* (Jesaja 47,13)

Das Gesetz des tätigen Geistes

Zwei mit mir befreundete Professoren hatten sich für jeweils 200 Dollar ein Horoskop erstellen lassen. Ich schlug ihnen vor, es nicht zu lesen, damit sie dem Unterbewusstsein nicht die darin enthaltenen negativen Botschaften einprägten. Sie stimmten zu. Ein Jahr lang war ich also der Verwahrer ihrer beiden Horoskope.

In dieser Zeit erläuterte ich ihnen ausführlich das Gesetz des Lebens: *Denn wie er im Herzen denkt, so ist er ...* (Sprüche 23,7) Das heißt: Was immer man für wahr hält, wird das Unterbewusstsein stark beeinflussen – und was immer man ihm einprägt, wird schließlich zum Ausdruck kommen. Überdies machte ich ihnen klar, dass einem nur dann etwas geschehen kann, wenn im eigenen Geist bereits eine Verbindung oder irgendeine Art von Entsprechung dazu besteht. Jeder modelliert, formt, gestaltet sein Schicksal durch seine Gedanken und Gefühle.

Außerdem erklärte ich: Selbst wenn ihr Unterbewusstsein mit negativen und falschen Überzeugungen verunreinigt worden sei, könnten sie sich ändern, und zwar dadurch, dass sie sich *jetzt* mit den ewigen Wahrheiten anstatt mit den Mustern des Tierkreises identifizierten. Sie besäßen die Fähigkeit, ihre mentalen und spirituellen Batterien regelmäßig und systematisch aufzuladen, indem sie über die Wahrheiten Gottes nachsännen, der alle Horoskope übersteigt.

Daraufhin übten meine beiden Freunde das konstruktive Denken ein – gemäß dem unveränderlichen Prinzip der Wahrheit. Am Ende des Jahres studierte jeder sein Horoskop in meinem Büro und brach in Gelächter aus. Beide Horoskope enthielten negative Vorhersagen, die nie eingetreten waren. Statt der prophezeiten Verluste und Unfälle hatten sich Erfolg und Gesundheit eingestellt. Jeder war nicht nur besser dran als vorher, sondern auch an seinem College weiter aufgestiegen.

Hätten sie ihr Horoskop gelesen, wären die negativen Vorhersagen in ihr Unterbewusstsein eingedrungen und zweifellos in Erfüllung gegangen. ... *dir geschehe, wie du geglaubt hast* ... (Matthäus 8,13). Wenn Sie an negative Prophezeiungen glauben, dann werden Sie diese natürlich auch am eigenen Leib erfahren, denn das Gesetz des Lebens ist das Gesetz des Glaubens.

Die Suche

Der biblischen Darstellung zufolge verließ Abraham Chaldäa, um nach dem wahren Gott zu suchen. Die Chaldäer waren um eine sorgfältige Ausarbeitung der Astrologie bemüht und führten jedes irdische Geschehen auf die Bewegungen der Sterne zurück, setzten also in profaner Weise das Erschaffene mit dem Schöpfer gleich. Abraham – sein Name bedeutet »Vater der Vielheit« (Unser Vater) – erkannte jedoch, dass die Welt von ihrem Schöpfer und der Ersten Ursache beherrscht wird; daher gehorchte er allein Gott, der einzigen Gegenwart, Macht, Ursache und Substanz.

Die Psychologie der Antike

Die Astrologie kann auch als die Psychologie der Antike verstanden werden. Ich kenne Menschen mit medialen und übersinnlichen Fähigkeiten, welche die Vergangenheit, Gegenwart und Zukunft mit außergewöhnlichem Scharfsinn durchleuchten und ohne jede Kenntnis der astrologischen Zusammenhänge Eigenschaften und Neigungen einzelner Personen offenbaren. Einige benutzen Spielkarten und machen Vorhersagen, die sich mit verblüffender Genauigkeit bestätigen; andere bedienen sich der Numerologie, enthüllen dadurch frühere Geschehnisse ebenso wie momentane Pläne und Ziele. Die gesamte Parapsychologie beruht darauf, dass das Medium sich ins Unterbewusstsein des anderen »einklinkt« und so mit ihm in Verbindung tritt. Im Grunde hat man dem Medium schon alles gesagt, bevor es einem irgendwelche Botschaften übermittelt.

Wenn all diese astrologischen Vorhersagen eine Gültigkeit besitzen, dann nicht deshalb, weil man als ein am 4. Juli oder 5. August Geborener bestimmte Eigenschaften hat, sondern weil hier kollektive unterbewusste Überzeugungen des Menschengeschlechts oder der Masse hinsichtlich dieser Zeitspanne im Jahreslauf zum Ausdruck kommen.

C. G. Jung erklärte: »Insofern es also tatsächlich richtige astrologische Diagnosen gibt, so beruhen sie nicht auf Gestirnswirkungen, sondern auf unsern hypothetischen Zeitqualitäten, das heißt mit anderen Worten, was in diesem Zeitmoment geboren oder geschaffen wird, hat die Qualität dieses Zeitmoments.«[*]

---

[*] C. G. Jung, *Zum Gedächtnis Richard Wilhelms*, in: Richard Wilhelm/C. G. Jung, *Das Geheimnis der Goldenen Blüte. Ein chinesisches Lebensbuch*, Zürich und Leipzig: Rascher Verlag 1939, S. XII.

Das erinnert an die Verfahren im chinesischen Orakelbuch *I Ging**, zu dem C.G. Jung einen Kommentar verfasste und anmerkte, dass jedes in einem bestimmten Augenblick eintretende Geschehen unweigerlich die Qualität dieses Augenblicks besitze. Durch alle Zeitalter hindurch hat das menschliche Bewusstsein den Planetenstellungen und Sternzeichen eine große Macht eingeräumt – im festen Glauben, dass sie uns beeinflussen. Anders gesagt: Die Vorstellung vom Einfluss der Sternzeichen, in denen wir geboren werden, beruht auf dem kollektiven Glauben im Unterbewusstsein des Menschengeschlechts.

Jeder von uns hat Teil am Bewusstsein des Menschengeschlechts oder der Masse und wird folglich beeinflusst durch die Überzeugungen im kollektiven Unterbewusstsein – es sei denn, man befreit sein Bewusstsein mit Hilfe systematischen Betens, indem man von einem höchsten Standpunkt aus über die Göttlichen Wahrheiten nachsinnt. Das Gesetz lautet: Wir werden das, worüber wir nachsinnen.

Das Massenbewusstsein in den Vereinigten Staaten

Im Unterbewusstsein der über 250 Millionen Menschen in diesem Land herrscht zum Beispiel die Überzeugung vor, dass alle zwanzig Jahre ein Präsident eines natürlichen oder unnatürlichen Todes stirbt. Das muss aber nicht so sein. Wenn der Bewohner des Weißen Hauses seinen Geist mit der tiefsinnigen Botschaft des 91. Psalms ausfüllen würde, wäre er völlig immun und derart von Gott durchdrungen, dass nichts ihm etwas anhaben könnte.

* Vgl. dazu Joseph Murphy, *Secrets of the I Ching*, West Nyack, N.Y.: Parker Publishing Co., Inc. 1970.

Wie der Stier zum Widder wird

Wenn Sie sagen, Sie seien im Stier geboren worden, nämlich als die Sonne in diesem Sternzeichen stand, dann sind Sie gemäß dem im Osten gebräuchlichen, auf Fixsterne bezogenen siderischen Tierkreis im Widder geboren. Sämtliche Charaktereigenschaften, Neigungen, Handlungsweisen, die Sie in Horoskopen lesen, wurden aus empirischen Beobachtungen abgeleitet. Nehmen wir einmal an, Sie seien am 10. Mai zur Welt gekommen. Ein indischer Astrologe, der die siderische Version des Tierkreises heranzieht, würde feststellen, dass die Sonne zu diesem Zeitpunkt im Widder stand. Daher würde seine Beschreibung der typischen Widder-Merkmale deutlich abweichen von der eines europäischen Astrologen, der Sie dem Stier zuordnet und mit den entsprechenden, in einschlägigen Lehrbüchern genannten Charakteristiken versieht.

Doch wenn beide Astrologen die Etiketten *Widder* und *Stier* außer Acht ließen und Sie allein aufgrund Ihres Geburtsdatums analysierten, würden sie sich auf die Ansichten im Bewusstsein der Masse sowie auf empirische, im Laufe der Jahre angestellte Beobachtungen bei einigen Tausend repräsentativen, am gleichen Tag geborenen Personen stützen und aller Wahrscheinlichkeit nach ähnliche Rückschlüsse ziehen, ähnliche Feststellungen treffen wie im Rahmen des Horoskops.

Ebenso kann ein guter Graphologe Ihre Handschrift betrachten, um eine hervorragende Beschreibung Ihrer persönlichen Merkmale, Neigungen, Talente abzugeben und künftige Erfolge vorherzusagen. Auch diese »Resultate« beruhen auf empirischen Beobachtungen hinsichtlich der Eigenart der Schrift und der Form der Buchstaben sowie auf der intuitiven oder medialen Wahrnehmung des Graphologen.

Der Tierkreis mit seinen zwölf Zeichen versinnbildlicht die zwölf Stämme des Alten Testaments und die zwölf Apostel des Neuen Testaments. Mit anderen Worten: Die zwölf Kräfte oder Attribute Gottes sind in Ihnen.

Die Namen der Sterne

Maimonides, der jüdische Philosoph aus dem 12. Jahrhundert, schrieb: »Indem die Alten ihre ganze Aufmerksamkeit auf den Ackerbau richteten, gaben sie den Sternen Namen, die aus dieser Beschäftigung im Laufe des Jahres abgeleitet waren.« Um die Astrologie in ihrer historischen Entwicklung zu erfassen, zeigte der große Gelehrte C. F. Volney in seiner 1802 in Paris auf Englisch veröffentlichten Schrift *The Ruins, or, Revolutions of Empires*, dass das komplizierte, auf der Anbetung der Sterne beruhende Glaubenssystem am Ufer des oberen Nils von dunkelhäutigen Menschen entwickelt wurde. Es wurde in Beziehung gesetzt zu den Erzeugnissen der Erde und den Arbeiten in der Landwirtschaft.

Demnach bezeichneten die Äthiopier jene Sterne als die der Überschwemmung oder des Wassermanns, unter denen der Nil über die Ufer trat; jene Sterne als die des Ochsen oder Stiers, unter denen sie zu pflügen begannen; jene Sterne als die des Löwen, unter denen dieses Tier, vom Durst aus der Wüste getrieben, an den Ufern des Nils auftauchte; jene Sterne als die der Garbe oder der Jungfrau der Ernte, unter denen man die Feldfrüchte einbrachte; und jene Sterne als die des Lamms oder der Zwillinge, unter denen diese Tiere geworfen wurden.

Nachdem also die Äthiopier beobachtet hatten, dass die Überschwemmung immer dann wiederkehrte, wenn die schönen Sterne des Wassermanns über der Quelle des Nils erschienen und die Bauern vor den kommenden Fluten zu warnen schienen, brachten sie dieses Ereignis in Verbindung mit dem Tier, das durch sein Bellen auf eine Gefahr aufmerk-

sam macht, und nannten diesen sehr hellen Stern am Nacht-
himmel den bellenden Hund oder Hundsstern (Sirius).

In gleicher Weise bezeichneten sie als Krebs das Sternbild an
der Stelle, wo die Sonne, am gleichnamigen Wendekreis angelangt, wie der Krebs eine (scheinbare) Rückwärtsbewegung
ausführte; als Wildziege oder Steinbock das Sternbild dort, wo
die Sonne nach dem Erreichen ihres höchsten Punktes im Jahreslauf auf der Spitze des Gnomons verharrt und gewissermaßen die Ziege nachahmt, die Vergnügen daran findet, auf die
Gipfel der Berge zu steigen; als Libra oder Waage das Sternbild, wo Tag und Nacht, gleich lang, ebenso im Gleichgewicht
zu sein schienen wie dieses Messinstrument; und als Skorpion
das Sternbild, bei dem bestimmte, regelmäßig wiederkehrende
Winde Dunst und Nebel brachten, die genauso brannten wie
das Gift des Skorpions.

In natürlicher Bildersprache pflegten die Menschen zu
sagen: Der Stier übersät im Frühjahr die Erde mit frucht-
bringenden Samen; der Widder befreit den Himmel von den
bösen Kräften des Winters; er rettet die Welt vor der Schlange
(Symbol der feuchten Jahreszeit) und stellt das Reich des Guten (Sommer) wieder her; der Skorpion verströmt sein Gift
auf die Erde und verbreitet Krankheit und Tod.

Die obigen Passagen bilden eine kurze Zusammenfassung
von C. F. Volneys hervorragenden Forschungsarbeiten, die er
in dem betreffenden Kapitel seines Werkes über die Anbetung
der Sternbilder dargelegt hat.

Der Tierkreis und seine Bedeutung

Das Wort *Zodiak* (Tierkreis) verweist auf eine(n) imaginä-
re(n) Linie oder Gürtel im Himmel. Er ist kein physischer
Körper und hat infolgedessen auch keine Anziehungskraft.
Daher sind Astronomen und Astrophysiker beunruhigt und

verblüfft über Menschen, die an ihn glauben. Klugerweise lehnen Wissenschaftler den so genannten Einfluss der zwölf Tierkreiszeichen rundweg ab; für sie ist die Behauptung der Astrologen, dass er durch Anziehungskraft ausgeübt werde, vollkommen absurd.

Die Bibel und die Sterne

Vom Himmel her kämpften die Sterne, von ihren Bahnen stritten sie wider Sisera. (Richter 5,20) Damit ist zweifellos Folgendes gemeint: Sisera erkannte, dass sein auf astrologischen Hypothesen beruhendes Horoskop ungünstig war. Wie weiter oben angedeutet, offenbart sich hier die Psychologie der antiken Welt. Die Alten sagten, dass man je nach Sternzeichen eine gewisse Veranlagung – spezielle Eigenschaften, Neigungen und Talente – habe, die die Persönlichkeit prägen würde. Wenn Sisera also glaubte, die Sterne seien gegen ihn, dann würde ihm natürlich genau das widerfahren, was er glaubte, denn das Gesetz des Lebens ist das Gesetz des Glaubens.

Jeder von uns wird mit bestimmten Überzeugungen, Meinungen, Ängsten und Einstellungen großgezogen. Wir alle werden in der Jugend auf unterschiedliche Weise konditioniert. Doch da ist kein Platz für Fatalismus, weil wir das eigene Leben ändern können, indem wir uns mit dem Unendlichen in Übereinstimmung bringen und die Forderung erheben, dass das, was für Gott gilt, auch für uns gilt. Je nachdem, wie wir auf der Ebene der Unendlichen Gegenwart und Kraft denken, sprechen und handeln, erstellen wir ein spirituelles Horoskop für uns selbst auf der Grundlage der Weisheit und Wahrheit, des Göttlichen Gesetzes und der Göttlichen Ordnung.

Offensichtlich fürchtete Sisera Niederlage und Tod. Wie Hiob sagt: *Denn was ich gefürchtet habe, ist über mich gekommen …* (Hiob 3,25) Eine solche Einstellung musste einfach in Siseras verheerender Niederlage enden. Er hätte die schlimmen Prophezeiungen der Astrologen durchbrechen und überwinden können; er wäre imstande gewesen, sich der Gott-Gegenwart im Innern zuzuwenden, Frieden, Harmonie, Liebe sowie ein angemessenes, göttlich inspiriertes Handeln zu beanspruchen, und sein Leben hätte sich geändert. Sisera aber war ein Philister und nicht vertraut mit den Gesetzen des Bewusstseins oder der Verfahrensweise des Unendlichen Geistes. Seine Niederlage stand nicht in den Sternen geschrieben, sondern in seinem Unterbewusstsein.

Die Philister verehrten in ihren Tempeln Götzen und steinerne Statuen und betrachteten diese als Götter. Viele Menschen, die sich Christen, Juden, Moslems oder Buddhisten nennen, fürchten die Schweinegrippe, Bakterien, das Wetter, schwarze Magie, Voodoo, böse Geister, Krebs, das Alter, den Tod und gestehen diesen Phänomenen eine große Macht zu. Doch es gibt keinen Tod – nur Leben; und das Alter ist nicht das Dahinschwinden der Jahre, sondern das Heraufdämmern der Weisheit. In einer Milliarde von Jahren werden Sie irgendwo lebendig sein, denn Gott ist Leben und Gott kann nicht sterben. Sein Leben ist jetzt Ihr Leben.

Rufen Sie diese Macht an!

Ganz gleich, wer oder was Sie sind, und ungeachtet jedes Sternzeichens, in dem Sie geboren wurden, können Sie diese Geistige Gegenwart und Kraft anrufen, die das Universum erschuf und allmächtig ist, um geführt und geheilt zu werden. Wenn Sie Bewusstsein und Herz öffnen, um zu empfangen, wird sie Ihnen antworten und Ihre Seele gesund machen. Doch wenn Sie glauben, dass Saturn gegen Sie arbeitet, kann das Unendliche nicht durch Sie hindurch wirken.

Vertrauen Sie dem Geist im Innern; dann werden alle Dinge

neu, verschwinden alle Schwierigkeiten und Hindernisse so, wie das Licht die Dunkelheit vertreibt.

Hexerei, Zauberei und Voodoo

Derlei Ausdrücke bedeuten im Grunde einen Missbrauch der Geistigen Kraft. Es gibt nur Eine Macht – Gott. Der Aberglaube beruht auf Suggestion. Sie besitzen die Fähigkeit, die negativen Suggestionen oder Vorhersagen anderer Menschen zurückzuweisen. Denken Sie positiv, und das Positive wird kommen. Gehen Sie Ihren Weg im Bewusstsein der Liebe Gottes und strahlen Sie überall Liebe und Wohlwollen aus. Allmählich werden Sie dann immun gegen die negativen Atmosphären und falschen Überzeugungen der Welt.

Betrachten Sie schwarze Magie und Voodoo im Licht der Wahrheit; sehen Sie sie so, wie sie wirklich sind. Derartige Methoden werden benutzt von Personen, die von der echten geistigen Macht keine Ahnung haben. Diese Leute meinen, sie wüssten darüber Bescheid, aber das stimmt nicht. Sobald Sie den Hokuspokus durchschauen, verliert er all seine Macht. Es gibt nur Eine Macht – sie wirkt als Einheit und Harmonie und ist die bejahende Kraft. Die destruktive Anwendung der Verborgenen Macht wird zerstört durch die konstruktive Anwendung der Einzigen Macht.

Die wahre und höchste Einstellung besteht darin, sich mit der Quelle des Lebens bewusst zu vereinen. Werden Sie damit vertraut, dann brauchen Sie sich über die negativen Suggestionen und Handlungen seitens der anderen keine Sorgen mehr zu machen. Vergegenwärtigen Sie sich die Wechselbeziehung zwischen Ihnen und der Unendlichen Macht. Die Macht der Suggestion ist eine Verborgene Macht, wohingegen jene Macht, die alles erschafft, *die* Verborgene Macht und damit der Ursprung von allem ist.

Der verstorbene Richter Thomas Troward schreibt in seinem Buch *The Hidden Power* (Die Verborgene Macht): »Sollte demnach irgendjemand uns derart übel gesinnt und so erbärmlich unwissend hinsichtlich der geistigen Wahrheit sein, dass er die Macht der böswilligen Suggestion gegen uns auszüben versucht, dann bemitleide ich diesen Menschen. Er wird keinerlei Nutzen daraus ziehen, weil er nur mit Blasrohr und Erbsen auf ein gepanzertes Kriegsschiff schießt. Darauf läuft die ganze Sache hinaus; für ihn aber wird sie schlimmere Folgen haben.« Die Redensart, dass Verwünschungen am Ende den treffen, der sie ausgestoßen hat, erweist sich einmal mehr als richtig.

Eine Tiefe Wahrheit

Denn es gibt kein Zaubern in Jakob und kein Wahrsagen in Israel. Zu rechter Zeit wird Jakob und Israel gesagt, welche Wunder Gott tut. (4. Mose 23,23) Jakob ist der Mensch, der sich im Innern der Wahrheit der Göttlichen Gegenwart bewusst wird. Und Israel ist jener gläubige Mensch, der um die Oberhoheit des Einen Geistes und um die Herrschaft seines eigenen Denkens weiß.

... aber gegen ganz Israel soll nicht ein Hund mucken ... (Exodus 11,7).

Unsere ersten Uhren

Ein israelischer Pilot sagte mir, dass die Sterne unsere ersten Chronometer seien, und das stimmt auch. Während des Flugs peilt er die Sterne an, auch der Zeitmessung wegen. Die Observatorien der Marine und das Observatorium in Greenwich, England, bedienen sich der Sterne und der Sonne, um die exakte Uhrzeit zu bestimmen. Die Sterne haben also einen gewissen Einfluss auf unsere Welt, jedoch keinesfalls im astrologischen Sinne. In den örtlichen Planetarien nehmen uns die Astronomen mit auf eine Reise in die kosmische Vergangenheit, weil sie die hierbei wirksamen physikalischen Gesetze kennen, die stets mathematisch genau und vollkommen präzise sind.

Säen und Ernten

In frühgeschichtlicher Zeit berechneten die Menschen die Zeit für Aussaat und Ernte anhand der Position der Sterne. Sobald der Widder an einer bestimmten Stelle auftauchte, war das Frühlingsäquinoktium (Tagundnachtgleiche) und damit das Frühjahr nahe. Die Bewegung der Sterne wird von einer mathematischen Genauigkeit beherrscht, die so rhythmisch und gottähnlich ist, dass die Alten diese überirdischen Leuchtpunkte zum Gegenstand ihrer Verehrung machten. Wenn dann die Waage an einem gewissen Punkt in der himmlischen Atmosphäre erschien, stand das Herbstäquinoktium und damit der Herbst bevor. Es war die Zeit der Ernte, und die Laubbäume ließen ihre Blätter fallen.

Lebenszyklen

Es gibt die Zyklen der Kindheit, der Jugend, des Erwachsenseins und des Alters – und daneben jährliche, monatliche, wöchentliche, tägliche Zyklen. Die Zyklen Ihres geistigen Lebens hängen von Ihren Ideen, Glaubensvorstellungen, Ansichten und Überzeugungen ab, die durch das Bewusstsein kreisen und gemäß ihrer Beschaffenheit und ihrer Wirksamkeit zum Vorschein kommen.

Die Sonne am Himmel war für die frühgeschichtlichen Menschen ein Symbol Gottes. Sie betrachteten deren Funktionen in Beziehung zur Erde als gottähnlich. Sie wussten, dass die Sonne nicht mit Gott identisch war, wurden aber durch sie an das wahre Unsichtbare Licht im Innern gemahnt. Die Sterne Gottes stellen die in Ihnen funkelnden Sterne der Wahrheit dar. Sie veranschaulichen das Wissen, die Bewusstheit, die Weisheit und die schöpferischen Ideen, welche den Himmel Ihres Geistes erhellen, Ihnen Frieden, Harmonie, Freude, Fülle und Sicherheit schenken.

Daher ist es töricht, die Sterne oder die Planeten anzubeten, die nur riesige Mengen molekularer, sich im Raum bewegender Verbindungen sind. Warum verehren Sie stattdessen nicht voller Hingabe die Unendliche Intelligenz, in der Sie leben, sich bewegen und all Ihr Sein haben?

VIERTES KAPITEL

Was ist Wahrheit?

In Delhi erkundeten wir sowohl den neuen wie den alten Teil der Stadt, besuchten Gandhis Grab, die Jama Moschee, die Rote Festung, den Mondscheinplatz und viele andere faszinierende Orte von historischem und religiösem Interesse. Jaipur und sein berühmter Stadtpalast, der heute ein Museum mit seltenen Handschriften beherbergt, ist wirklich eine Besichtigung wert.

Wir hatten die seltene Gelegenheit, das Taj Mahal in einer Vollmondnacht zu betrachten. Jeder in unserer Reisegruppe verharrte etwa zwanzig Minuten lang in Schweigen, sann über dessen außergewöhnliche Schönheit, Symmetrie, Ordnung und Proportion nach. Es gilt als eines der Sieben Weltwunder und wurde von Kaiser Shahjehan als Mausoleum für seine Gattin Mumtaz Mahal in weißem Marmor errichtet. Es ist ein universales Symbol der Liebe. Seine Mauern und Paläste, berühmt wegen ihrer kunstvoll verschlungenen Intarsien, sind stille Zeugnisse der mathematischen und geometrischen Fähigkeiten der alten indischen Baumeister. Zweifellos gehörten sie Gilden an, deren Mitglieder in die Darstellung der Schönheit, der Liebe und der Göttlichen Ordnung in Stein und Marmor eingeweiht waren. Das Taj Mahal kann durchaus als eine »Liebesgeschichte in Stein« bezeichnet werden.

Unser Besuch in Benares war sehr lehrreich und lohnend. Der Reiseführer hielt uns einen glänzenden Vortrag über die religiösen Gebräuche, die Begräbniszeremonien und die Geschichte der vielen berühmten Tempel und Moscheen der

Buddhisten, Hinduisten und Mohammedaner. Die Idee zum vorliegenden Kapitel kam mir, als ein Mitglied unserer Gruppe den Führer fragte: »Meinen Sie, dass die Glaubensvorstellungen der Buddhisten die Wahrheit repräsentieren?« Sein Gegenüber erwiderte: »Was ist Wahrheit?« Zwei plus zwei macht vier. Buddha lehrte die Wahrheit, als er sagte: »Unwissenheit ist die einzige Sünde.« Meines Erachtens hatte der junge Mann auf ziemlich intelligente Weise geantwortet.

Erinnern Sie sich an folgende Passage aus dem Johannesevangelium: *Spricht Pilatus zu ihm: Was ist Wahrheit? Und da er das gesagt, ging er wieder hinaus zu den Juden und spricht zu ihnen: Ich finde keine Schuld an ihm.* (Johannes 18,38) Sie werden feststellen, dass die Frage des Pilatus unbeantwortet blieb. Wahrheit ist Gott und Gott ist Wahrheit und Gott kann nicht in absolutem Sinne erkannt werden. Doch wir können die Gesetze unseres Bewusstseins kennenlernen und anfangen, richtig zu denken, zu fühlen, zu handeln, und so unser Leben tief greifend ändern. Die Alten erklärten: »Wahrheit wird im Schweigen erfahren, Wahrheit wird im Schweigen gefühlt, Wahrheit wird im Schweigen übermittelt; denn Gott wohnt im Schweigen.«

Eine Frau in unserer Gruppe sagte, das Christentum sei die Wahrheit; andere hielten den Buddhismus für die Wahrheit, und einer unserer hinduistischen Freunde glaubte, die Gita enthielte die ganze Wahrheit. Wenn jemand behauptet, der Katholizismus sei die Wahrheit, widerspricht ihm sofort ein Baptist oder ein Mitglied einer anderen Glaubensgemeinschaft.

Nehmen wir einmal an, wir seien mit Menschen unterschiedlicher Glaubensrichtungen konfrontiert, mit Katholiken, Protestanten, Scientologen, Unitariern, Zeugen Jehovas, Buddhisten, Mohammedanern usw., von denen jeder die Wahrheit für sich beansprucht. Das erinnert ein wenig an die Geschichte vom Blinden, der einen Elefanten beschreibt.

Doch es gibt nur *eine* Wahrheit, *ein* Gesetz, *ein* Leben, *eine* Macht, *eine* Substanz, *einen* Gott – den Vater von allem –, das Lebensprinzip schlechthin, aus dem alles kommt. Deshalb schwieg Jesus, als ihm die oben zitierte Frage gestellt wurde. Wahrheit ist die Stille Gegenwart, das ICH BIN oder Gott in jedem von uns. Die Bibel sagt: *Ich bin der Weg und die Wahrheit und das Leben.* (Johannes 14,6) ICH BIN bedeutet Sein, Leben, Bewusstheit, Gott – den durch sich selbst entstandenen, gesichts- und formlosen Geist in Ihrem Innern.

Wenn Sie behaupten, dass der Buddhismus die Wahrheit sei, mögen Sie zwar ein Argument parat haben; aber wann immer Sie die Wahrheit mit einem Etikett versehen, entgleitet sie Ihnen. Die alte Redensart, die im Dunkel der Zeiten verloren ging, ist nach wie vor zutreffend: »Wenn du es benennst, kannst du es nicht finden, und wenn du es findest, kannst du es nicht benennen.« Es ist das namenlose Eine in Ihnen, ohne Gesicht, Erscheinung, Gestalt, zeitlos, formlos, alterslos. Wie könnten Sie dieses etikettieren?

Oder wie könnten Sie zum Beispiel Liebe, Frieden, Harmonie, Freude, Wohlwollen, Inspiration, Belehrung, Schönheit, Lachen, Ehrlichkeit, Unbestechlichkeit oder Gerechtigkeit weltanschaulich vereinnahmen? Sicherlich würden Sie solche Eigenschaften und Merkmale nicht als katholisch, protestantisch, jüdisch oder hinduistisch bezeichnen. Ebenso wenig würden Sie die Axiome der Mathematik, der Chemie, der Physik oder der Astronomie einer bestimmten Glaubensrichtung zuschreiben. All das sind universale und kosmische Prinzipien, auf die jeder Mensch zurückgreifen kann. Vor Gott sind alle gleich.

Nun erfahre ich in Wahrheit, dass Gott die Person nicht ansieht; sondern in jeglichem Volk, wer ihn fürchtet und recht tut, der ist ihm angenehm. (Apostelgeschichte 10,34)

Sie leben in einer Welt der Gegensätze

Wenn Sie bei Regen und Nebel auf Reisen gehen, sagen Sie vielleicht: »Heute ist schlechtes Wetter.« Der Bauer hingegen, dessen Land unter Trockenheit leidet, jubiliert: »Das ist ein herrlicher Tag«; er betrachtet den Regen als eine Wohltat und erfreut sich daran. Die Tatsachen des Lebens haben nicht für alle Menschen die gleiche Bedeutung. Zu jeder Aussage über Religion oder Politik gibt es ein Gegenargument.

Ralph Waldo Emerson, der große amerikanische Philosoph und Dichter des 19. Jahrhunderts, führt dieses Thema in seinem Werk *Compensation* weiter aus: »Polarität oder Aktion und Reaktion finden wir in jedem Aspekt der Natur; in Dunkelheit und Licht; in Wärme und Kälte; in Ebbe und Flut; im Männlichen und Weiblichen; in Einatmung und Ausatmung der Pflanzen und Tiere; in der Zusammenziehung und Erweiterung des Herzmuskels; in der Wellenbewegung der Flüssigkeiten und des Schalls; in der zentrifugalen und zentripetalen Kraft; in der Elektrizität, im Galvanismus und in der chemischen Affinität. Man verstärke den Magnetismus am einen Ende der Nadel und am anderen Ende wird eine dem Magnetismus entgegengesetzte Kraft wirksam. Wenn der Süden anzieht, stößt der Norden ab. Um hier zu entleeren, muss man dort verdichten. Ein unvermeidlicher Dualismus teilt die Natur, sodass jedes Seiende eine Hälfte darstellt und auf ein anderes Seiendes verweist, das es ergänzt, wie im Falle von Materie/Geist; Mann/Frau; ungerade/gerade; subjektiv/objektiv; innen/außen; oben/unten; Bewegung/Ruhe; ja/nein.«

Der bereits genannte Richter Thomas Troward, Autor zahlreicher Bücher zum Thema »mentale Wissenschaft«, erklärte, dass jede Wahrheit auf ihre Weise zustande komme. Jemand sagt zum Beispiel: »Von Erdbeeren krieg ich Ausschlag«, doch Millionen von Menschen essen Erdbeeren und bekommen keinen Ausschlag; für sie ist diese Frucht ein ganz normales, weit verbreitetes Nahrungsmittel. Wer auf Erdbeeren allergisch reagiert, hat für sich selbst gleichsam ein Gebot erlassen, sodass ihm (oder ihr) die eigene Aussage wahr erscheint. Doch dabei handelt es sich nicht um eine universale oder kosmische Wahrheit. Ansonsten würden alle, die Erdbeeren verspeisen, unter derselben Störung leiden. Jede der beiden gegensätzlichen Aussagen ist auf ihre Weise wahr. Der Allergiker bekundet nur seine persönliche Einstellung zu Erdbeeren.

Sie können sich ändern

Einer der Mitreisenden sagte zu mir, dass die menschliche Natur sich nicht ändern lässt. Dann verbreitete er sich über die Verbrechen und Grausamkeiten, die in verschiedenen Teilen der Welt begangen werden, sowie über die Brutalitäten und Folterungen, die während der letzten Kriege auf beiden Seiten stattfanden. Ich machte ihn darauf aufmerksam, dass er nicht solche unkritischen und gebieterischen Äußerungen machen könne, ohne dass diese in Frage gestellt würden. Jeder Geistliche, Rabbi, Psychologe, Psychiater und Arzt hat wundersame Veränderungen in einem Individuum stattfinden sehen. Ich selbst habe eine vollkommene innere Transformation bei Mördern, Alkoholikern und Rauschgiftsüchtigen miterlebt, die dann der Menschheit große Dienste erwiesen.

Insgesamt betrachtet mögen wir feststellen, dass sich die menschliche Natur in den letzten zwei oder drei Jahrtausenden nicht sehr verändert hat; aber vergessen wir dabei nicht die vielen Tausend Menschen, die sich im Laufe der Epochen von Grund auf geändert und beschlossen haben, ein gottähnliches Leben zu führen. Wenn Sie Rechtsanwalt sind und Ihren Klienten verteidigen, werden Sie zugeben, dass der gegnerische Anwalt ein großartiges Plädoyer für die eigene Partei halten kann. Seine Einwände gegen Ihre Argumente erscheinen genauso logisch wie Ihre Einwände gegen seine Argumente. In ähnlicher Weise kann ein Buddhist oder ein christlicher Theologe hervorragende Begründungen für seinen Glauben vorbringen.

Die Wahrheit funktioniert immer

Kann man auch Trauben lesen von den Dornen oder Feigen von den Disteln? (Matthäus 7,16) *Darum: an ihren Früchten sollt ihr sie erkennen.* (Matthäus 7,20)

Die Wahrheit ist eins und unteilbar, denn Gott ist Wahrheit – die gleiche Wahrheit gestern, heute und für immer. Viele Menschen sind verblüfft oder gar bestürzt darüber, wie sehr Theologien einander widersprechen können, und sehnen sich nach jener einen Wahrheit, die sie frei macht. Die verschiedenen Glaubensgemeinschaften im Christentum weichen in ihren Überzeugungen und Gebräuchen ebenso voneinander ab wie andere religiöse Gruppen. Außerdem sind die Lehren der zahlreichen Sekten im Christentum wie auch in den anderen Weltreligionen voller Ungereimtheiten und Sinnlosigkeiten.

Die Wahrheit befreit Sie von Angst, Unwissenheit, Aberglaube, Krankheit, Mangel und Beschränkung; sie löst Ihre Probleme und beruhigt den aufgewühlten Geist. Sie werden in allen Teilen der Welt Menschen treffen, die keinerlei Konfession angehören; dennoch sind sie voll des Glaubens und des Vertrauens in die Güte, Unterweisung und Liebe Gottes. Sie tragen im Innern einen Frieden und ein Licht, sind selig und erfüllt von Wohlwollen und dem Lachen Gottes.

Religion kommt aus dem Herzen, nicht durch Lippenbekenntnisse. Sie bringt die Früchte des Göttlichen Geistes zum Vorschein, und das ist die eigentliche Bewährungsprobe der Wahrheit. Die Wahrheit ist immer heilsam. Wenn Sie glücklich, frohgemut und frei sind, wenn Sie Lebendigkeit, Ruhe und Fülle ausstrahlen, offenbaren Sie damit die Früchte des Göttlichen Geistes. Es gibt keine Wahrheit, die verhüllt bleibt: Wie innen, so außen; wie außen, so innen. In Ihrem Unterbewusstsein kann es nichts geben, das sich nicht früher oder später in den Phasen Ihres äußeren Lebens ausdrückt.

Das Gesetz des Lebens

Alle Dinge sind möglich dem, der da glaubt. (Markus 9,23) Was glauben Sie in Bezug auf das Leben, auf Gott und die Welt? Ihre Antwort auf diese Frage entscheidet über Ihr gesamtes äußeres Dasein. Sie sind Ausdruck dessen, was Sie glauben. Lernen Sie, an die schöpferischen Gesetze Ihres Bewusstseins zu glauben. Erkennen Sie, dass Ihre Gedanken schöpferisch sind. Was Sie sich vorstellen und tief innen empfinden, werden Sie tatsächlich erfahren. Glauben Sie nicht mehr an Konfessionen, sektiererische Auffassungen, Liturgien, Zeremonien und Rituale.

Glauben Sie vielmehr, dass die Unendliche Intelligenz Ihnen antwortet, wenn Sie sie anrufen. Glauben Sie an einen Gott der Liebe, der Sie beherrscht, leitet, im Auge behält – dann werden Sie mehr Erfolg haben als in ihren kühnsten Träumen. Sie brauchen weder an Katholizismus, Protestantismus, Judaismus, Buddhismus, Shintoismus oder Hinduismus noch an irgendwelche Riten, Hostien, Weine, Statuen oder Heilige zu glauben.

Woran glauben Sie?

Die Bibel sagt: *Euch geschehe nach eurem Glauben.* (Matthäus 9,29) Auf die Frage: Welchem Glauben hängen Sie an? werden einige antworten: »Ich bin Katholik«, »Protestant«, »Jude«,

»Buddhist« usw. Der Glaube ist eine geistige Einstellung – eine Denkweise. Er zeigt an, dass man sich der Anwesenheit des Göttlichen im Innern ebenso bewusst ist wie der Fähigkeit, ihn in allen Lebensphasen wirksam werden zu lassen.

Sie haben einen Glauben, wenn Sie wissen, dass alles, was dem Unterbewusstsein eingeprägt wird, irgendwann zum Ausdruck kommt. Der Glaube hat nichts zu tun mit Glaubensbekenntnissen, Zeremonien oder doktrinären Vorstellungen, wie sie von den Kirchen propagiert werden. Ihr Glaube bezeichnet das, worauf Sie tief im Herzen vertrauen – Ihre feste innere Überzeugung im Hinblick auf Gott und das Leben im Allgemeinen.

Welche Gefühle und Ansichten hegen Sie bezüglich Ihrer Person und Ihrer inneren Kräfte? Ihre unterbewussten Annahmen, Auffassungen und Überzeugungen beherrschen und beeinflussen all Ihre bewussten Handlungsweisen. Die Bibel erklärt, worin wahre Religion besteht: *Denn wie er im Herzen* (Unterbewusstsein) *denkt, so ist er ...* (Sprüche 23,7)

Eine grundlegende Wahrheit

Erkennen Sie, dass es hinter jeder Weltreligion nur Einen Gott und Eine Wahrheit gibt. Alle Dogmen, Lehren und Rituale handeln von der Relativität der Wahrheit. Jemand sagt Ihnen vielleicht: »Ich habe im Tempel des Buddha Räucherwerk sowie eine Kerze entzündet und bestimmte Gebete gesprochen, die dann durch eine wundersame Heilung beantwortet wurden.« Die Gebete dieses Menschen wurden nicht beantwortet wegen des Räucherwerks, der Kerze oder weil er sich an einem heiligen Ort aufhielt, sondern aufgrund seines *unterbewussten* Glaubens. Mit anderen Worten: Er selbst beantwortete sein Gebet. Sein Unterbewusstsein reagierte auf seinen blinden Glauben. Das gab den Ausschlag – und nicht dieser oder jener von ihm angeführte Grund. Was er glaubte und erhoffte, geschah ihm tatsächlich.

Der ewige Wechsel ist das Wesen aller Dinge

Alles ändert sich. Jedes Mal, wenn Sie eine neue Idee oder eine neue Auffassung von der Wahrheit haben, vollzieht sich in Ihrem Innern eine physiologische Veränderung. Sie sind ständig im Übergang. Jeden elften Monat erneuert sich Ihr Körper. Alles ist dem ständigen Wechsel unterworfen. Der verstorbene Ernest Holmes, Autor von *Science of Mind* (Wissenschaft des Bewusstseins), erzählte mir einmal, drei Männer aus seinem Wohnblock seien während eines Gesprächs zu der unumstößlichen Überzeugung gelangt, dass ein bestimmter Mann, den sie die Straße in Richtung einer Kneipe hinuntergehen sahen, dort eintreten und sich betrinken würde. Holmes fragte sie, warum sie sich ihrer Meinung so sicher waren, woraufhin sie zur Antwort gaben, dass der Mann jeden Abend zur gleichen Zeit auftauche und direkt zur Kneipe gehe. Auch an diesem Abend näherte er sich der Tür der Kneipe, machte dann aber kehrt und ging nie wieder dorthin. Er hatte plötzlich den Entschluss gefasst, mit dem Trinken aufzuhören und ein neuer Mensch zu werden.

Das zeigt, dass man über nichts in der Welt ein endgültiges Urteil fällen kann. Die drei Männer hatten folgende tiefe Wahrheit vergessen: ... *verändert euch durch Erneuerung eures Sinnes* ... (Römer 12,2)

Man muss beide Seiten betrachten

Eine Frau mag sich an Sie wenden und Ihnen alle Gründe nennen, warum sie sich scheiden lassen möchte. Ihre Bemerkungen klingen vielleicht plausibel und logisch. Einige Stunden später kommt möglicherweise ihr Mann bei Ihnen vorbei, ohne zu wissen, dass seine Frau bei Ihnen war, und nennt Ihnen sämtliche Gründe, warum er die Ehe retten möchte. Auch seine Schlussfolgerungen klingen unter Umständen logisch und vernünftig. Beide können nicht Recht haben, aber sowohl er als auch sie betrachtet die Situation von einem rein persönlichen Standpunkt aus.

Oft werden diese scheidungswilligen Paare Ihnen sagen, dass ein Eheberater ihnen empfohlen habe, sich auf die Wirklichkeit neu einzustellen, und dass der Ausdruck *Wirklichkeit* – der relativ ist und auf der individuellen Haltung gegenüber dem Leben im Allgemeinen beruht – sie verwirre. Im Gegensatz dazu gibt es die Göttliche Wirklichkeit, die das Unwandelbare Sein namens Gott bezeichnet. Doch die Welt, in der wir leben, verändert ständig ihre Maßstäbe, moralischen Grundsätze und Daseinsformen.

Beide oben genannten Ehepartner sehnen sich im Grunde nach Frieden, Harmonie, Liebe, Verständnis und Wohlwollen. Wenn jeder von ihnen aufrichtig für diese Eigenschaften betet, werden sie entweder wieder näher zueinander hingezogen oder ihr höchstes Glück anderswo finden. Die Unendliche Intelligenz wird das Problem für sie lösen.

Die Scheidungsfrage hat ebenso zwei gegensätzliche Aspekte wie jeder Vorschlag, Entwurf oder Umstand, ob er die zwischenmenschlichen Beziehungen, die Politik, die Religion oder ein anderes Gebiet betrifft. Es gibt immer zwei Seiten, ein Innen und ein Außen – bei Ihnen selbst und bei allem, was in dieser Welt existiert.

Einstein brachte die ganze Sache auf eine prägnante Formel:

»Wir sehen die Welt so, wie wir sind.« Das heißt, Ihre innere Welt beinhaltet Ihre gewohnten Gedanken, Überzeugungen, Ansichten, Vorstellungen, Prägungen und Konditionierungen. Stets projizieren Sie Ihren Bewusstseinszustand auf Menschen, Umstände und Ereignisse. Sie betrachten diese durch Ihre geistigen Bilder hindurch. Wenn Sie mit liebenden und verständnisvollen Augen schauen, werden Sie die Welt positiver sehen und dementsprechend auf Menschen und Umstände reagieren.

Es gibt zwei Wirklichkeiten: die äußere Welt, auf die Sie reagieren, und die innere Welt der Gedanken, Empfindungen und Vorstellungen. Das Geheimnis des Lebens besteht darin, die Gegensätze zu versöhnen und dadurch Frieden und Gleichmut zu erfahren. Wer wütende oder hasserfüllte Blicke aussendet, beeinflusst durch diese zutiefst negative Einstellung alles, was er sieht und hört, weshalb seine Beziehungen zu Menschen und Ereignissen häufig in Chaos, Leiden und Unglück enden. Wenn man zum Beispiel einen Teelöffel voll schwarzer Tinte oder einer anderen Färbeflüssigkeit in einen Liter destilliertes Wasser gibt, verdunkelt es sich.

Ihr Bewusstsein prägt Ihre Verbindungen zur Außenwelt und zu anderen Personen. Dessen Zustand hängt davon ab, was Sie denken, fühlen, glauben und gutheißen. Diese Einstellung ist eindeutig und unwiderruflich die Ursache all der Erfahrungen, die Sie im Leben machen. Familienmitglieder, Freunde, Bekannte und Kollegen reagieren wieder anders auf Erfahrungen, insofern diese aus ihren Einstellungen, Überzeugungen und gefühlsmäßigen Annahmen resultieren.

Die folgende alte Redensart fasst alles zusammen: »Was du siehst, Mensch, das musst du auch werden – ob Gott, wenn du Gott siehst, oder Staub, wenn du Staub siehst.«

Er reagierte allergisch auf Schinken

Ich erinnere mich an den Fall eines Soldaten im Ersten Welt-krieg, der zu seinem Oberfeldwebel sagte: »Ich kann keinen Schinken essen. Davon krieg ich schrecklichen Ausschlag.« Der Oberfeldwebel erwiderte, in den Vorschriften stehe nirgends, dass man unbedingt Schinken essen müsse, und ging weiter. Nach einem über dreißig Kilometer langen Marsch durch un-wegsames Gelände servierte der Oberfeldwebel eine flüssige Speise, von welcher der betreffende Soldat reichlich aß. Am nächsten Tag teilte der Oberfeldwebel dem Soldaten mit, dass die servierte Speise zum größten Teil aus Schinken bestanden und dass er ungeachtet dessen keinen Ausschlag bekommen habe. Alle brachen in Gelächter aus, auch der Soldat.

Auf diese Weise wurde er von seinem Irrglauben geheilt. Der Soldat wusste nicht, dass er Schinken verzehrte, da der Küchenunteroffizier diesen mit vielen anderen Zutaten ver-mischt hatte; infolgedessen zeigte der Soldat keine allergische Reaktion. Offenbar hatte er in der Kindheit verdorbenen Schinken gegessen und war daraufhin krank geworden. Seine Mutter hatte ihm eingeprägt, dieses Nahrungsmittel nie wie-der anzurühren.

Sie werden leicht erkennen, dass es sich bei ihm also um eine unterbewusste Angst oder Überzeugung handelte. Der Schinken, den die Armee servierte, fügte ihm keinerlei Scha-den zu. Der Soldat hatte ein äußerst gestörtes Verhältnis zu Schinken gehabt, das sich ins Gegenteil verkehrte, indem er sich lachend darüber hinwegsetzte.

Die Werbung und ihre Auswirkungen

Viele Leute fragen mich, ob sie rauchen sollen oder nicht und wie ich die Angst vor Krebs infolge des Tabakkonsums einschätze. Meine Antwort lautet: Jeder muss seiner eigenen Überzeugung hinsichtlich des Rauchens folgen. Es handelt sich um eine persönliche Entscheidung; wenn also jemand befürchtet, Zigaretten- oder Pfeiferauchen könnte bei ihm Krebs verursachen, sollte er es vermeiden. Das bleibt jedem selbst überlassen. Ich kenne Menschen hier in Beverly Hills, die in weit fortgeschrittenem Alter (80 bis 90 Jahre) sind, seit 50 oder 60 Jahren Zigaretten rauchen und keinerlei gesundheitliche Schäden davongetragen haben. Das trifft genauso auf alle anderen Menschen zu.

Die Nebenwirkungen der Zigaretten sind jeweils ganz verschieden und abhängig von der geistigen Verfassung des Individuums. Mediziner wissen, dass Tausende von Rauchern Lungenkrebs bekommen; andererseits bekommen Tausende von starken Rauchern keinen Lungenkrebs. Deshalb ist es töricht, solche autoritären und apodiktischen Erklärungen abzugeben wie: »Wenn Sie rauchen, bekommen Sie Krebs.« Das kann man so nicht sagen, weil jeder Mensch anders eingestellt ist.

Hiob erklärte: *Denn was ich gefürchtet habe, ist über mich gekommen ...* (Hiob 3,25) Im Massenbewusstsein gibt es eine bestimmte Überzeugung hinsichtlich der schädlichen Nebenwirkungen des Tabaks, und sie beeinflusst uns alle. Doch wenn wir uns über das Massenbewusstsein erheben, können wir diese Nebenwirkungen neutralisieren. Dabei denke ich an einen Verwandten, der ständig rauchte und bis über sein 99. Lebensjahr hinaus unterrichtete. Er hörte nie etwas von den durch Tabakkonsum hervorgerufenen Ängsten vor Krebs und den schrecklichen Folgen des Rauchens, die heute seitens der Ärzteschaft wie auch der Medien betont werden. Allem Anschein nach befürchtete er keine gesundheitlichen Schäden. Auf seine Weise glaubte er, dass Rauchen entspannend und wohltuend sei, und genoss es. Ich bin sicher, dass ihm geschah, was er glaubte.

Die eine große Gewissheit

Die eine große Gewissheit lautet: Gott ist Gott und das Gesetz ist das Gesetz – das gleiche gestern, heute und für immer. Die Wahrheit ist vollkommen beständig. Gott ist zeitlos, unveränderlich, alterslos, absolute Harmonie – das ewige Jetzt!

Eine Frau hier in Laguna Hills erzählte mir, sie sei völlig sicher gewesen, dass ihr Vater in Chicago ihr 50 000 Dollar für die Tilgung einer Hypothek geben würde, die sie belastete. Am Telefon hatte er versprochen, ihr einen beglaubigten Bankscheck mit der Post zu schicken, und sie war begeistert; doch bevor er diesen absenden konnte, starb er unerwartet an einem Herzinfarkt.

Sie können in dieser sich stets verändernden Welt auf nichts bauen, außer auf eines: Gott ist Gott und ändert sich niemals. Der Unendlichen Gegenwart und Macht können Sie vorbehaltlos vertrauen. Sie ist immer gleich – gestern, heute und für immer: absolut, jenseits von Zeit und Raum, jenseits auch aller Argumente, Auseinandersetzungen und Spitzfindigkeiten. Vertrauen Sie auf das Unendliche, das sich gleichsam lächelnd und friedlich vor Ihnen und in Ihnen ausbreitet.

Er war ein ständiger Verlierer

Während dieser Weltreise führte ich ein höchst interessantes Gespräch mit einem Mann. Früher, erzählte er, habe er bei Pferderennen gewettet und dauernd verloren. Im Glauben, ein sicheres System entwickelt zu haben, vergeudete er dabei etwa 15 000 Dollar. Die Verluste wollte er dadurch ausgleichen, dass er immer höhere Summen einsetzte. Doch aufgrund seiner Angst verlor er natürlich weiterhin.

Eines Tages kehrte er zur Rennbahn zurück, um seine letzten zwei Dollar auf eine sichere Nummer zu setzen – und verlor. Jetzt hatte er keinen Cent mehr. Doch plötzlich fand er im Gras einen 100-Dollar-Schein und war entzückt; er sagte sich, dass seine Pechsträhne zu Ende sei und er die Verluste wieder hereinholen würde. Er hatte eine neue Einstellung und größtes Vertrauen in sein Glück. Fünf Mal setzte er auf das richtige Pferd und gewann dadurch große Summen. Am Tag darauf suchten ihn allerdings einige Männer vom Geheimdienst auf und teilten ihm mit, dass die 100-Dollar-Banknote gefälscht war. Der Kassierer hatte ihn identifiziert.

Seine Erklärung stellte sie zufrieden; aber zum ersten Mal erkannte er, dass sein Vertrauen und sein Glaube das günstige Resultat bewirkt hatten – und nicht das wertlose Stück Papier. Das war der Wendepunkt seines Lebens. Von diesem Augenblick an versuchte er nicht mehr, ein Vermögen durch Pferdewetten zu machen; vielmehr setzte er sein Vertrauen in die Ewige Quelle, die nie versiegt, die absolut verlässlich und absolut vertrauenswürdig ist. Und dank dieser Einen Großen Wahrheit und Gewissheit reist er heute um die Welt und hält Vorträge. Er hat in diesem wechselhaften Leben Frieden, Freude und Stärke gefunden.

… aber die auf den HERRN harren, kriegen neue Kraft, dass sie auffahren mit Flügeln wie Adler, dass sie laufen und nicht matt werden, dass sie wandeln und nicht müde werden. (Jesaja 40,31)

FÜNFTES KAPITEL

Die wahre Kunst der Meditation und der Entspannung

Katmandu, die Hauptstadt des Königreichs Nepal, das »Shangri La« der Touristen, liegt zwischen Indien und Tibet an den südlichen Hängen des Himalaja. Es ist ein Land, das von seinen Herrschern jahrhundertelang vor der Außenwelt abgeschirmt wurde. Nepal hat den Besuchern aus aller Welt wunderbare, einzigartige Sehenswürdigkeiten zu bieten.

Dieses Königreich ist berühmt für seine landschaftliche Schönheit und die prächtigen Rundblicke auf die verschneiten Gebiete. Die Stadt Patan wird gesäumt von Pagoden, dem Krishna Tempel und dem Goldenen Tempel, der einen atemberaubenden Glanz verströmt. Hier sahen wir eine Reihe von älteren Männern, die auf den Stufen zu den Tempeln und an den Eingängen der verschiedenen Heiligtümer meditierten. Ihre Augen waren geschlossen, sie schienen sich in einer mystischen Trance zu befinden. Da kam mir die Idee zu dem folgenden Kapitel über Meditation und Entspannung.

Wie man ebenso wirkungsvoll wie mühelos meditiert

Die Meditation ist nicht von einem dunklen Geheimnis umgeben. Jeder Mensch meditiert, wenn auch nicht immer in nutzbringender Weise. Die Meditation ist ebenso natürlich wie Essen, Trinken, Atmen usw. Der Politiker, der Wissenschaftler, die Hausfrau, der Taxifahrer – sie alle meditieren. Selbst der

Agnostiker, der Atheist und der scheinbar materialistischste Geschäftsmann meditiert ständig. Der einzige Unterschied besteht darin, dass sie nicht über geistige Dinge meditieren – über die ewigen Wahrheiten, die unveränderlich sind, gestern, heute und für immer. Wenn Sie also von einem spirituellen Standpunkt aus meditieren, müssen Sie sich unbedingt auf die Gegenwart Gottes besinnen.

Die wahre spirituelle Meditation

Echte Meditation ist eine äußerst wirksame Methode, Gottes Gegenwart zu erfahren. Sie führt am schnellsten zur Erleuchtung, zur höchsten Inspiration, zur völligen Versenkung in die Göttlichen Wahrheiten – in jenen Augenblick, der ewig andauert. Das heißt ganz einfach, dass Sie sich Gott ganz hingeben – mit dem Wissen, dem Glauben und der festen Überzeugung, dass der Allmächtige Lebendige Geist in Ihrem Innern die einzige Gegenwart, Macht, Ursache und Substanz darstellt und dass alles, dessen Sie sich bewusst sind, ein Teil des Unendlichen Seins in konkreter Ausformung ist. Setzen Sie sich also still hin, entspannen Sie Ihren Geist und richten Sie Ihre Aufmerksamkeit auf diese tiefste aller Wahrheiten. Dann meditieren Sie tatsächlich aus einer spirituellen Perspektive, weil Sie diese Wahrheit in ähnlicher Weise aufnehmen, verarbeiten und Ihrem Bewusstsein zu eigen machen, wie Sie einen Apfel Ihrem Körper einverleiben.

Jeder meditiert entweder auf konstruktive
oder auf destruktive Weise

John Jones zum Beispiel steht morgens auf, nimmt sofort die
Zeitung zur Hand und liest die Schlagzeilen, die von Politik,
Verbrechen und internationalen Spannungen handeln. Oft
beunruhigt und stört ihn die politische Situation. Er wird wütend über die Entscheidungen einiger Richter und ereifert sich
wegen der Ansichten gewisser Kolumnisten. Er ist dermaßen
vertieft in seine Gegenargumente und Vorwürfe, dass er nicht
einmal die Stimme seiner Frau hört, die zu ihm spricht.

Das ist das Paradebeispiel für eine Meditation mit äußerst
negativen Resultaten. Seien Sie sich darüber im Klaren, dass
alles, was uns ganz in Anspruch nimmt und worauf wir die
Aufmerksamkeit richten, durch unser Unterbewusstsein noch
verstärkt wird. Die Zeitungsseiten können John Jones ebenso
wenig in Unruhe versetzen wie die gedruckten Artikel ihm
Ärger oder Verdauungsstörungen bereiten können. Derlei Reaktionen sind vielmehr die Folge der aufgewühlten Gedanken
in seinem Kopf. Er selbst brachte sich durcheinander. Er hätte
die Zeitung ruhig und sachlich lesen oder sich manchmal
veranlasst sehen können, an seinen Kongressabgeordneten
beziehungsweise an die betreffenden städtischen Behörden
nützliche Briefe zu schreiben. Jedenfalls hatte die Zeitung
samt ihrem Inhalt absolut keine Macht, ihn irgendwie zu belästigen.

Auf der ganzen Welt meditieren Menschen über alte Verletzungen, Ärgernisse, Ressentiments, Klagen, über verlorene Gerichtsverfahren, über eine Reifenpanne in einsamer
Gegend, über finanzielle Einbußen infolge des Börsenkrachs
und die Fehler, die sie gemacht haben, ohne zu wissen, dass sie
dadurch die Probleme nur vergrößern und sich selbst erneut
ins Unglück stürzen. Wenn Ihnen also ein negativer Gedanke
durch den Kopf geht, so löschen sie ihn aus mit einem spiri-

tuellen Gedanken wie: »Gott ist Liebe und sein Friede erfüllt meine Seele.«

Wenn Sie etwa darüber nachgrübeln, was die heutigen Untergangspropheten vorhersagen, oder mit ihrem Chef gedanklich im Clinch liegen, praktizieren Sie damit eine Meditation, die negative Ergebnisse zeitigt. Ouspensky pflegte zu sagen, dass die innere Rede sich zu einem Klang verdichtet – das heißt: Ihr stilles Selbstgespräch manifestiert sich immer in Ihrer Erfahrung. Denken und Vorstellung, ob konstruktiv oder destruktiv, kommen in Ihrem Leben zum Ausdruck als Form, Funktion, Erfahrung und Ereignis.

Die Heilerfolge der spirituellen Meditation

Ich erhielt einen Brief von einer Frau aus Oregon, die an einem bösartigen Tumor litt. Sie hatte mein Buch *Great Bible Truths for Human Problems* gelesen und interessierte sich besonders für die darin skizzierten Gebetstechniken. Sie hatte angefangen, über die Gegenwart Gottes zu meditieren, und besann sich darauf, dass die Unendliche und Heilsame Gegenwart ihr Inneres erfüllt und dass Gott grenzenlose Liebe, absolute Harmonie, unendliche Intelligenz, Allmacht, Allwissenheit und Allgegenwart ist. Zwei oder drei Mal täglich versicherte sie sich dann im Laufe von 15 bis 20 Minuten: »Gott ist, und Seine Heilsame Gegenwart strömt jetzt durch mich. Göttliche Liebe sättigt mein ganzes Wesen – und Gott in meiner Mitte macht mich jetzt ganz und vollkommen. Ich erweise meinen Dank für die wundersame Heilung, die jetzt stattfindet. Es ist vollbracht!«

Nach ungefähr einer Woche spürte sie, dass etwas geschehen war, und der Chirurg bestätigte ihre intuitive Wahrnehmung. Der Tumor hatte sich aufgelöst, war auf den Röntgenbildern nicht mehr zu sehen. Das ist spirituelle Meditation. Deren

Auswirkungen sind immer günstig und heilsam. Vergessen Sie nicht: Sie leben in einer subjektiven und einer objektiven Welt und müssen in beiden Erfolge erzielen.

Was ist Meditation eigentlich?

Dem Wörterbuch zufolge bedeutet meditieren, sich zu sammeln und zu versenken; eine Sache in Betracht zu ziehen, die erledigt oder beeinflusst werden muss; sich dem Nachdenken oder der Kontemplation zu widmen; zu grübeln, zu überlegen, zu ermessen, zu untersuchen. Eben deshalb meditiert jeder Mensch.

Was sagt die Bibel dazu?

Das Buch der Bücher enthält zahlreiche Hinweise auf die Meditation. Der Psalmist erklärt: *Wohl dem, der ... Lust hat am Gesetz des Herrn und sinnt über seinem Gesetz Tag und Nacht! Der ist wie ein Baum, gepflanzt an den Wasserbächen, der seine Frucht bringt zu seiner Zeit, und seine Blätter verwelken nicht. Und was er macht, das gerät wohl.* (Psalm 1,1–3) *Lass dir wohlgefallen die Rede meines Mundes und das Gespräch meines Herzens vor dir, Herr, mein Fels und mein Erlöser.* (Psalm 19,15)

Demnach finden Sie große Freude am Gesetz des Herrn, und das Gesetz lautet: Sie sind das, worüber Sie nachsinnen. Sie sind das, was Sie den ganzen Tag über denken. Richten Sie also Ihre Aufmerksamkeit und Ihre Hingabe auf diese tiefe Wahrheit: *Wie er in seinem Herzen denkt, so ist er.* (Sprüche 23,7)

Es sind die in Ihr Unterbewusstsein eingeprägten Vorstellungen, Überzeugungen und Ansichten, die dann nach außen projiziert werden und auf dem Spiegel des Raumes Gestalt annehmen. Sie müssen sich die ewigen Wahrheiten Gottes tief einverleiben, ehe diese in Ihrem Leben wirksam werden können. Daher müssen Sie von einem höchsten Standpunkt aus immer wieder über diese Wahrheiten nachsinnen.

Befolgen Sie aufrichtig das Gebot des Psalmisten, wenn er sagt: *Lass dir wohlgefallen die Rede* (die zum Ausdruck gebrachten Gedanken) *meines Mundes und das Gespräch meines Herzens* (das innere, stille Wissen der Seele; Ihr tiefer Glaube und Ihre feste Überzeugung) ... (Psalm 19,15)

Mit anderen Worten: In der echten spirituellen Meditation müssen Ihr Kopf und Ihr Herz mit dem einverstanden sein, was Sie bekräftigen. Wieder anders ausgedrückt: Sowohl Ihr Bewusstsein als auch Ihr Unterbewusstsein müssen zustimmen; dann erst wird Ihr persönliches Wohl tatsächlich erfahrbar. Die Verschmelzung von Denken und Fühlen stellt die Vereinigung der männlichen und weiblichen Elemente (der Göttlichen Wirkkräfte) in Ihrem Innern dar und gipfelt in der Freude über das beantwortete Gebet.

Der ewige Augenblick

Als ich während meines Besuchs in Indien über Meditation sprach, erzählte mir ein Mann, der ein chronischer Alkoholiker und Drogenabhängiger gewesen war (er hatte von Zeit zu Zeit Kokain geschnupft, war dann in der Gosse gelandet und zum Bettler geworden), dass er eines Tages einem heiligen Mann begegnet sei. (In Indien gibt es etwa zwei Millionen davon.) Der sagte zu ihm, dass er nichts anderes tun müsse, als das Räderwerk seiner Gedanken zum Stillstand zu bringen und zwei Mal täglich ungefähr eine halbe Stunde lang zu bekräftigen: »Brahmas Liebe, Frieden, Schönheit, Herrlichkeit und Licht durchströmen mein ganzes Wesen, reinigen, läutern, heilen und erneuern meine Seele.«

Er befolgte die Anweisungen in der Gewissheit, dass er die in seinem Innern verborgenen Eigenschaften und Kräfte Gottes aktivieren und wieder zum Leben erwecken würde. Er fuhr damit fort, jeden Abend und jeden Morgen zu meditieren; nach einigen Wochen, als er in die abendliche Meditation versunken war, verwandelten sich sein Geist und sein Körper ebenso wie der Raum, in dem er sich befand, in ein gleißendes Licht. Dieses machte ihn – wie Paulus – für kurze Zeit blind. Er erlebte eine Verzückung und Ekstase, ein Gefühl von Einheit mit Gott und der ganzen Welt. Seine Empfindung war unbeschreiblich.

Er hatte erfahren, was die alten Mystiker den »ewigen Augenblick« nannten, und wurde völlig geheilt. Heute bringt er anderen Menschen bei, wie man ein neues Leben beginnt. Er setzte seine geistigen Kräfte klug ein – das ist wahre Meditation.

Die Meditation formt Ihre Zukunft

Sie sind das, worüber Sie den ganzen Tag nachsinnen. Der inzwischen verstorbene Arzt David Seabury, der sich auf die Methoden von P. P. Quimby, dem amerikanischen Gründer der Neugeistbewegung (New Thought Movement) spezialisiert hatte, berichtete mir einmal, dass während seiner Sprechstunde in New York ein Mann ihn gebeten hatte, seine Frau zu besuchen, die infolge eines emotionalen Schocks gelähmt war. Dr. Seabury bezeichnete diesen Zustand als psychologische Lähmung. Er empfahl ihr eine bestimmte Übung: Sie sollte sich immer wieder lebhaft vorstellen, all jene Dinge zu tun, die sie bei bester Gesundheit tun würde – zum Beispiel ihren Wagen fahren, auf dem Pferd reiten, Golf spielen und im Haus arbeiten.

Vier oder fünf Mal am Tag machte sie – ebenso regelmäßig wie systematisch – circa 15 bis 20 Minuten lang diese Übung.

Der Arzt erklärte ihr, dass jede ihrer Vorstellungen, verstärkt durch Glaube und Begeisterung, sich verwirklichen und objektive Gestalt annehmen werde. Am Ende des Monats wies er die Krankenschwestern an, sich zu einem bestimmten, von ihm festgelegten Zeitpunkt kurzfristig zu entfernen, während er zugleich die Frau darüber informierte, dass ihr Sohn in dieser Stunde aus Indien anrufen würde. (All das war mit dem Sohn von vornherein abgesprochen worden.)

Punkt zwölf Uhr mittags läutete das Telefon und läutete, wobei sie wusste, dass es ihr Sohn war. (Den Apparat hatte man bewusst außerhalb ihrer Reichweite platziert.) Plötzlich stand sie auf und ging zum Telefon. Von diesem Augenblick an ist sie noch viele Jahre zu Fuß gegangen.

Einen Monat lang war sie vollauf damit beschäftigt gewesen, ihre Aufmerksamkeit auf das Gehen zu richten. Sie investierte ein hohes Maß an mentaler und spiritueller Energie in ihr Ziel, wieder einen Fuß vor den anderen setzen zu können. Ihre Vorstellung wurde bekräftigt durch Glaube und Vertrauen in die ihr innewohnende Macht. Sie hatte wirklich meditiert. Als sie dann das Telefon läuten hörte und wusste, dass ihr Sohn sie zu dieser Stunde anrufen sollte, wurde sie von der Sehnsucht ergriffen, seiner Stimme zu lauschen, und das aktivierte den Göttlichen Geist in ihr; auf diese Weise erfuhr sie am eigenen Leib die heilsamen Wirkungen der Meditation. Ihr gedankliches Bild war gleichsam der Vermittler zwischen der unsichtbaren Welt des Göttlichen Geistes und dessen physischer Ausformung im Akt des Gehens.

Transzendentale Meditation

Ralph Waldo Emerson war ein Transzendentalist und heilte sich selbst von der Tuberkulose, indem er über die Schönheit und Herrlichkeit der Natur meditierte. Er verfasste einen großartigen Aufsatz über die Natur, darin folgende Sätze stehen: »Da ich im Zwielicht, unter bewölktem Himmel, eine kahle, mit Schneematsch und Pfützen bedeckte Gemeindewiese überquerte, ohne dass mir irgendwelche Gedanken an ein besonderes Glück durch den Kopf gingen, genoss ich eine vollkommene Heiterkeit. Die Ströme des Unendlichen Seins kreisen durch mich; ich bin Teil und Anteil Gottes.«

Indem er über die in der ganzen Natur sichtbare Schönheit, Ordnung, Symmetrie und Proportion meditierte und schrieb sowie über die Pracht des Himmels und der Sterne nachsann, rief er in seinem Körper eine molekulare Veränderung hervor, um sich so den universellen Mustern anzugleichen. Er nannte die Sterne das tägliche Brot der Seele. Seine Kontemplation überstieg seine fünf Sinne, und er versenkte sich in das Eine, das Schöne und Gute in seinem Innern und in der natürlichen Welt. Emerson praktizierte die wahre transzendentale Meditation.

Das Mantra »Om«

Im Indischen bedeutet die Silbe »Om«, die in unserer Bibel dem ICH BIN entspricht, Sein, Leben, Gott, Bewusstheit, Allmächtiger Lebendiger Geist. Viele Gläubige wiederholen »Om« immer wieder in einem Sprechgesang. Desgleichen können Sie sich immer wieder »ICH BIN« vorsagen; dabei werden Sie inneren Frieden und Stille finden.

Ein Mantra kann aus einem Bibelvers, einem Wort, einem Loblied oder dem Klang »Om« bestehen, die ständig wiederholt werden. »Der Herr ist mein Hirte« stellt zum Beispiel ein geeignetes Mantra dar. Es ist weitaus besser, den Sinn der eigenen Bestätigungsformel zu verstehen, anstatt eine zu benutzen, bei der man gar nicht weiß, was man sagt. Haben die Wiederholungen keine inhaltliche Bedeutung, führen sie auch zu keinem greifbaren Ergebnis. Wenn Sie geistige Fortschritte machen möchten, sollten Sie sich bewusst sein, was Sie tun und warum Sie es tun. Hinter dem Vers, dem Wort oder dem Mantra muss ein Sinn aufleuchten, zu dem man eine gefühlsmäßige Verbindung herstellen kann.

Benutzen Sie etwa das Wort »Frieden«, wiederholen Sie es 15 bis 20 Minuten lang, und Sie werden ganz friedlich, entspannt, gelassen und ruhig sein. Ein weiteres wunderbares Mantra lautet: »Gott ist Liebe.« Ein Geschäftsmann erzählte mir einmal, dass er auf Vorschlag eines Psychologieprofessors den Ausdruck »Coca Cola« gewählt und diesen sich zwei Mal täglich für 20 Minuten immer wieder vorgesagt habe. Dadurch sei sein Blutdruck niedriger und seine Verdauung besser geworden, habe er sich entspannter und ruhiger gefühlt. Im Grunde wollte der Psychologe ihn darauf aufmerksam machen, dass jedes wieder und wieder benutzte Wort sowohl Geist wie auch Körper besänftigt und infolgedessen die Blutzirkulation reguliert, die Verdauung fördert und größere Kräfte freisetzt.

Indem dieser Mann sich auf ein Wort konzentrierte, brachte er seinen Geist zur Ruhe. Auch Sie können irgendein Wort nehmen – zum Beispiel »Einsicht« –, es wiederholen und so die gleichen positiven Resultate erzielen. Der Ausdruck »Coca Cola« mag zwar durchaus die erwähnten körperlichen Veränderungen hervorrufen, doch das echte geistige Wachstum bleibt davon unbeeinflusst. In der spirituellen Meditation muss man sich das Göttliche immer mehr aneignen und zu einem gottähnlicheren Menschen werden.

Reinigen Sie Ihren Geist

Bevor Sie spirituell meditieren, sollten Sie sich alle negativen Gedanken vollkommen verzeihen und beschließen, sie nicht mehr zu hegen. Darüber hinaus sollten Sie sämtlichen Menschen verzeihen, indem Sie Liebe und Zuneigung in deren Richtung ausstrahlen und ihnen jede nur erdenkliche Wohltat wünschen. Ob Sie einer Person wirklich verziehen haben, werden Sie immer daran erkennen, dass Sie ihr im Geiste begegnen können, ohne zu murren oder zu jammern. Sie leben dann ganz einfach im Frieden mit sich und der Welt. Zum Beispiel würden Sie kein sauberes Wasser in ein schmutziges Gefäß gießen. Das Gefäß stellt Ihren Geist dar. Ebenso wenig erwarten Sie, dass der Heilige Geist durch einen unreinen Geist strömt. Groll, Selbsthass, Feindseligkeit und böser Wille hindern den Strom des Guten daran, in Ihr Leben zu fließen. Meditieren Sie also in der richtigen Weise. *Und wenn ihr stehet und betet, so vergebet, wenn ihr etwas wider jemand habt ...* (Markus 12,25)

Der mühelose Weg

Meditation ist die konsequente Übung, nach innen zu schauen. Was wir verstehen, tun wir auf ganz natürliche Weise; was wir nicht verstehen, tun wir nur, indem wir uns dazu zwingen. Oft berichten Schüler ihrem Lehrer, wie sehr sie sich angestrengt haben. In der Meditation wäre dies gleichbedeutend mit Scheitern, denn sie erfolgt stets ohne Mühe. Anspannung, Strapaze, Zwang sind hier verhängnisvoll und führen lediglich zum Misserfolg.

Eine hervorragende Methode, den Geist zu besänftigen, ist die folgende: Stellen Sie sich vor, auf einem Berggipfel zu stehen und auf einen See hinunterzublicken. Auf der spiegelglatten Oberfläche sehen Sie den Himmel, die Sterne, den Mond und all das, was sonst noch der Erde entrückt ist. Wenn die Oberfläche aufgewirbelt wird, sind die geschauten Dinge verschwommen und undeutlich. Ebenso verhält es sich mit Ihnen, wenn Sie nicht »still«, nicht ausgeglichen sind.

Antwort auf sein Gebet erhält nur jener Mensch, der voller Ruhe über die Freude nachsinnt, dass er bereits empfangen hat, worum er bat. Die Meditation kann auch als die Verinnerlichung des Bewusstseins umschrieben werden; sie ist die innere Wanderung in Richtung der Göttlichen Gegenwart.

Eine halbe Stunde täglich, in der Sie über Ihre Ideale, Ziele und Wünsche meditieren, wird Sie zu einem anderen Menschen machen. Schon nach wenigen Monaten stellt sich sanft und leise die Erkenntnis ein, dass Gott in Ihrem Innern ist; dass der Geist des Allmächtigen jetzt zu Ihren Gunsten handelt und dass das, was Sie gerne sein, besitzen und tun würden, mental schon akzeptiert wurde.

Der Mensch verwirklicht diesen Zustand, indem er die freudige Erregung empfindet, etwas zu vollbringen; und wenn ihm das gelungen ist, wird er nicht länger besorgt oder ängstlich sein. Außerdem wird er niemanden mehr um Rat fragen, denn er steht förmlich unter dem Zwang, das Richtige zu tun. Sein subjektiver Geist drängt ihn, all jene Maßnahmen zu ergreifen, die für die Erfüllung seiner Aufgabe, für die Erreichung seines Zieles notwendig sind.

Wenn ein Mensch nach dem Gebet weiterhin im Zweifel ist und anfängt, mit sich selbst zu rechten, welchen Kurs er einschlagen sollte, so heißt das, dass er den gewünschten Zustand nicht in seinem Unterbewusstsein fixiert hat. *Ich sage euch, dass unter denen, die vom Weibe geboren sind, kein Größerer ist als Johannes; der aber der Kleinste ist im Reich Gottes, der ist größer als er.* (Lukas 7,28) Das bedeutet, dass jeder Mensch, der mit Erfolg betet und die Wahre Wirklichkeit berührt, indem er sich in die richtige Gemütsverfassung bringt, größer ist als der weiseste Mensch auf Erden.

Die meisten von uns leben ihr Leben in der Weise, dass sie den Blick nach außen richten. Die Weisen aber lernen, nach innen zu schauen. Jene Übungen, die darauf abzielen, werden unter dem Begriff »Meditation« zusammengefasst.

Innerer Abstand ist der Schlüssel zur Meditation; das heißt, man macht sich von allen weltlichen Überzeugungen und Ansichten vollkommen frei und konzentriert sich schweigsam auf den Idealzustand. Es geht um diese mühelose Mühe, die bewirkt, dass wir uns dem annnähern, was wir ohne Konflikt erkennen. Durch innere Loslösung trennen wir uns nicht von den irdischen Besitztümern, die für unser Überleben notwendig sind; vielmehr legen wir unsere besitzergreifende Art ab, indem wir einsehen, dass Gott alles besitzt und dass wir gewissermaßen seine Verwalter sind, die mit diesem Besitz vernünftig, achtsam, zweckmäßig umgehen. Wir müssen nicht unser Hab und Gut aufgeben, sondern die innere Bindung daran, welche uns in allen Angelegenheiten seltsamerweise auf einen rein menschlichen Standpunkt beschränkt.

Seid stille und erkennet, dass ich Gott bin!
(Psalm 46,11)

Beruhigen Sie Ihren Geist und vergessen Sie nicht, dass jenes ICH BIN in Ihrem Innern Gott ist, die einzige Gegenwart und Macht. Stille heißt nicht nur, dass man schweigt, sondern auch, dass jene Ursachen im Bewusstsein, die das innere Leben in Unordnung bringen, beseitigt sind. Sie verweist darauf, dass es keine innere Dissonanz geben darf; dass ein Mensch, wenn er in sich geht, vollkommenen und dauernden Frieden finden muss.

Das Wissen, dass Gott ihm innewohnt, befähigt den Menschen dazu, in einer stets friedlichen Welt zu leben. Fehlt ihm dieses Wissen, fristet er sein Dasein unter Bedingungen, die ihn pausenlos bekümmern. Er ist besorgt und wütend über Dinge, die, aus einem anderen Blickwinkel betrachtet, ihn niemals unglücklich machen würden.

Wir sollten jeden Tag über Schönheit, Liebe und Frieden

meditieren – im Gefühl, dass diese Zustände in unserem Innern zu neuem Leben erweckt werden. Während wir über Weisheit, Wahrheit und Schönheit nachsinnen, erleben wir eine zweite Geburt, ein geistiges Erwachen.

Der Weg nach innen

Indem der Mystiker in sich geht, über das ICH BIN oder Gott meditiert, entdeckt er die wahre Wirklichkeit. Dabei wird ihm zunächst bewusst, dass der so genannte Körper einfach nur aus Lichtwellen besteht – und dass diese Erde, auf der wir uns befinden, sich in ein flammendes Licht verwandelt. Das äußere Leben wird zum Traum, und das innere Leben erwacht. Den Weg nach innen unaufhörlich fortsetzend, vereinigt sich der Mensch schließlich mit dem Unendlichen. Plötzlich merkt er, dass er durch die innere Einkehr auf das Universum gestoßen ist, dass die Sonne, der Mond, die Planeten und die Sterne ihren Ort im Innern haben. Zum ersten Mal weiß er, dass diese kosmischen Körper im Grunde Gedanken sind; dass sein Bewusstsein oder ICH BIN die Erkenntnis darstellt, die sie alle bewahrt; dass die Träume des Träumers sich vorübergehend im Raum bewegen; und dass Sonnen, Monde, Planeten und Sterne Gedanken des Denkers sind. Gott meditiert, und wir sind der Gegenstand seiner Meditation. Es ist Gott, der über die in ihm verborgenen Geheimnisse nachsinnt.

Demnach endet diese Reise nach innen letztlich im Nirvana – in der wahren Wirklichkeit; sie führt den Menschen vom unbedeutenden Ichgefühl zu der tiefen Erkenntnis des inwendigen Gottes – des Ewigen Selbst. Durch Meditation findet der Geist des Mystikers den Frieden, die Stärke und die Energie für alle weiteren Schritte. Die konsequente Einübung der Meditation verleiht jeder Einstellung, jedem Impuls und jedem Handeln Schönheit, Liebe, Ruhe, Anmut und Würde.

Meditieren wir also über die folgenden Zeilen von der Hand Gottes, des Alten, die durch die Zeiten auf uns gekommen sind, über diese unvergängliche Weisheit: »ICH BIN der Ursprung, der Fortbestand und das Ende all dessen, was ist. ICH BIN der Same, ICH BIN das Wachstum, ICH BIN der Verfall. Ich bringe alle Geschöpfe und Dinge hervor. Ich leiste ihnen Hilfe, solange sie hilflos sind, und wenn der Traum der Trennung vorüber ist, veranlasse ich ihre Rückkehr in mich. ICH BIN das Leben, das Rad des Gesetzes und der Weg, der ins Jenseits führt. Es gibt keinen Anderen außer mir.«

Entspannung

Die folgende, uralte Entspannungsmethode wird in Indien, Nepal und anderen Ländern praktiziert:

1) Halten Sie Kopf, Hals und Brust so gerade wie möglich.
2) Atmen Sie dann durch die Nase ein und zählen Sie dabei innerlich sechs Pulsschläge.
3) Halten Sie den Atem während dreier Pulsschläge an.
4) Atmen Sie für die Dauer von sechs Pulsschlägen durch die Nase aus.
5) Verharren Sie für drei Pulsschläge in diesem Zustand, ohne die Lungen mit Luft zu füllen.
6) Wiederholen Sie die Übung so oft, wie Sie es wünschen – vorausgesetzt, sie bereitet Ihnen keinerlei Unbehagen.

Durch praktische Anwendung wird sich der Rhythmus wie von selbst einstellen, ohne dass Sie weiterhin innerlich zählen müssen. Sobald dieser Zustand erreicht ist, wird die gesamte innere Anspannung und Anstrengung verschwinden, um der völligen Entspannung Platz zu machen.

Später können Sie die Übung mit größter Leichtigkeit während des Gehens ausführen, indem Sie jeden Schritt als eine rhythmische Zähleinheit benutzen. Anfangs jedoch ist es besser – zumal für Menschen, die in der Stadt leben, wo sie ständig durch Straßenkreuzungen und Verkehrsstaus aufgehalten werden –, sie im Sitzen oder im Liegen zu machen.

Das rhythmische Atmen ruft nicht nur eine körperliche Reaktion hervor, sondern auch eine geistige. Mit jedem Einatmen können Sie Ihrem Unterbewusstsein die von Ihnen gewünschte Vorstellung einprägen. Dabei dürfen Sie nicht vergessen, dass die Vision oder Idee, die Sie im Kopf haben, gleichzeitig mit dem Einatmen vergegenwärtigt werden sollte. In diesem entspannten Zustand ist das Unterbewusstsein äußerst empfänglich – also am besten und am einfachsten zu beeinflussen. Wenn Sie zum Beispiel trübsinnig oder mutlos sind, sagen Sie sich – mündlich und geistig – beim Einatmen »ICH BIN GLÜCKLICH«. Fühlen Sie es und lächeln Sie. Diese Übung mag jeweils 24 bis 100 Mal und dann so oft wie gewünscht wiederholt werden.

Das rhythmische Atmen erlernen

Sobald wir lernen, rhythmisch zu atmen, hat dies eine so nachhaltige Wirkung auf das Nervensystem, dass alle Anspannung schwindet. Jeder von uns weiß: Die tiefe Zwerchfellatmung fördert in hohem Maße das körperliche Wohlbefinden. Die angenehme Empfindung, welche auf einen tiefen Atemzug folgt, begünstigt die Aufnahme einer neuen Vorstellung oder Idee.

Während dieser Atemübungen sollten wir uns selbst so visualisieren, wie wir gerne sein möchten – voller Lebenskraft und kerngesund. Der regelmäßige Atemrhythmus erzeugt einen ähnlichen Reiz wie jeder andere Rhythmus etwa in der Musik oder beim Tanz, der uns besänftigt und einlullt. Er trägt dazu bei, die Aufmerksamkeit gleichsam zu betäuben und die Entspannung herbeizuführen.

Sie wurde vom Asthma geheilt

Während des Gesprächs mit einer älteren Frau im Hotel in Katmandu, Nepal, erfuhr ich, dass sie mehrere Jahre lang an Asthma gelitten und dass ein Priester in einem der Tempel ihr eine spirituelle Formel mitgeteilt hatte, die sie schließlich heilte. Die Übung lief folgendermaßen ab:

Sie saß ruhig in ihrem Sessel und begann, die Atmung zu verlangsamen. Bei jedem Einatmen versicherte sie sich im Stillen: »ICH BIN völlig gesund.« Bei jedem Ausatmen bekräftigte sie: »Gott ist meine Gesundheit.« Das tat sie morgens, mittags und abends jeweils zehn bis fünfzehn Minuten lang.

Nach zwei Wochen war sie von ihrer Atemnot befreit. Heute – im jugendlichen Alter von achtzig Jahren – sprüht sie nur so vor Kraft und Begeisterung.

Ihr Körper verändert sich ständig

Der Mensch ist ein pulsierendes, rhythmisches Wesen. Unser Körper ist den Gesetzen des Rhythmus ebenso unterworfen wie alles andere im Universum. Die Alten sagten: »Jedes Atom im Raum tanzt zum Rhythmus der Götter.« Das Universum (wörtlich: der *eine Vers*) ist einfach ein Ton oder Klang in Gott; doch in diesem Ganzen gibt es unendlich viele Töne oder Schwingungsgrade. Was immer wir in der Natur sehen – es schwingt, und nichts verharrt in absoluter Ruhestellung. Nur Gott ist bewegungslos. Die Natur hingegen ist die Geburt oder das Tätigkeitsfeld Gottes; der Eine manifestiert sich in unzähligen Formen. Sobald diese in Erscheinung treten, beginnen sie sich zu verändern; und aus ihnen gehen wieder andere Formen hervor, und so weiter ad infinitum …

Formen sind einfach nur Erscheinungen; sie kommen und gehen. Desgleichen verändert sich der menschliche Körper ständig. Die Wissenschaft erklärt uns, dass er sich alle elf Monate erneuert. Die Körperzellen sterben unaufhörlich ab und werden durch neue ersetzt. Wenn der Mensch seine Gedanken vergeistigt, nehmen seine Körperzellen einen bislang ungewohnten geistigen Oberton an, und sein ganzes Wesen wird lebendig und ganz.

Innerhalb von Sekunden oder Minuten vollziehen sich in der Biochemie des Körpers derart tief greifende Veränderungen, dass kaum eines seiner Atome oder Elektronen länger als wenige Monate Bestand hat. Alles ist Schwingung – das gesamte Universum unterliegt dem Gesetz permanenten Wechsels. Ihre Herzschläge folgen ebenso einem bestimmten Rhythmus wie die Gezeiten.

Schieben Sie die Schuld nicht mehr auf andere

Wir müssen erkennen, dass die Wirkungslosigkeit der meisten Gebete auf verworrenes Denken und mangelnde emotionale Kontrolle zurückzuführen ist. In diesem Zusammenhang ist die Beobachtung wichtig, dass das gleiche Gesetz, das in der magnetischen Anziehung solcher Regungen wie Angst, Neid, Wut oder Verzweiflung (Auslöser zahlreicher Fehlschläge und Enttäuschungen) wirksam ist, auch im unbeschreiblichen Gefühl der Liebe zum Ausdruck kommt, das hingegen äußerst angenehme Ergebnisse zeitigt. Das heißt, Erfolg und Misserfolg liegt *ein* Prinzip, *dieselbe* Kraft zugrunde.

Angst beschwört zwangsläufig Probleme und Sorgen herauf. Wie sie beschaffen sind und in welcher Weise sie erfahren werden, hängt von der emotionalen Einstellung und Stimmung des Individuums ab. Man kann durchaus sagen, dass jede Krankheit ihren Ursprung in einer wie auch immer gearteten Frustration hat. Der Mensch ist das Produkt seiner Gefühle und Stimmungen.

Viele Menschen neigen dazu, für ihre unglücklichen Lebensumstände oder missglückten Unternehmungen andere Leute
verantwortlich zu machen, wobei sie die eigene Veranlagung,
die Umwelt oder den Mangel an günstigen Gelegenheiten mit
ins Feld führen. Diese geistige Haltung dient zwar zeitweise als
Vorwand für nachlassende Moral, aber sie beseitigt nicht die
Ursachen von Kummer und Leid.

Die Welt ist ein Spiegel

Die Welt ist ein Spiegel, der unsere vorherrschende innere Einstellung reflektiert und uns ständig vor Augen führt, wer wir
sind. Nicht immer mögen wir, was wir da sehen; noch ergreifen
wir regelmäßig und zielbewusst die Initiative, um das Bild zu
ändern. Wenn wir uns negativen Neigungen überlassen, sind
wir bald mit Zuständen konfrontiert, die eine entsprechende
Schwingung haben – eben aufgrund der Tatsache, dass ähnliche Elemente einander anziehen. Das ist ein Paradebeispiel
für die Wirkungsweise des Kausalgesetzes. Doch wir leugnen
immer wieder, dass alles von einer Ursache abhängt, und wie
mit Blindheit geschlagen wollen wir die Wirkung ändern.

Ein Funke Neid, der in uns entfacht wird, zieht zweifellos
Situationen an, in die andere neidische Menschen verwickelt
sind – ob zu Hause, in der Arbeit oder in unserem sozialen
Umfeld. Ziemlich oft hören wir Leute sagen, dass sie bei anderen am meisten den Neid missbilligen. Wenn wir dann aber
ihre Reaktionen beobachten, stellen wir fest, dass sie selbst
diesen Fehler haben. Was wir denken und fühlen, findet in
unserer äußeren Welt seine Entsprechung, seine ähnliche
Art.

Nach innen schauen

Wir müssen lernen, durch Selbsterforschung, Selbstbewusstheit und Selbsterfahrung den Balken aus dem eigenen Auge zu entfernen. Schließlich werden wir dann nicht einmal mehr den Splitter im Auge des anderen wahrnehmen. Sobald wir bei ihm Fehler entdecken, wollen wir in unser Inneres blicken, denn dort – in den verborgenen Winkeln unseres Denkens und Fühlens – werden wir sie dank einer unvoreingenommenen Untersuchung auch bei uns finden.

Veränderte Einstellungen verändern alles

Wenn es uns ständig misslingt, unsere Lebensziele zu erreichen, und all unsere Bemühungen zum Scheitern verurteilt sind, müssen wir den Blick nach innen richten und uns nach den Gründen fragen. Eine Änderung unserer Umstände und Verhältnisse setzt eine Änderung unserer geistigen Einstellung voraus – eine bejahende Denkweise, die auf sämtlichen Ebenen vom Geist des Erfolgs geprägt ist. Um Siege zu erringen, müssen wir uns vergegenwärtigen, dass wir geboren wurden, um zu gewinnen, und dass das Unendliche in uns nicht fehlgehen kann. Dieses Vertrauen in den eigenen Erfolg entsteht, indem wir jeden falschen Gedanken aus unserem Kopf verbannen. Es ist unsere spezifische Gemütsverfassung, die Stärke unseres gefestigten Glaubens, die sich dem subjektiven Bewusstsein einprägt. Der Weg zum Erfolg wird nur dann durch Hindernisse verbaut, wenn wir dem Ego gestatten, eine Grenze um unseren Geist zu ziehen.

Einige Fragen

Wir sollten uns fragen, ob wir einfach nur Anerkennung und Applaus für uns selbst suchen oder ob wir ein aufrichtiges Interesse daran haben, der Menschheit zu dienen und die Welt zu einem besseren Ort zu machen, an dem wir gerne leben möchten. Wollen wir bloß unser Nest mit Federn schmücken, oder sind wir wirklich aufgeschlossen für das, was wir um seiner selbst willen unternehmen? Verspüren wir den Wunsch, ein Emerson, ein Lincoln oder ein Edison zu sein, die für die Menschheit einen großartigen Beitrag geleistet haben, oder suchen wir lediglich Selbsterhöhung und persönliche Ehre?

Wenn wir etwas anzubieten haben, wird es auch Verwendung finden, vorausgesetzt, wir schieben keinen Riegel vor. Unschlüssigkeit, Wankelmut und die so genannten sprunghaften Hochs und Tiefs resultieren aus einem Mangel an innerem Ideal oder Ziel. Oft vernimmt man den Ausspruch: »Ich drehe mich im Kreis.« Wer das sagt, hofft darauf, dass jemand kommt und ihm zeigt, wie er sich aus seiner Zwangslage befreien kann. Er hat zu wenig Standfestigkeit und weiß nicht, dass es in seinem Innern eine Unendliche Intelligenz gibt, die ihn, wenn er sie anriefe, führen und ihm die ersehnte Antwort offenbaren würde. *Rede, Herr, denn dein Knecht hört.* *(1. Samuel 3,9)*

SECHSTES KAPITEL

Der Sinn der uralten Wahrheiten

Dies war mein dritter Besuch in Bangkok, Thailands märchenhafter Hauptstadt der Tempel und prunkvollen Paläste; ich bemerkte eine ganze Reihe von Veränderungen, von denen die meisten erfreulich waren. Wir fuhren im Boot zum Markt – genauso, wie es die Thais tun. Als wir die *klongs* (Kanäle) hinunterglitten, um den Markt auf dem Wasser zu erreichen, sahen wir die mit Gemüse und Blumen beladenen Boote.

Außerdem war es interessant, in der Morgendämmerung die safrangelb gewandeten Mönche zu beobachten, die in ihren Bettlerschalen Nahrung sammelten. Es war faszinierend, den Tempel der Morgendämmerung sowie die zahlreichen anderen Tempel und Paläste mit ihrer unbeschreiblichen Vielfalt an goldenen, in sich ruhenden Buddhas zu betrachten. Einer war sogar aus Smaragd! Der Tempel des Goldenen Buddha birgt die größte und älteste Buddha-Statue aus Gold, die gut drei Meter hoch ist und fünfeinhalb Tonnen wiegt. Das ist eine ganze Menge Gold!

Der Reiseführer hielt einen fesselnden Vortrag über den Buddhismus und die vielen Heilungen, die Menschen erfahren, wenn sie beten und im Heiligtum ihre Opfer darbringen. Ein Mann in der Gruppe warf die Frage nach der Sphinx auf und wollte wissen, was ich von dieser Figur in religiöser Hinsicht hielte. Da kam mir die Idee, dass das Thema sich gut als Kapitel im vorliegenden Buch eignen würde.

Die Sphinx und Sie

Ihre Angesichter waren vorn gleich einem Menschen und zur rechten Seite gleich einem Löwen bei allen vieren und zur linken Seite gleich einem Stier bei allen vieren und hinten gleich einem Adler bei allen vieren. (Hesekiel 1,10)

Im antiken griechischen Mythos konfrontierte die Sphinx alle, die an ihr vorüberkamen, mit einem Rätsel, und wer es nicht zu lösen vermochte, musste sterben: »Welches Lebewesen geht auf vier Beinen, auf zwei Beinen und auf drei Beinen?« Die Antwort sollte lauten: der Mensch, denn als Kleinkind krabbelt er auf Händen und Füßen, als Erwachsener geht er aufrecht auf zwei Beinen, bis er schließlich, gealtert und geschwächt, einen Stock oder eine Krücke benutzt.

Doch diese Lösung ist nur vordergründig richtig. Die verborgene Bedeutung läuft auf das Eingeständnis hinaus, dass die meisten Mitglieder des Menschengeschlechts weiterhin auf vier Beinen gehen; das heißt, sie sind versunken ins Massenbewusstsein und vom Gesetz des Durchschnitts beherrscht. Das Massenbewusstsein repräsentiert die Gedanken, Empfindungen, Überzeugungen, Ängste, abergläubischen Vorstellungen, Leidenschaften, Vorurteile und falschen Auffassungen von sechs Milliarden Menschen.

Natürlich gibt es auf der ganzen Welt eine große Zahl von Menschen, die systematisch beten und das kollektive Bewusstsein und Unterbewusstsein der Masse mit schöpferischen und harmonischen Gedanken bereichern; aber sie sind in der Minderheit. Jeder muss sich also aufrichtig fragen: Ist es das Massenbewusstsein, das in mir denkt, oder denke ich tatsächlich meine eigenen Gedanken? Denken heißt abwägen. Man sollte also jene Gedanken bevorzugen, die auf ewigen Wahrheiten beruhen – auf Wahrheiten, die sich nicht ändern, die durch alle Zeiten gleich bleiben.

Denken Sie über all das nach, was wahr, herrlich, edel und

gottähnlich ist – dann denken Sie wirklich. Wenn jedoch in Ihren Gedanken irgendeine Angst oder Sorge auftaucht, so denkt das Massenbewusstsein in Ihnen. Millionen von Menschen haben die Gesetze des Bewusstseins und die Verfahrensweise des Göttlichen Geistes im Innern vergessen – oder sie sind sich deren nicht im Geringsten bewusst.

Das vierfüßige Tier ist der Mensch mit fünf Sinnen, der lebt, um zu essen und die sinnlichen Vergnügen auszukosten. Das Symbol des vierfüßigen Tieres verweist auch auf den materialistisch eingestellten Menschen, der über die Erde geht und nur das glaubt, was er sieht – der meint, seine Sicherheit beruhe auf der Anhäufung von Reichtümern und anderer weltlicher Dinge. Das ist jener Typ, der vergessen hat, durch eine auf höchstem Niveau angesiedelte Kontemplation der Göttlichen Wahrheiten seine Schätze im Himmel zu sammeln.

Bildlich gesprochen gibt es nicht viele Männer und Frauen, die aufrecht gehen und tierische Eigenschaften oder Triebe abgelegt haben; und unter denen, die geistig gereift sind, stützen nur wenige ihr ganzes Gewicht auf die Krücke der vom Höheren Selbst übermittelten Intuition und Inspiration.

Die symbolische Bedeutung der Tarotkarte »Das Rad der Fortuna« leitet sich aus der Vision im ersten Kapitel Hesekiel ab, das mit seinen vier heiligen – halb menschlichen, halb tierischen – Gestalten und den Rädern in den Rädern als eines der geheimnisvollsten der ganzen Bibel gilt: *Die Räder waren anzuschauen wie ein Türkis und waren alle vier gleich, und sie waren so gemacht, dass ein Rad im andern war.* (Hesekiel 1,16)

Die vier Räder versinnbildlichen die vier Ebenen des Menschen: Geist, Bewusstsein, Gefühl und Körper; oder die vier Stadien des Denkens: Bewusstheit, Aufmerksamkeit, das ICH BIN im Innern – die deutliche Empfindung des vorgestellten beziehungsweise gewünschten Zustandes – sowie dessen Realisierung; oder die vier Erscheinungsformen des Samens: der

Same an sich, seine schöpferische Substanz, sein Aufgehen in der Erde und schließlich die fertige Pflanze.

Die vier Aspekte der in der Bibel genannten Gestalten – Mensch, Löwe, Stier und Adler – verweisen auf die vier Fixpunkte des Tierkreises: Wassermann, Stier, Löwe und Skorpion; zudem auf die vier Buchstaben im Namen Jehovah, nämlich Yod, He, Vau, He. Der erste, Yod, steht für Gott, ICH BIN oder Unbedingtes Bewusstsein, Göttlicher Geist, Ursprung allen Lebens; der zweite, He, repräsentiert Ihre Wünsche, die Vorstellung in Ihrem Kopf, Ihr gereinigtes geistiges Bild; der dritte, Vau, spielt auf Ihr Gefühlsleben und die Liebe an; das heißt, dass Sie Ihrer Vorstellung Leben einhauchen, sie dadurch subjektivieren und konkretisieren; der vierte schließlich, He, bezeichnet die Verwirklichung dessen, was Sie sich vorgestellt und subjektiv für wahr gehalten haben. Nach diesem Muster laufen sämtliche Vorgänge in Ihrem Leben ab.

Alle diese Symbole beziehen sich auf die vierfache Natur des Menschen und werden als die vier Tiere der Apokalypse gedeutet. Der Löwe veranschaulicht unsere geistige Kraft. Der Stier ist das Lasttier, womit gemeint ist: Wir arbeiten mühsam an unseren Wünschen, um den Boden unseres Bewusstseins zu pflügen und unser Gedankenbild im Unterbewusstsein zu deponieren. Der Wassermann ist der Wasserträger; Wasser bedeutet psychologische Wahrheit, das heißt: Wir meditieren über die Verwirklichung unseres Wunsches, indem wir Wasser – oder Gefühl – auf unser Ideal gießen. Wir erhoffen uns einen glücklichen Ausgang, bleiben dabei dem eigenen Ideal verbunden und treu. Der Skorpion (Adler) wiederum markiert die Befriedigung unseres Unterbewusstseins oder den Endzustand. Diese vier Tierkreiszeichen können aber auch auf folgende Weise erklärt werden: Bewusstsein oder Göttlicher Geist (ICH BIN), Wunsch, gefühlsmäßige Vergegenwärtigung dieses Wunsches und seine Verwirklichung.

Wie Sie Ihre Wünsche auf die Probe stellen

Jeder Mensch verspürt den Drang nach Wachstum und Ausdehnung. Es ist das Leben, das durch Sie nach Ausdruck sucht. Ihr Wunsch, mehr Leben, Liebe, Wahrheit zu schenken, ist lobenswert und edel. Ihr Wunsch, größer zu sein als Sie sind, ist ebenso normal wie natürlich. Wenn Sie Musiker sind, möchten Sie mehr wunderbare Klänge hervorbringen, die die Menschen zutiefst bewegen. Jeder Wunsch, der zu Ihrem Wohlergehen, Ihrem Glück Ihrem inneren Frieden beiträgt, ist höchst erfreulich. Wenn Ihre Wünsche dem Leben zuträglich sind, wenn sie Ihre spirituelle und mentale Entwicklung fördern, sind sie gut und von Gott.

Ihr Wunsch sollte nie darin bestehen, andere Menschen auszunutzen oder deren Wohlbefinden, deren geistiges Wachstum in irgendeiner Weise zu beeinträchtigen. Der schwedische Naturphilosoph und Theosoph Emanuel Swedenborg sagte: »Der Wunsch, andere zu beherrschen, ist das Werk des Teufels.« Hegen Sie also den Wunsch, Ihren Nächsten mehr Leben, Liebe und Wohlwollen zuteil werden zu lassen. Je mehr Sie geben, desto mehr bekommen Sie zurück. Wünschen Sie sich, die in Ihnen wirksame Lebenskraft noch großzügiger auszustrahlen. Erfüllen Sie Ihre schöpferischen Ideale mit Leben und Liebe.

Was immer zu Ihrem Wohlergehen, Erfolg und Glück beiträgt, ist notwendigerweise auch ein Segen für andere, denn wir alle sind eins. Je mehr Zuneigung, Lachen, Freude Sie den anderen schenken, desto mehr besitzen Sie selbst davon. Ihr Wunsch nach Reichtum, Beförderung und Fortschritt auf Ihrem Gebiet – ob im Beruf oder in geschäftlichen Angelegenheiten – ist normal und natürlich; doch stellen Sie dabei sicher, dass Sie sich an Gott, die Quelle allen Heils, wenden – und nicht an den Menschen.

Beanspruchen Sie von Göttlichem Gesetz und Göttlicher

Ordnung Ihren Anteil am Guten. Es gibt unzählige Kanäle, aber nur *eine* Quelle. Gehen Sie mit jedem Wunsch zu ihr. Die Freigebigkeit ist der innerste Impuls unseres Wesens. Wenn Sie also in irgendeiner Weise an den Motiven Ihrer Wünsche zweifeln, dann fragen Sie sich, ob diesen die Qualität des Gebens eignet. Wird die Erfüllung eines bestimmten Wunsches Ihr Wohlbefinden steigern? Werden Sie dadurch mehr Leben, Liebe und Kraft zum Ausdruck bringen können?

Dem Evangelium zufolge kam die Göttliche Kraft auf die Erde, um uns das Leben zu schenken und uns noch reichhaltiger damit auszustatten … *Ich bin gekommen, dass sie das Leben und volle Genüge haben sollen.* (Johannes 10,10) Ihr dringendes Bedürfnis, anderen Ihre Talente und Fähigkeiten, Liebe und Milde, Freundlichkeit und Wohlwollen zuteil werden zu lassen, wird Sie nie enttäuschen. Das wird bestätigt durch die uralte Weisheit: »Je mehr du gibst, desto mehr besitzt du selbst.«

Ihr Wunsch, ein großer Heiler, ein großer Physiker, eine große Lehrerin, eine große Sängerin zu sein, also Ihre Persönlichkeit auf höchstem Niveau zu offenbaren und an die Menschen ringsum Licht auszustrahlen, ist gottähnlich, durch und durch gut.

Strahlen Sie das Göttliche im Innern noch stärker aus

Gott wohnt allen Menschen inne. Doch einige verleihen ihrer Göttlichkeit deutlicher Ausdruck als andere. Jemand mag stolpern und stürzen, aber er kann seine Göttlichkeit nicht einbüßen – denn sie ist unantastbar. Der ärmste Tropf, den Sie irgendwo auf der Straße sehen, ist eine Erscheinungsform oder Bekundung Gottes, und nichts kann seine mögliche Entwicklung aufhalten.

Jesus wusste dies – im Gegensatz zu seinen Nachfolgern, die aus seinen Lehren verwirrende Deutungen bezüglich der ewigen Hölle ableiteten. Er selbst kritisierte und verurteilte niemanden außer den Heuchlern. Er hatte keinerlei Vorbehalte gegenüber denjenigen, die sie als »schlechte Gesellschaft« bezeichneten. Auch Buddha lehnte solche Leute nicht ab. Beide erkannten, dass in jedem Menschen – sei er Schurke oder Heiliger – Gott gegenwärtig ist.

Preisen Sie Gott in Ihrer inneren Mitte. Tun Sie dies viele Male am Tag. Ehren Sie außerdem das Göttliche in jedem Menschen, dem Sie begegnen. Dabei wird die Herrlichkeit Gottes immer stärker durch Sie hindurch scheinen, denn die Herrlichkeit des Menschen hat kein Ende.

Ein Rad im andern

Ihr Selbstbild oder Selbstwertgefühl entscheidet über Ihren Freundeskreis, Ihre gesellschaftliche und berufliche Stellung, Ihre finanzielle Situation – ja über alle Ihre Lebensumstände. Sie können diesen Kreis ständig vergrößern, indem Sie ein umfassenderes Selbstbild entwerfen und den eigenen Horizont erweitern. Der Durchmesser bedingt den Umfang eines Kreises. Ihr persönlicher Durchmesser zeigt an, wie Sie sich tatsächlich einschätzen.

Wieviel sind Sie wert – spirituell, mental und hinsichtlich Ihres Wissens von den Gesetzen des Bewusstseins? Aufgrund früher Erziehungsmuster, Beeinflussungen, Ansichten, Überzeugungen, theologischer Indoktrinationen usw. lebt jeder von uns in einer anderen Welt. Der Blick, den wir nach außen richten, hängt von unserer individuellen Einstellung ab; er erfasst das Geschehen auf je unterschiedliche Weise. Kurzum: Wir sehen die Welt so, wie wir selbst sind.

Wir alle haben eine eigene Welt aus Gedanken, Vorstellungen, Standpunkten, Grundsätzen. Der Funktechniker sagt uns, dass er auf einem Richtstrahl mehrere Programme senden kann, ohne dass sie einander stören, weil sie auf verschiedenen Frequenzen übermittelt werden. Ebenso lassen sich über die Koaxialkabel der Telefongesellschaften zur gleichen Zeit zahlreiche Gespräche rund um den Erdball führen, denn auch hier gibt es unterschiedliche Frequenzbereiche.

Vielleicht besteht Ihre Familie aus fünf Personen, doch jede lebt in ihrer privaten Welt und ist damit ein Rad in einem größeren Rad. Ein Wissenschaftler erklärte, im menschlichen Körper (der aus Elektronen, Protonen, Atomen und Molekülen besteht) seien etwa eine Quadrilliarde (10^{27}) Elektronen vorhanden, aber jedes davon ist eine Welt in sich.

Der Unterschied zwischen dem einen Metall und dem anderen beruht auf der jeweiligen Anzahl der Elektronen sowie auf der Geschwindigkeit, mit der sie den Atomkern umkreisen. Nehmen Sie zum Beispiel einen Silber- oder Goldbarren. Durchleuchtet man mit entsprechenden Geräten sein Inneres, stellt sich heraus, dass er überhaupt nicht fest und beständig ist, sondern sich aus Abermilliarden kleiner, schwingender Welten zusammensetzt.

Ärzte wissen, dass die Zellen, die Ihr Auge bilden, anders aufgebaut sind als die in Ihren Knochen und dass die Zellen Ihres Herzens sich von denen Ihres Darmtrakts völlig unterscheiden. Doch jede Zelle funktioniert gemäß ihrer eigenen Natur und ist eine Welt für sich. Zum Beispiel können die Zellen in Ihren Bronchien nicht die Arbeit der Zellen in Ihrer Leber, Ihrem Herzen oder Ihrem Verdauungssystem leisten.

Ihr Körper ist eine komplexe Mischung aus Atomen und Molekülen. Bei noch tieferer Betrachtung besteht er wesentlich aus Lichtwellen. Außerdem haben Sie in Ihrem Körper noch einen weiteren Körper, der als Feinkörper, vierdimensionaler Körper oder Astralleib bezeichnet wird. Das heißt, Sie können Ihren physischen Körper verlassen und sich an jede

Stelle im Raum begeben. Sie werden unendlich viele Körper haben und nie ohne einen Körper sein, denn er ist notwendig als Erscheinungsform des Göttlichen Geistes.

Jeder von uns projiziert die eigenen Gefühle, Überzeugungen, Konditionierungen nach außen – auf Menschen, Umstände und Ereignisse. Nehmen wir einmal an, zwei Frauen betrachten einen Trinker in der Gosse. Das bedeutet nicht, dass sie selbst Trinkerinnen sind, sondern dass ihre Gemütsverfassung einen Einfluss hat auf das, was sie sehen. Die eine Frau empfindet beim Anblick des Mannes Mitgefühl, erkennt die Göttliche Gegenwart in seinem Innern und versucht, diese zu neuem Leben zu erwecken. Die andere hingegen sagt: »Man sollte neue Arzneimittel eher an so einem Typen erproben statt an Meerschweinchen.« Sie verurteilt ihn scharf. Beide Frauen sehen den gleichen Mann, reagieren aber ganz unterschiedlich. In ähnlicher Weise projizieren auch wir unsere Gefühle, unsere Charaktereigenschaften und Prägungen auf andere Leute.

Sein und Tun

Stellen wir uns zum Beispiel vor, Ihr größter Wunsch im Leben bestünde darin, eine berühmte Sängerin zu werden, die durch ihren Gesang Tausenden oder gar Millionen von Menschen Freude beschert. Setzen Sie sich zwei oder drei Mal täglich ruhig hin, schließen Sie die Augen, schalten Sie die unmittelbare Sinneswahrnehmung aus und vergegenwärtigen Sie sich, vor einer riesigen Menge zu singen. Bestehen Sie darauf, dass Gott erhabene Kadenzen durch Ihre Stimme hervorbringt und so überall die Herzen der Menschen bewegt. Empfinden Sie dies als etwas ganz Natürliches. Nehmen Sie die Komplimente einer geliebten Person entgegen, die Ihnen zum Erfolg gratuliert.

Wenn Sie in dieser Weise meditieren, spüren Sie irgendwann den Zeitpunkt, da diese Gemütsverfassung in Ihrem Unterbewusstsein fixiert wird und alle dafür notwendigen Eigenschaften zu neuem Leben erwachen – denn diese waren von Anfang an in Ihnen vorhanden. Vergessen Sie nicht: Die Sphinx befindet sich in Ihrem Innern. Sie ist Ihr Unbedingtes Bewusstsein, die Unbedingte Geistesgegenwart, der Ihnen innewohnende Gott.

Das ist die Mitte oder die Sphinx, um welche alle Dinge kreisen; der unbewegte Beweger, der Eine und Ewige, unter dem die Erde, die Planeten, die Galaxien und das Rad der Wesenheiten unaufhörlich sich drehen. Sie selbst bedingen das Unbedingte, indem Sie fordern und fühlen, dass Sie jetzt so sind, wie Sie gerne sein möchten. Wenn Sie diesem geistigen Bild treu bleiben, werden Sie jene Freude erfahren, die aus dem beantworteten Gebet resultiert.

Die Bande der Liebe

... aber sie merkten's nicht, wie ich ihnen half. Ich ließ sie ein menschliches Joch ziehen und in Seilen der Liebe gehen ... (Hosea 11,3–4) Um diesen vollkommenen Kreis zu bilden, müssen Sie Ihr Denken in Übereinstimmung bringen mit der Unendlichen Gegenwart und Macht. Dieser Zustand wird manchmal als »Einklang mit dem Unendlichen« bezeichnet. Wir werden zur Liebe nicht gezwungen, sondern haben die Freiheit zu lieben.

Liebe ist spontan und beglückend, und wir besitzen die Fähigkeit, sie entweder zu schenken oder zurückzuhalten. Nichts und niemand kann uns zur Liebe nötigen. Zum Beispiel gäbe es keine Freude, wenn wir nicht auch Leid empfinden würden. Beide Gefühlsäußerungen bedingen einander. Die Liebe muss aus freien Stücken geschenkt werden. Man mag sie vortäuschen aufgrund einer Notwendigkeit oder eines

Abhängigkeitsgefühls, aber das ist keine wahre Liebe. Sobald unsere Gedanken mit dem Unendlichen harmonieren, bilden sie einen vollkommenen Kreis oder Kreislauf und kehren zu uns zurück – nach unten übermittelt, verdichtet und überfließend.

Wenn unsere Gedanken jedoch negativ sind und wir beispielsweise der Kritik, dem Neid, dem Selbstmitleid oder dem Mitleid mit jemand anders nachgeben, sind wir nicht im Einklang mit Gott; folglich gibt es auch keinen Austausch, der auf der Polarität zwischen Menschlichem und Göttlichem gründet. Der Kreis des Guten kommt nicht zustande.

Das Heilmittel für Probleme liegt in der Erkenntnis, dass die Allmacht ihren Sitz in uns hat. Indem wir den eigenen Geist beruhigen, wird uns auf sanfte Weise deutlich, dass wir jetzt über all die Kraft verfügen, die für die Überwindung jedweden Hindernisses notwendig ist. Verbindet man die gegensätzlichen Pole von Zink und Kupfer miteinander, entsteht ein Stromkreis, der Energie erzeugt. Ein ganz ähnlicher Prozess findet während der Meditation statt. Unsere Gedanken müssen mit Energie aufgeladen oder durch Liebe emotionalisiert werden. Anders gesagt: Wir müssen eins werden mit unserem Ideal, indem wir es als Wirklichkeit empfinden. Genau das ist gemeint, wenn wir von der Ausrichtung unserer Gedanken oder vom Rad in Rädern sprechen.

Sie kommen aus dem Garten Eden

In Eden warst du, im Garten Gottes, geschmückt mit Edelsteinen jeder Art … (Hesekiel 28,13) Ja, vor Ihrer Geburt waren Sie in Eden oder im Paradies, im Zustand höchster Glückseligkeit. Ihr Vater und Ihre Mutter schlugen im Augenblick Ihrer Zeugung einen bestimmten Ton an, und der Göttliche Geist oder das Absolute offenbarte sich im Hier und Jetzt, im Relativen, und wurde mittels Ihrer Eltern durch Sie verkörpert. Wir sind Räder inmitten des einen Rades – des bewegungslosen Einen –, in dem jede Bewegung stattfindet.

Was ist ein Tag? ein Monat? ein Jahr? ein Leben? tausend Leben? Die Zeit erlischt für diejenigen, die sich dem Zeitlosen Einen im Innern zuwenden und dessen Weisheit, Kraft und Herrlichkeit entdecken. Tief in uns ist etwas, das uns an den eigenen Ursprung erinnert und dazu drängt, zu ihm zurückzukehren. Im hiesigen Leben besteht unser Auftrag und Zweck darin, diese Erinnerung zu bewahren, zu würdigen und zu erweitern, dem inneren Impuls aufrichtig zu folgen, bis der Funke durch behutsamen Umgang zu einem flammenden Licht wird, das uns ausfüllt und mit dem wir uns identifizieren.

Eva, das Unterbewusstsein des Menschen, wurde aus dessen Rippe erschaffen, während er schlief. Das ist natürlich eine Allegorie. Die eigentliche Bedeutung ist die folgende: Während des Schlafs kommt das Unterbewusstsein zum Ausdruck – Eva tritt aus der Rippe hervor. Die Rippe symbolisiert Geborgenheit, denn sie schützt die lebenswichtigen Organe. Das zeigt nur, dass das Unterbewusstsein gleichsam von einer schützenden Hülle umgeben ist.

Im Schlaf übernimmt Eva die Aufgabe des Lehrens. Das Unterbewusstsein übermittelt seine Botschaften und führt so den inneren Prozess fort, von dem das Bewusstsein keinerlei Kenntnis hat. Es heißt, Eva sei dem Mann unterstellt worden, ob zum Guten oder zum Schlechten. Dementsprechend ist das Unterbewusstsein dem Bewusstsein unterworfen. Leider haben wir das erstere verunreinigt. In dem Maße jedoch, wie wir es entwürdigt und missbraucht haben, können wir es durch unsere positiven Gedanken und gesunden Einstellungen wieder reinigen.

Die Frauen seien untertan ihren Männern ... (Epheser 5,22) Die Frau in der Bibel repräsentiert das Unterbewusstsein, der Mann das Bewusstsein. Psychologisch gesprochen ist das

Unterbewusstsein (die Frau) dem Bewusstsein (ihrem Mann) unterworfen. Auf der Ebene ihrer Beziehung sind Mann und Frau natürlich gleichgestellt. In jedem von uns ist sowohl das männliche wie das weibliche Prinzip wirksam.*

In den alten Erläuterungen zum Tarot sagte ein hebräischer Mystiker: »An allen Tagen ihres Leben sollte sie ihrem Mann zu Diensten sein.« Nachts aber übernimmt das Unterbewusstsein die Leitung; und je nach Stimmung vor dem Einschlafen erfährt man dann Freude (wenn die eigenen Gedanken angenehm und heilsam waren) oder Verdruss (zumal wenn innere Unruhe und Verwirrung herrschten). Im letzteren Fall macht Eva (das Unterbewusstsein) einfach darauf aufmerksam, dass man seine Angelegenheiten nicht in den Griff bekommen hat. Außerdem belehrt sie einen darüber, was sie für gut befindet, und weist den Weg dorthin.

Indem Sie Ihren Geist mit ewigen Wahrheiten ausfüllen und mit Vorstellungen von Frieden, Harmonie, guter Absicht und richtigem Handeln beschäftigen, wird es Ihnen gelingen, all die Zweifel, Ängste und anderen negativen Zustände zu beseitigen, die vielleicht infolge früherer Irrtümer und abergläubischer Anschauungen in Ihrem Unterbewusstsein verborgen liegen. Dieses kann Sie – mit Hilfe eines Traums – auch vor Gefahren warnen. Wenn Sie sich zum Beispiel vor einer bestimmten Krankheit fürchten, dramatisiert es vielleicht Ihre Angst dergestalt, dass Sie träumen, im Krankenhaus zu liegen und von Ärzten und Schwestern betreut zu werden.

Es gibt nicht so etwas wie ein unerbittliches Schicksal. Der erwähnte Traum lässt sich leicht erklären. Ihr Unterbewusstsein verfährt ausschließlich deduktiv, zieht eine Folgerung aus der von Ihnen genährten Angst vor Krankheit und vergrößert

* Vgl. dazu das Kapitel »The Bible and Woman's Bondage« in Joseph Murphy, *Great Bible Truths for Human Problems*, Marina del Rey, California: DeVorss and Company, Inc. 1976.

sie im Traum. Doch Sie können den Traum ändern und die Angst neutralisieren, indem Sie über die Ganzheit, Schönheit und Vollkommenheit Gottes meditieren, der Ihr Wesen lückenlos durchdringt, und erkennen, dass Er inmitten Ihrer selbst Sie jetzt heilt. Freuen Sie sich und danken Sie der Unendlichen Heilenden Gegenwart, die nun in Ihnen wirksam ist. Sättigen Sie Ihren Geist vor dem Einschlafen mit diesen Wahrheiten, und Ihr Unterbewusstsein wird dementsprechend reagieren.

SIEBTES KAPITEL

Frieden finden in
dieser wechselhaften Welt

Nach unserer Ankunft in Singapur, das oft »Kreuzungspunkt des Orients« genannt wird, zeigte uns der Reiseführer das berühmte Hafenviertel, prächtige Tempel, Chinatown, die Tiger Balm Gardens und das House of Jade. Es ist höchst interessant, in dieser einzigartigen Stadt die ethnische und kulturelle Vielfalt wahrzunehmen und darüber nachzudenken.

Hier sieht man die zahlreichen pittoresken Dörfer, geschmiegt zwischen Kokosnussplantagen, die von malaiischen, chinesischen und indischen Arbeitern bewirtschaftet werden. Das House of Jade, das wir besichtigten, beherbergt eine der kostbarsten Jade-Sammlungen der Welt.

Der Singapore River, angefüllt mit Hausbooten und Kähnen jeder Art, sowie die Arbeiter auf den Kais, die ihre Lasten auf nackten Schultern tragen, bieten einen außergewöhnlichen Anblick.

Bei einer Hafenrundfahrt genossen wir es, dem alten Bootsführer und seinem Enkel zu lauschen. Auf dem ganzen Weg sangen sie Gebete, die aus dem Koran stammten. Beide schienen in Ekstase, als sie mit lauter Stimme die uralten Verse aus ihrem heiligen Buch vortrugen.

Wir hatten einen wunderbaren Reiseführer, der mit den Gesetzen des Geistes gut vertraut war. Er erzählte von seiner indischen Geburtsstadt, von der dort herrschenden Ungerechtigkeit, Verlogenheit und Korruption, mit denen sich die Bewohner lange Zeit abgefunden hatten. Als jedoch ein junges Mädchen auf dem Schulweg unsittlich belästigt wurde, waren die Leute darüber so erzürnt, dass sie die örtlichen Politiker aus ihren Ämtern jagten.

Sein Vater sei »der Erste gewesen, der den Kopf hinhielt«, gemäß dem alten Sprichwort: »Die Schildkröte bewegt sich nur dann vorwärts, wenn sie den Kopf vorstreckt.« Als jene Menschen wegen der unerträglichen Korruption und dem Überhandnehmen der Freudenhäuser in der Nachbarschaft genügend beunruhigt und verärgert waren, begehrten sie empört auf und führten die notwendigen Veränderungen herbei.

Sie müssen erkennen, dass auch Sie größer, beeindruckender, edler und gottähnlicher werden können, als Sie es jetzt sind. Der Reiseführer war unzufrieden gewesen mit der gesellschaftlichen Situation und den mangelnden Aufstiegschancen an seinem Geburtsort. Er hatte sich darüber aufgeregt und eine Gegenmaßnahme ergriffen – nämlich sein Land verlassen, wobei die innere Stimme ihm sagte: »Ich werde reisen, fremde Sprachen lernen und eine Ausbildung am College erhalten.« Nachdem er eine Entscheidung getroffen hatte, ebnete ihm sein Unterbewusstsein den Weg; so verwirklichte er seinen Herzenswunsch und fand Frieden in dieser wechselhaften Welt.

Unzufriedenheit führt zu Zufriedenheit

Auch ich war völlig unzufrieden gewesen mit den konventionellen Lektionen, die mir in der Jugend beigebracht wurden, und lehnte mich später dagegen auf. Ich warf sämtliche Lehren aus der damaligen Zeit über Bord und fand Befriedigung in den Gesetzen des menschlichen Geistes sowie in der Verfahrensweise des Göttlichen Geistes. All dessen Methoden sind angenehm und all dessen Wege sind friedlich. Ich war beunruhigt und verwirrt infolge falscher Theorien und unlogischer, unsinniger, unwissenschaftlicher Glaubenssätze über Gott, Leben und Welt.

Also beschloss ich, Bücher zu schreiben und das Leben und seinen Zweck in klarerem Licht zu zeigen. Inzwischen liegen etwa 32 Bücher vor, von denen viele in fremde Sprachen übersetzt wurden. Manchmal ist es gut, besorgt, durcheinander und verärgert zu sein, denn dieser Zustand kann einen dazu veranlassen, Abhilfe zu schaffen. Dann findet man schließlich innere Ruhe und Befriedigung.

Warum er ein Buch schrieb

Der verstorbene Dr. Harry Gaze, Autor mehrerer Bücher über Bewusstsein und Geist, erzählte mir einmal, dass er bei seinen Vorträgen in der ganzen Welt belästigt und genervt wurde von Leuten, die ihn über den Tod, das Leben nach dem Tod und das göttliche Strafgericht ausfragten. In seiner Ungehaltenheit verfasste er ein Buch mit dem Titel *You Live Forever*, das weite Verbreitung fand. Er sagte, er habe bei der Niederschrift all seine Anspannung »abreagiert« und folglich eine tiefe innere Befriedigung empfunden. Er vermittelte seinen Lesern die Einsicht, dass es den Tod nicht gibt, sondern allein das Leben, dass Gott Leben ist und dass Er nicht sterben kann. Gottes Leben ist jetzt Ihr Leben.

Sie können Frieden finden

Im Buch Matthäus lesen wir: *Ihr sollt nicht wähnen, dass ich gekommen sei, Frieden zu bringen auf die Erde. Ich bin nicht gekommen, Frieden zu bringen, sondern das Schwert. Denn ich bin gekommen, den Menschen zu erregen wider seinen Vater und die Tochter wider ihre Mutter und die Schwiegertochter wider*

ihre Schwiegermutter. Und des Menschen Feinde werden seine
eignen Hausgenossen sein. (Matthäus 10,34–36)

Vor einiger Zeit hielt ich einen Vortrag, in dem ich behauptete, dass die Jungfrau Maria jenes »ICH BIN« in uns personifiziere, das zur Empfängnis seiner selbst unendlich oft fähig sei, dass Maria buchstäblich das reine Meer, lateinisch *mare*, verkörpere. Das biblische Wort *Jungfrau* bedeute rein und unbefleckt und habe den gleichen Sinn wie *Isis*, die Göttin der zehntausend Namen; wie *Maya*, die Mutter Buddhas; wie *Sophia* bei den Persern. Dieses Wort sei also schon vor dem Christentum in Umlauf gewesen. Meine Deutung machte einigen Zuhörerinnen zu schaffen, und sie wurden ziemlich unruhig, ja nervös.

Ich erklärte ihnen, dass die Wahrheit oft schmerzt, gerade weil sie einen von starren Dogmen und theologischen Spitzfindigkeiten befreit. Daraufhin stellten die jungen Damen Nachforschungen an und fanden heraus, dass alle Merkmale, die mit der Jungfrau Maria und mit Christi Geburt in Zusammenhang stehen, in jedem Menschen vorhanden sind. Außerdem entwickelten sie ein großes Interesse für die Wissenschaft des Geistes, wodurch sie dann ihr Leben grundlegend ändern konnten. Sie teilten mir mit, wie froh sie seien, dass ich sie aus ihrer Selbstgefälligkeit und geistigen Trägheit förmlich herausgerissen hatte.

Beruhigungsmittel schenken
Ihnen keinen Frieden

Eine junge Schauspielerin rief mich schrecklich aufgeregt und angsterfüllt an, sagte, eine Handleserin habe ihr offenbart, dass jemand sie mit einem Fluch belegt habe, den sie, die Handleserin, für 500 Dollar von ihr nehmen könne. Sie zahlte den Betrag zwar, doch ihr Zustand verschlechterte sich;

deshalb verschrieb ihr der Hausarzt ein starkes Beruhigungsmittel. Ihrer eigenen Darstellung zufolge fühlte sie sich wie ein »wandelnder Zombie«.

Ich erklärte ihr, dass sie die Wurzel des Übels ausreißen müsse; dass jene Verwünschungen keinerlei Macht über sie hätten; dass die Suggestionen und Behauptungen anderer Leute sie nicht beeinflussen könnten – dass die einzige Macht in der Bewegung ihrer eigenen Gedanken liege. Sie hatte die negative Suggestion der Handleserin akzeptiert, und all ihre Reaktionen, die sie leiden machten, wurden durch die Vorgänge in ihrem Kopf verursacht.

Unter Anleitung begann sie, langsam, leise und ehrfurchtsvoll jene Worte des 91. Psalms zu rezitieren, des großen schützenden Psalms der Bibel, der Menschen auf der ganzen Welt vor Schiffbruch, Feuer, unerträglichen Bedingungen und hoffnungslosen Situationen gerettet hat.

Allmählich wurde sie sich einiger einfacher Wahrheiten bewusst. Sie bemerkte zum Beispiel Folgendes: Wenn sie sich mit der Unendlichen Gegenwart und Macht, der einzigen Macht schlechthin, in Einklang brachte, strömte diese als Harmonie, Friede, Liebe, Freude, Schönheit und Kraft durch sie hindurch. Es gibt nichts, das jener Gegenwart zuwiderläuft, denn sie ist allmächtig. Diese Erkenntnis verlieh ihr ein Gefühl von innerer Ruhe.

Sie segnete die Handleserin und strahlte gegenüber allen Menschen Liebe, Wohlwollen und Herzlichkeit aus – in der Gewissheit, dass sie dadurch eine wundersame Widerstandsfähigkeit entwickeln und frei werden würde. Sie fand jenen Frieden, der das Verstehen übersteigt. Sie lachte über die negative Suggestion der Handleserin, die nicht mehr Macht hatte als ein Blasrohr, mit dem man auf ein Schlachtschiff zielt. Sie warf die Beruhigungsmittel weg, die sie nicht länger brauchte. Sie hatte etwas getan gegen ihr Leiden und den Frieden im Innern entdeckt.

Sie dachte, sich mit der Krankheit abfinden zu müssen

Vor einigen Monaten suchte mich eine Frau auf. Während der anschließenden Konsultation erzählte sie, ihr sei gesagt worden, dass sie sich mit ihrer Arthritis abfinden und eben leiden müsse, weil es dagegen kein Heilmittel gebe. Sie hatte täglich 12 bis 14 Aspirintabletten genommen, die in ihrem Fall einige unangenehme Nebenwirkungen hervorriefen. Dann war sie zu Kodeintabletten übergegangen, um den Schmerz zu lindern. Ihre Verwandten gaben ihr zu verstehen, dass dies Gottes Wille sei und dass sie den Schmerz stoisch ertragen solle. Hier handelt es sich um eine teuflische Verdrehung der Wahrheit, die da lautet: *Kommet her zu mir alle, die ihr mühselig und beladen seid; ich will euch erquicken.* (Matthäus 11,28) ... *denn ich bin der HERR, dein Arzt.* (Exodus 15,26)

Der Schmerz ist ein verborgener Segen, denn er macht uns darauf aufmerksam, dass wir unseren Geist missbraucht haben und den Fehler schleunigst korrigieren sollten. Die Frau akzeptierte allmählich die Lüge der Verwandten und ergab sich ihrem Schicksal – bis der Schmerz derart qualvoll wurde, dass sie beschloss, Göttliche Heilung zu erbitten und sich diese zunutze zu machen. Sie war so niedergeschlagen, dass sie nur noch eine Möglichkeit sah, nämlich die Suggestionen der anderen zurückzuweisen und selbst etwas gegen ihr Gebrechen zu tun.

Während des Gesprächs mit ihr stellte ich fest, dass sie innerlich kochte, einen nagenden Groll, ja tief sitzenden Hass gegen ihren Ex-Mann und dessen Mutter nährte. Auf meinen Vorschlag hin traf sie eine klare Entscheidung und fing an, sich selbst als ein geistiges Wesen, eine Tochter des Unendlichen, ein Kind der Ewigkeit zu betrachten und zu schätzen. Dreimal täglich setzte sie sich 15 bis 20 Minuten still hin und bekräftigte fühlend und wissend: »Gott ist Liebe, und Gottes

Liebe durchdringt meine Seele. Ich preise Gott in meinem tiefsten Innern und danke jetzt für meine Wunderheilung.« Sobald sie voller Feindseligkeit an ihren Ex-Mann oder ihre Schwiegermutter dachte, versicherte sie sich sofort: »Gottes Liebe erfüllt meine Seele«, wodurch sie jeden wütenden oder gehässigen Gedanken neutralisierte und aus ihrem Kopf verbannte.

Nach drei Monaten waren ihre Gelenke wieder geschmeidiger und beweglicher, sodass sie ohne Stock gehen konnte. Heute ist sie von allen Schmerzen befreit. Zuvor hatte sie sich zu zwingen versucht, Ex-Mann und Schwiegermutter zu lieben, aber das hatte nichts genutzt. Als sie hingegen anfing, ihr Unterbewusstsein mit Liebe, Frieden und Harmonie zu durchwirken, löste die heilsame Liebe Gottes alle kalkigen Ablagerungen in ihren Gelenken auf. Und als sie begann, sich selbst als ein geistiges Wesen zu achten und das Licht von Gottes Liebe in ihr Innerstes fluten zu lassen, wurden auch Feindseligkeit und Hass aus ihrem Gedächtnis gelöscht. Daher konnte sie ihren früheren, so genannten Feinden im Geiste begegnen, ohne einen Stachel zu verspüren. Die Frau lebte in Frieden mit sich und der Welt.

Er sagte: »Natürlich bin ich angespannt«

Kürzlich erzählte mir ein Musiker: »Bevor ich spiele, fühle ich mich äußerst angespannt. Wenn ich nicht voller Spannung bin, gebe ich auch kein herausragendes Konzert.« Er sagte, dass ein Kollege ihm empfohlen habe, ein Beruhigungsmittel zu nehmen und so seine nervöse Anspannung zu lindern; aber nachdem er den Rat befolgt hatte, fiel seine Darbietung sehr schwach aus. Er sei dann zu der Einsicht gelangt: »Die Anspannung ist notwendig, damit ich in meiner Musik Großes leisten kann.«

Er fuhr fort: »Heute bin ich ähnlich angespannt wie eine aufgezogene Armbanduhr. Dann lasse ich überschüssige Energie ab und spiele. Ich achte darauf, mich nicht allzu sehr anzuspannen und die Uhr nicht bis zu dem Punkt aufzuziehen, wo die Spiralfeder zerbricht.«

Dieser Musiker ist weise. Er vergleicht seine Darbietung mit der Spiralfeder seiner Schweizer Uhr, die ihre Spannung langsam löst und dadurch das Uhrwerk in Gang hält. Dieser Bühnenmusiker erkannte, dass Tranquilizer seine starke Anspannung nicht beseitigen konnten. Im Gegenteil, diese war einfach nur eine Aufspeicherung Göttlicher Energie, die ihn befähigte, seine im Innern eingeschlossene Herrlichkeit zu befreien und zum Ausdruck zu bringen. Er hatte die Anspannung unter Kontrolle und verwandelte sie in Göttliches Gesetz, Göttliche Ordnung. Auf diese Weise fand er Frieden und heitere Gelassenheit.

Wie er seine starke Anspannung abbaute

Ein junger Medizinstudent erzählte mir, dass er sich über seine Verwandten, bei denen er während des Studiums wohnt, oft derart aufrege, dass er ihre Gesichter auf einen Punchingball im Fitnessstudio der Universität male. Täglich hämmerte er eine halbe Stunde lang auf die »Porträts« ein, etwa fünf Minuten auf jedes.

Er behauptete, dadurch seine angestauten Emotionen abzureagieren und einen Wutausbruch in ihrer Gegenwart zu vermeiden. Ich machte ihn darauf aufmerksam, dass es ihm umso schlechter gehen würde, je mehr er diesen Menschen seinen Zorn und Hass entgegenschleuderte, indem er auf den Punchingball einschlug. Anders gesagt: Auf solche Weise würde er seine negativen Gefühle noch verstärken.

Wenn es wahr wäre, dass man Gefühle wie Zorn und Hass

119

los wird, indem man sie einfach nur zum Ausdruck bringt, träfe dies auch auf Liebe, Friede, Herzlichkeit und Wohlwollen zu – man entledigte sich ihrer, indem man sie artikulierte. Aber das Gegenteil ist der Fall: Wenn wir derartige Gefühle bekunden, werden sie umso intensiver. Und je öfter wir das tun, desto gottähnlicher und vergeistigter werden wir. Diese Eigenschaften stammen von Gott, und je mehr wir sie zu erkennen geben, desto sicherer besitzen wir sie. Je großzügiger wir den anderen unsere Weisheit zukommen lassen, desto mehr haben wir selbst davon.

Es ist eine teuflische Verdrehung der Wahrheit, einem zutiefst feindseligen Menschen zu sagen, er könne sich von seiner Aversion dadurch befreien, dass er sie auslebt. Dann beginnt er nämlich, Liebe, Frieden, Harmonie und Urteilskraft in seinem Innern abzutöten. Wenn er so weitermacht, entwickeln die negativen Gefühle eine solche Zerstörungskraft, dass er daran zugrunde geht. Angesichts dieser Konsequenzen besann sich der junge Medizinstudent um; er überantwortete all seine Verwandten Gott und übte sich darin, einen jeden zu segnen, indem er, an ihn denkend, bekräftigte: »Ich lobe Gott in deinem Innern.« Als ihm dies zur Gewohnheit geworden war, erlangte er den Zustand inneren Friedens; seine Verwandten störten oder nervten ihn nicht mehr. Er merkte, dass er selbst sich genervt hatte.

Betrachten Sie den Baum

Sie werden feststellen, wie robust er ist. Er biegt sich im Wind und widersteht gewöhnlich dem Sturm. Er bricht nicht so leicht. In gleicher Weise sollten auch wir uns biegen und flexibel sein, wenn wir mit den Wechselfällen des Lebens konfrontiert sind. Lernen Sie, sich der steifen Brise anzupassen in der Gewissheit, dass alles vorbeigeht und dass Sie das jeweilige Problem direkt anpacken können. Erkennen Sie, seien Sie sich tief im Herzen darüber im Klaren, dass mit Hilfe der inneren Schöpferischen Intelligenz das Problem gelöst werden kann.

... stehet fest und sehet zu, was für ein Heil der HERR heute an euch tun wird. (Exodus 14,13)

Die Ursache des Elends

An einem der letzten Abende nannte ein international bekannter Korrespondent den entscheidenden Grund, warum in einem bestimmten Land Zwietracht, Krieg und Bombenattentate vorherrschten: das Geld. Gewisse Politiker und Beamte an der Spitze des Staates waren korrupt, die Unredlichkeit nahm überhand, der Präsident hatte jeden seiner Verwandten auf der Gehaltsliste stehen und besteuerte sämtliche Importe. Die oppositionelle Partei verlangte einen Teil der Schmiergelder und der Macht. Als ihr dies verweigert wurde, brach ein Bürgerkrieg aus.

Große Verschwendung, Bestechung, Korruption, hohe Steuern und Unredlichkeit beunruhigen Männer und Frauen auf der ganzen Welt. Sobald sie davon genug haben, explodieren sie.

Einer meiner Mitreisenden fragte mich, warum die wohlhabenden Leute in einer bestimmten indischen Stadt die erschreckende Verwahrlosung, den Schmutz, die Krankheit und die bettelarmen, offenbar halb verhungerten Kinder ignorieren. Meine Antwort lautete: »Weil sie sich daran gewöhnt haben.« Sie schreiben den erbärmlichen Zustand dieser Kinder dem Karma zu und meinen, diese würden jetzt leiden wegen ihrer Sünden in einem früheren Leben. Das ist eine niederträchtige Glaubensvorstellung, die ihnen zudem den Vorwand liefert, nichts gegen das Elend zu unternehmen. Unannehmbare äußere Bedingungen stören diese Leute nicht. Ihre falschen religiösen Überzeugungen beruhigen ihr Gewissen.

Stilles Lauschen

Der bereits erwähnte amerikanische Philosoph Ralph Waldo Emerson sagte, dass wir durch stilles Lauschen das Flüstern der Götter vernehmen können. Das heißt, jeder hat eine innere Stimme, die uns dazu veranlasst, das Richtige zu tun, die uns nahelegt, geistig zu wachsen, aufzubrechen und die Wirklichkeit zu übersteigen. Sie offenbart uns, dass es etwas Größeres, Erhabeneres und Wunderbareres gibt, das uns alle erwartet.

Die innere Stimme enthüllt aber auch den Gegensatz zwischen unserem äußeren Zustand und unseren Herzenswünschen; dann erzeugt sie Spannung und ein Gefühl von Unbehagen. Wir leben in einer inneren und einer äußeren Welt. Diese Zweiheit unserer Natur lässt sich folgendermaßen leicht veranschaulichen: zwischen meinem ICH BIN und dem, was ich gerne sein würde – also zwischen mir und meinem Verlangen –, entbrennt ein Streit im Bewusstsein. Meine Sehnsucht nach Reichtum, Wohlstand, Erfolg und den angenehmen Dingen des Lebens mag in scharfem Kontrast stehen zu meiner Umgebung, meiner häuslichen Situation, meiner finanziellen Lage.

Es ist Ihr Wunsch nach einem besseren Leben, nach angenehmeren Dingen, der Sie dazu antreibt, sich zu erheben und vorwärts zu schreiten. Sie sind hier, um in jeder Lebensphase neue Entwicklungen durchzumachen, Ihren Wirkungskreis zu erweitern und höher aufzusteigen. Wenn Sie aufhören zu träumen, zu streben und innerlich zu wachsen, wenn Sie die Welt an Ihren Fähigkeiten und Talenten nicht immer mehr teilhaben lassen, dann treten Sie auf der Stelle und sterben geistig ab.

Das Schwert

Wenn in der Bibel steht: *Ich komme als Schwert*, so heißt das einfach, dass das Schwert zerteilt. Symbolisch betrachtet trennt es das Falsche vom Echten, die Wahrheit von der Lüge und den irrigen Überzeugungen der Welt. Mit dem Schwert der Wahrheit gehen Sie auf Abstand; Sie lösen sich aus den Verstrickungen und verkehrten Auffassungen von Gott und geben sich die Möglichkeit, in Ihrem Geist einen Gott der Liebe zu inthronisieren.

Die Wahrheit verursacht einen inneren Kampf, da sie einen Konflikt hervorruft zwischen dem, was Ihnen beigebracht wurde, und der ursprünglichen Wahrheit des Seins. Doch das Schwert der Wahrheit schlichtet diesen Streit, wenn Sie jenes ICH BIN – Gottes Gegenwart in Ihnen – als die einzige Gegenwart, Macht, Ursache und Substanz annehmen. Wenn Sie dem Lebendigen Allmächtigen Geist im Innern Gehorsam, Treue und Hingabe entgegenbringen, fallen all die falschen Götter von Ihnen ab, kehrt in Geist und Herz eine tiefe Ruhe ein.

Ein Sohn mag heftige Auseinandersetzungen mit seinem Vater haben, weil er dessen überholte, vielleicht sogar groteske und völlig absurde Glaubensvorstellungen von einem Gott nicht mehr teilt, der mit Zorn, Höllenfeuer und Schwefel die ihm ausgelieferten Sünder straft – und Platitüden wie Erbsünde, Feuermeer, Erlöser, Seelenheil usw. ablehnt, die zu unsinnig sind, um in Worte gefasst zu werden.

Das Gleiche träfe auf Töchter zu, die die Wahrheit vernehmen und dadurch von all ihren Ängsten befreit werden. Jede Religion, die Angst einflößt, ist zwangsläufig falsch. *Und ob ich schon wanderte im finstern Tal, fürchte ich kein Unglück; denn du bist bei mir ...* (Psalm 23,4) *Fürchte dich nicht, du kleine Herde! Denn es ist eures Vaters Wohlgefallen, euch das Reich zu geben.* (Lukas 12,32) Ihre Religion sollte Ihnen Freude, Glück,

Frieden und Sicherheit schenken. *Ich bin gekommen, dass sie das Leben und volle Genüge haben.* (Johannes 10,10)

Viele Menschen sind träge, stumpf, teilnahmslos, selbstgefällig und leben in einem Pseudo-Frieden. Sie brauchen das Schwert der Wahrheit, um aus ihrer Lethargie gerissen zu werden.

Der Satz: *Ich komme nicht, um Frieden zu bringen, sondern das Schwert* enthält eine tiefgründige Wahrheit. Das Wissen von der Gegenwart Gottes im Innern dringt in Ihr Bewusstsein, um Ihr ganzes Leben radikal zu ändern. Die innere Stimme sagt zu Ihnen: »Erhebe dich, steig höher hinauf. Ich brauche dich.« Sie weckt Sie auf.

Das Schwert der Wahrheit ist die Göttliche Vernunft, dank deren Sie all das zurückweisen, was nicht mit den ewigen Wahrheiten und Lebensprinzipien übereinstimmt. Sie denken und urteilen aus der Perspektive der Harmonie, der Liebe und des Friedens, des rechten Handelns und der unveränderlichen Wahrheiten. Sie lehnen alle Irrtümer ab, da diese nicht zum Haus Gottes passen. Das heißt, Sie befolgen das biblische Gebot: *Richtet nicht nach dem, was vor Augen ist, sondern richtet ein rechtes Gericht.* (Johannes 7,24)

Die Schwester verleugnete die Wahrheit

Eine wutentbrannte Frau meldete sich telefonisch bei mir und sagte, die eigene Schwester fechte das Testament ihres verstorbenen Mannes an und stelle falsche Behauptungen auf. Der Rechtsanwalt der Schwester wisse ganz genau, dass sie lüge und die Wahrheit in den Schmutz ziehe. Er konstruiere einen Fall auf einem Gewebe aus Lügen und infamen Unterstellungen.

Ich empfahl ihr, trotz allem ruhig und gelassen zu bleiben und das Göttliche Selbst im Innern die Entscheidung für sie treffen zu lassen. Allmählich befreite sie sich von der Vorstellung, dass ihre Schwester oder deren Anwalt über irgendeine Macht verfügen. Und am Ende setzte sich ihre höhere Einsicht durch.

Dementsprechend betete sie wie folgt: »Die Wahrheit Gottes triumphiert. Göttliche Gerechtigkeit herrscht uneingeschränkt in den Köpfen und Herzen aller Menschen. Das ist Gottes Wirken.« Sie hielt an diesem verfeinerten Bewusstseinszustand fest. Sobald ihr ängstliche Gedanken kamen oder die Schwester ihr falsche Eide schwor, bekräftigte sie leise: »Das ist Gottes Wirken.« Der Einspruch wurde abgewiesen und der letzte Wille ihres Mannes dem Testament gemäß ausgeführt.

Die Gott-Gegenwart in jedem Menschen trägt ein Schwert und treibt uns vorwärts, immer weiter, in die Höhe. Der Göttliche Geist im Innern spornt uns dazu an, mit der Lampe der Wahrheit, dem Balsam des Friedens den eigenen Weg fortzusetzen.

Die richtigen geistigen Gewänder tragen

Gehet zu seinen Toren ein mit Danken, zu seinen Vorhöfen mit Loben … (Psalm 100,4) Sie sollten die passenden geistigen Gewänder des Glaubens, des Vertrauens, des Wohlwollens und der Versöhnlichkeit tragen und in freudiger Erwartung des Besten leben. Wenn Sie das tun, wird Ihnen zwangsläufig auch das Beste zuteil.

Als ich vor einigen Monaten eine psychiatrische Klinik besuchte, verwies ein junger Medizinalassistent auf mehrere Männer, die sich ständig die Kleider vom Leib rissen und nackt herumzugehen verlangten. Diese Neigung hat ihre Ursache darin, dass sie mental und spirituell nackt sind. Sie haben für ihren Geist keine Umhüllung wie Liebe, Frieden, Harmonie und Weisheit. Der Medizinalassistent erklärte, dass sie von ihrem Verstand, ihrem Wahrnehmungs- oder Urteilsvermögen keinen Gebrauch mehr machen. Infolgedessen zerfallen ihre Gehirne und ihre anderen Organe rasch.

Einer der Insassen behauptete steif und fest, Cäsar zu sein, ein anderer war Lincoln, ein dritter Washington. Die in ihrem Innern thronenden »Ganoven« namens Hass, Argwohn, Neid und Rachsucht waren jene Teufel, die sie der Herrschaft über ihren Geist, des Friedens, der Harmonie und der Gesundheit beraubten. Der junge Arzt meinte, ihre irrationalen Emotionen seien die Ursache ihres Wahnsinns.

Er berührte einen interessanten Punkt, als er mich darüber informierte, dass die Schwester von einem der so genannten Verrückten jeden Tag zu Besuch käme. Sie sagte ihrem Bruder immer wieder, dass Gottes Licht die Dunkelheit seines Geistes vertreiben würde. Meistens erkannte er sie gar nicht und schenkte ihr kaum Beachtung. Sie erzählte dem Arzt, dass sie ihren Bruder aus der Ferne behandle, indem sie sich ständig folgende Formel vergegenwärtige: »Gottes Licht scheint im Geist meines Bruders und macht ihn wieder gesund.«

Drei Monate vergingen; als sie dann eines Morgens ihren Bruder besuchte, war er völlig ruhig und berichtete ihr, dass das Licht – ein helles Licht – in seinen Geist gedrungen und dass er jetzt geheilt sei. Er wurde von den Psychiatern untersucht und schließlich entlassen. In dieser wechselhaften Welt hat er Frieden gefunden. Seine Schwester hatte ihm die Überzeugung, dass Gott heilende Kraft besitzt, unterbewusst mitgeteilt, und dadurch gesundete er.

»Durch Gebet werden mehr Dinge bewirkt, als diese Welt sich vorstellen kann.«

Die eigentliche Bedeutung des Satzes:
»Du bist so, wie du dich ernährst«

Ein Besuch in Hongkong ist unvergesslich. Das war meine vierte Reise in diese pittoreske britische Kronkolonie, die sich an den Rand des chinesischen Festlands schmiegt. Wenn das Flugzeug zur Landung ansetzt, schaut man auf einen der schönsten Häfen der Welt hinab.

Hongkong ist – an seinen Felsen über dem Meer geklammert – farbenprächtig und faszinierend, wimmelnd von Menschen, vollgestopft mit allen möglichen Geschäften und Waren. Das Flüchtlingsproblem wird heute viel besser eingedämmt als bei meinem Besuch einige Jahre zuvor. Die Verwaltung ließ Wohnhäuser für die sozial Benachteiligten errichten und stellte neue Erziehungseinrichtungen zur Verfügung.

Wir unternahmen auch einen Ausflug auf die Halbinsel Kaulun und in die sogenannten New Territories, passierten alte, ummauerte Dörfer und kamen bis zu dem Bambusvorhang, der Grenze zu Rotchina. Dann auf einer chinesischen Dschunke durch das Hafengewässer zu kreuzen, ist eine einzigartige Erfahrung. Das Fischerdorf Sherdein, das früher von Piraten heimgesucht wurde, ist höchst bezaubernd. Dort servierte man das Abendessen in einem schwimmenden Restaurant.

Ihr seid Kinder des Herrn, eures Gottes. Ihr sollt euch um eines Toten willen nicht wund ritzen noch kahl scheren über den Augen.

Denn du bist ein heiliges Volk dem Herrn, deinem Gott, und der Herr hat dich erwählt, dass du sein Eigentum seist, aus allen Völkern, die auf Erden sind.

Du sollst nichts essen, was dem Herrn ein Gräuel ist.

Dies aber sind die Tiere, die ihr essen dürft: Rind, Schaf, Ziege, Hirsch, Reh, Damhirsch, Steinbock, Gemse, Auerochs und Antilope.

Jedes Tier, das gespaltene Klauen hat, ganz durchgespalten, und das wiederkäut, dürft ihr essen.

Diese Tiere aber sollt ihr nicht essen unter denen, die wiederkäuen und gespaltene Klauen haben: das Kamel, den Hasen und den Klippdachs, die wiederkäuen, deren Klauen aber nicht ganz durchgespalten sind; darum sollen sie euch unrein sein.

Das Schwein, das zwar durchgespaltene Klauen hat, aber nicht wiederkäut, soll euch darum unrein sein. Ihr Fleisch sollt ihr nicht essen, und ihr Aas sollt ihr nicht anrühren.

Dies ist, was ihr essen dürft von allem, was im Wasser lebt: alles, was Flossen und Schuppen hat, dürft ihr essen.

Was aber weder Flossen noch Schuppen hat, sollt ihr nicht essen; denn es ist euch unrein.

Alle reinen Vögel esset.

Diese aber sind es, die ihr nicht essen sollt: der Adler, der Habicht, der Fischaar, der Taucher, die Weihe, der Geier mit seinen Arten und alle Raben mit ihren Arten, der Strauß, die Nachteule, der Kuckuck, der Sperber mit seinen Arten, das Käuzchen, der Uhu, die Fledermaus, die Rohrdommel, der Storch, der Schwan, der Reiher, der Häher mit seinen Arten, der Wiedehopf, die Schwalbe.

Auch alles, was Flügel hat und kriecht, soll euch unrein sein, und ihr sollt es nicht essen.

Die reinen Vögel dürft ihr essen.

Ihr sollt kein Aas essen; dem Fremdling in deiner Stadt darfst du's geben, dass er's esse oder dass er's verkaufe einem Ausländer; denn du bist ein heiliges Volk dem Herrn, deinem Gott. Du sollst das Böcklein nicht kochen in der Milch seiner Mutter. (5. Mose 14,1–21)

Die Idee zu diesem Kapitel kam mir, als wir in dem schwimmenden Restaurant verschiedene Arten von Fisch aßen. Eine Krankenschwester am Tisch sagte: »Wir sind so, wie wir uns ernähren.« Wenn etwas wahr ist, ist es in einer ganz bestimmten Weise wahr. Die Zeile aus dem Vaterunser: *Gib uns unser täglich Brot* (Lukas 11,3), meint nicht das Brot auf dem Tisch, sondern das Brot des Himmels; es geht darum, die geistige Speise des Vertrauens, des Glaubens, des Wohlwollens und des Lachens in sich aufzunehmen.

Man sollte sich von solchen Gefühlen und Stimmungen nähren, die einen beleben, stärken und festigen. Gewiss brauchen wir Nahrung für unseren Körper, etwa Proteine, Kohlehydrate, Vitamine und alle notwendigen Mineralstoffe, die aus der Erde kommen … Doch zugleich gilt: *Der Mensch lebt nicht allein vom Brot* (Lukas 4,4). Er muss Ideale haben, die seine Seele heilen, beglücken, inspirieren, heben und vergöttlichen. Wie kann jemand ohne ein wenig Frieden, Harmonie, Liebe, Glaube an Gott und an das Gute existieren?

Unser Geist braucht Nahrung. Wenn er beladen ist mit Angst, Sorge und bösen Vorahnungen, rufen diese Gefühle alle möglichen Leiden und Kümmernisse hervor. Der Mensch muss in freudiger Erwartung des Besten leben. Dann wird er merken, dass ihm das Beste automatisch zuteil wird. Wir bekommen das, was wir vom Leben erwarten. Erwarten Sie also das Höchste und Beste. Begnügen Sie sich nie mit dem Zweitbesten.

Wie oft sind Sie schon von einem Festmahl mit köstlichsten Speisen aufgestanden, obgleich Sie weiterhin Hunger nach Liebe, Frieden, tiefer Freude verspürten – oder nach einer anderen unbestimmten Befriedigung, welche die Nahrung auf dem Tisch nicht gewährte oder nicht gewähren konnte? *Selig sind, die da hungert und dürstet nach Gerechtigkeit; denn sie sollen satt werden.* (Matthäus 5,6) Erkennen Sie, dass Ihr geistiges Erbe Sie mit allen Kräften und Fähigkeiten ausgestattet hat, die notwendig sind, um den Sieg zu erringen und ein wunderbares Leben zu führen.

Besser ein Gericht Kraut mit Liebe als ein gemästeter Ochse mit Hass. (Sprüche 15,17) Sie können einen Leckerbissen verspeisen, doch wenn Sie ärgerlich, wütend oder gehässig sind, wird er sich in Gift verwandeln. Wie Shakespeare sagt (in *Macbeth*): »Es gibt nicht gut noch schlecht, das Denken macht es so.«

Ein japanischer Arzt, der an unserem Tisch in einem der Hotels in Hongkong saß, berichtete, dass die Japaner seit dem Zweiten Weltkrieg reichlich Weizen essen und aufgrund der darin enthaltenen Vitamine allmählich größer werden. Unser Körper besteht nicht nur zu etwa 70 Prozent aus Wasser, sondern auch aus einer Vielzahl von chemischen Substanzen, die aus der Erde stammen, sowie aus Eiweiß, das vom Fleisch herrührt. Der Soldat, der an einem heißen Tag lange durchs Gelände marschiert, weiß um die Bedeutung von Natriumchlorid oder Kochsalz. Potassium, Jod und andere Mineralien sind ebenfalls wesentlich für unsere Gesundheit und unser Wohlbefinden.

Lebensmittel sind natürlich wichtig, aber nicht das Einzige, was zählt. Wir dürfen die Quelle jeder Nahrung nicht vergessen, das Lebensprinzip im Innern, das alles erzeugt. Wenden Sie sich an den Schöpfer, nicht an das erschaffene Ding. Mit anderen Worten: Wenn wir gesund sein wollen, sollten wir nicht nur an materielle Nahrung denken, sondern auch an den folgenden Satz: *Ich bin der Herr, dein Arzt.* (Exodus 15,26) Außerdem heißt es in der Bibel: *Euch geschehe nach eurem Glauben.* (Matthäus 9,29)

Kürzlich sprach ich mit einer Frau, die für ein großes Krankenhaus die Diätpläne ausarbeitet; sie war Diätassistentin und besaß auf ihrem Fachgebiet mehrere Diplome. Ungeachtet dessen litt sie ebenso an chronischer Arthritis wie an Gebärmutterkrebs. Freimütig bekannte sie, dass ihre geistige Nahrung aus Ressentiment, Feindseligkeit und unterdrückter Wut gegen ihren Ex-Mann bestanden habe. Doch als sie anfing, sich selbst von einem spirituellen Standpunkt aus zu schätzen und ihr Göttliches Erbe zu anzuerkennen, wurden ihre Gelenke wieder geschmeidiger und beweglicher; sogar der bösartige Tumor löste sich völlig auf. Sie bat ihren Arzt, die Behandlungsmethode zu ändern, und er tat es. Auch das trug in hohem Maße zu ihrer Genesung bei.

Ihr wichtigstes Gebet lautete: »Gott in meiner Mitte heilt mich jetzt. Seine Liebe erfüllt jedes Atom meines Wesens.« Sie bekräftigte diese einfache Wahrheit viele Male am Tag. Sobald Ressentiment und Wut in ihr hochstiegen, sagte sie sich: »Gottes Liebe erfüllt meine Seele; Er macht mich jetzt vollkommen.« Sie zwang sich nicht, ihren Ex-Mann zu lieben, aber sie wusste, dass Groll, Feindseligkeit und Hass ganz verschwinden würden, sobald sie ihr Unterbewusstsein mit Gottes Liebe durchwirkte – und das geschah dann auch. Die Liebe treibt alles aus, was nicht so ist wie sie. Nach einigen Wochen im Zeichen dieser geistigen Therapie konnte sie an ihren Ex-Mann denken, ohne einen inneren Stachel zu fühlen. Sie hat ihren Frieden gefunden. Heute ist sie sowohl vom Krebs wie auch von der Arthritis geheilt.

Der Körper bewegt sich in der Weise, wie er bewegt wird; er verfährt so, wie mit ihm verfahren wird. Die oben genannte Frau spielte auf ihrem Körper eine Melodie der Liebe statt ein Stakkato des Hasses, und der Körper reagierte darauf. Geist und Materie sind eins. Ihr Körper ist die Erscheinungsform des Göttlichen Geistes. Ihre Gedankenmuster bilden die Verbindungsstelle zwischen dem Unsichtbaren Geist und dem manifestierten Zustand.

Das 14. Kapitel des Deuteronomiums (5. Buch Mose), über das wir hier schreiben, ist eines der wichtigsten der gesamten Bibel. Der erste Vers gibt Ihnen zu verstehen, dass Sie ein Kind des Unendlichen sind und dass Sie sich nicht weh tun sollen. Das heißt, Sie sollen sich keine seelische Verletzungen – in Form von Selbsterniedrigung, Hass, Angst, Groll usw. – zufügen, da diese für Ihre Seele oder Ihren subjektiven Geist Wunden sind und in den verborgenen Winkeln Ihres Tiefenbewusstseins zu Eiterherden werden können, die giftige Botschaften in den ganzen Organismus aussenden.

Denn du bist ein heiliges Volk dem Herrn, deinem Gott ... (5. Mose 14,2) Der Heilige Eine lebt in Ihnen. Da Er vollkommen und ganz, umfassende Harmonie und idealer Frieden, grenzenlose Liebe und unendliche Intelligenz ist, sind alle seine Ziele zeitlich aufeinander abgestimmt, sodass sie sich in Ihrem Körper perfekt ergänzen. Gott wohnt Ihnen inne und ist Ihr Lebensprinzip. Dieses ist in sich vollständig, unversehrt und ohne Makel. Heilig sein bedeutet heil machen – und damit auch, dass wir in jeder Lebensphase harmonisch und friedlich unsere Aufgaben erfüllen sollen. Das Lebensprinzip funktioniert reibungslos durch uns, es sei denn, wir beeinträchtigen, stören oder missbrauchen das Gesetz des Geistes.

Der biblische Moses verkörpert dieses Gesetz, das da lautet: *Wie er im Herzen denkt, so ist er ...* (Sprüche 23,7) Einfach gesprochen heißt dies: Was immer man seinem Unterbewusstsein einprägt, kommt irgendwann zum Ausdruck und erscheint im Spiegel des Raumes.

Du sollst nichts essen, was dem Herrn ein Gräuel ist. (5. Mose 14,3) Dies bedeutet: Man darf keine negativen und destruktiven Vorstellungen oder Ansichten aufnehmen, verarbeiten, sich zu eigen machen. Das ist im biblischen oder mentalen beziehungsweise spirituellen Sinne mit »essen« gemeint. Wir alle werden morgens, mittags und abends durch die fünf Sinne ernährt. Wir hören, sehen, fühlen, schmecken und berühren den ganzen Tag hindurch. Ständig werden wir »überschüttet« mit optischen und akustischen Eindrücken, die unerfreulich und schädlich sind. Doch unsere eigentliche geistige Nahrung sollten die ewigen oder göttlichen Wahrheiten sein, die uns heilen, wohl tun und beflügeln. Wir sind, was wir den ganzen Tag über essen (denken).

An einem einzigen Tag empfängt unser Geist unzählige Ideen, Meinungen, Überzeugungen sowie einige Wahrheiten, die sich allesamt unserem Unterbewusstsein einprägen. Diese Eindrücke finden dann ihren Ausdruck in den Erfahrungen und Ereignissen unseres Lebens. Unser Bewusstseinszustand zeigt an, was wir denken, fühlen, glauben und wofür wir unser Einverständnis geben. Unsere ideale Nahrung sollte darin bestehen, über all die Eigenschaften und Fähigkeiten Gottes nachzusinnen – in der Gewissheit, dass wir zu dem werden, worüber wir nachsinnen. Unsere Gemütsverfassung, die unser konditioniertes Bewusstsein darstellt, kann zum Beispiel von Bosheit, Gehässigkeit oder Trübsal gekennzeichnet sein, eben weil wir die entsprechende geistige Nahrung zu uns genommen haben.

Wenn die Bibel sagt: *Dies aber sind die Tiere, die ihr essen dürft ...* (5. Mose 14,4), bedient sie sich der symbolischen Ausdrucksweise. Das Wort *Tier* steht für Gefühle, angeregte Gemütsverfassungen. Ein Tier denkt nicht logisch oder kritisch wie der Mensch. Das heißt, es ist nicht wie er imstande, zu analysieren, abzuwägen, genau zu prüfen oder das Für und Wider zu untersuchen. Wenn ein Hund ein Kind vor dem Ertrinken rettet oder den Schnee einer Lawine beiseite scharrt, unter der jemand lebendig begraben ist, gibt er damit ein gewisses Maß an instinktiver Intelligenz zu erkennen. Diese lässt sich auch bei vielen anderen Tieren beobachten. Doch kein Tier kann die Bergpredigt schreiben, Buddhas Lehren in Benares verbreiten, eine Beethoven-Sonate komponieren oder eine gothische Kathedrale erbauen. Tiere werden von einem subjektiven Instinkt beherrscht und haben nicht die Fähigkeit, geistreich zu urteilen oder die göttliche Vernunft in die Praxis umzusetzen. Sie können keine spirituelle Entwicklung durchmachen und daher auch nicht ihre Wesensart ändern.

Ein Trinker, ein Drogensüchtiger oder ein Mörder kann immerhin wählen und zu einer Entscheidung kommen. Mit Gottes Kraft hat er die Möglichkeit, ein neues Leben anzufangen, seinen Weg fortzusetzen und sich dem Höheren zuzuwenden. Der Mensch ist imstande, seinem Gefühlsleben eine neue Richtung zu geben. Wenn es ihn danach verlangt, vermag er gottähnlich zu werden und eine geistige Wiedergeburt zu erfahren. Dann bezeichnet man ihn als Einen, der wiedererwacht ist. Dagegen gelten solche Gefühle wie Angst, Wut, Hass, Neid, Feindseligkeit usw. deshalb als anormal oder irrational, weil sie nicht auf Göttlicher Vernunft beruhen. ... *so wählt euch heute, wem ihr dienen wollt* ... (Josua 24,15)

Wir sind hier, um zu wählen – also das Gute anzunehmen und das Schlechte abzulehnen. Wenn wir äußeren Umständen Macht einräumen und denken, dass sie *Ursachen* seien, erzeugt diese Einstellung Verstimmung und Wut im Innern, sodass unser Leben tatsächlich ins Chaos sinkt. Wir sind hier, um zu lernen, dass äußere Umstände vielmehr *Wirkungen* sind und dass Menschen, Bedingungen und Situationen, die ein Hindernis zu bilden scheinen, uns weder aufhalten noch in unserer Entwicklung hemmen können.

Die Wahrheit lautet: die Allmacht ist *in uns*, und indem wir uns mit dem Vater im Innern verbinden und erkennen, dass Gottes Kraft uns wohl tut, halten wir das eigene Gefühlsleben im Zustand des Gleichgewichts und der Ruhe. Das Massenbewusstsein macht uns allen zu schaffen. Deshalb müssen wir uns immer wieder durch Gebet davon befreien. Hängen Sie nicht mehr irrigen Überzeugungen, falschen Dogmen, ebenso vernunftwidrigen wie törichten Vorstellungen von Gott und dem Leben nach dem Tode an, die Ihnen in Kindheit und Jugend eingeflößt wurden. Diese Prägungen schlummern weiterhin in den verborgenen Winkeln Ihres Unterbewusstseins. Das sind die »unreinen Tiere«, von denen im zitierten Kapitel des Deuteronomiums gesprochen wird.

Wir können in diesem Augenblick unser Unterbewusstsein ändern, indem wir unseren Geist mit den Wahrheiten Gottes anfüllen, die alles daraus verbannen, was nicht mit Gott über-einstimmt. In jenem 14. Kapitel des Deuterononiums steht, dass Sie Rind, Schaf, Ziege essen dürfen sowie *jedes Tier, das gespaltene Klauen hat, ganz durchgespalten, und das wieder-käut.*

Es ist notwendig, die symbolische Bedeutung dieser Worte zu verstehen. Die tiefste und edelste Weisheit der Bibel kann nur durch eine stimmige Deutung jener Symbole erfasst wer-den, die immer wieder in ihr auftauchen.

Rind und Schaf haben gespaltene Klauen, das heißt: Der Mensch soll die Dinge durchdenken, die Spreu vom Weizen trennen, das Falsche vom Richtigen. Mit anderen Worten: Sie sollen gemäß geistiger Maßstäbe und unverbrüchlicher Lebensprinzipien urteilen und all das verwerfen, was verkehrt und unwahr ist. Sie müssen eine Entscheidung treffen hin-sichtlich dieser Lebensprinzipien und die Wahrheit wählen, die sich niemals ändert. Sie dürfen nicht länger nach dem äu-ßeren Erscheinungsbild urteilen – und sind aufgerufen, gemäß ewiger Wahrheiten zu urteilen: so wie ein Mathematiker auf-grund der Axiome seiner Wissenschaft zu einem bestimmten Ergebnis kommt.

Nachdem Sie bei der Wahrheit angelangt sind, müssen Sie diese wiederkäuen, das heißt, über sie nachsinnen, sie sich an-eignen und einverleiben, indem Sie sie geistig verarbeiten und verinnerlichen, damit sie in Ihr Unterbewusstsein eindringt und genauso zu einem Teil von Ihnen wird wie ein Apfel, der verdaut und zu einem Teil Ihres Organismus wird.

Denken Sie über die tiefen Wahrheiten des Lebens nach. In dem Maße, wie Sie sie bekräftigen und festigen, gleichen Sie sich ihnen an. Das ist die eigentliche Bedeutung des Wortes *wiederkäuen.* Rinder grasen auf der Weide, und wenn sie satt sind, legen sie sich hin und käuen wieder. Das Gras, das sie gefressen haben, wandert von einem Magen zum nächsten. Im Wiederkäuen wird die nicht richtig verdaute Nahrung ins Maul zurückbefördert, bis sie sich in eine weiche, flüssige Masse (Bolus) verwandelt, die endgültig hinuntergeschluckt werden kann.

Genau das tun Sie, wenn Sie meditieren. Sie speisen geistig von den Ideen, über die Sie nachsinnen. Irgendwann sind Sie gezwungen, das zum Ausdruck zu bringen, was Ihrem Unterbewusstsein eingeprägt wurde. Sie verstehen zum Beispiel hundertprozentig eine philosophische oder metaphysische Untersuchung, indem Sie darüber eine Abhandlung schreiben; doch möglicherweise ist es Ihnen noch nicht gelungen, den Stoff zu verinnerlichen und die Wahrheit Ihrem Herzen einzugliedern. Sie haben nicht wirklich über sie nachgedacht und ihr nicht genügend Aufmerksamkeit und Hingabe zuteil werden lassen, sodass Sie kein klares Verständnis von ihr besitzen und sie nicht zu einem lebendigen Teil Ihrer selbst gemacht haben.

Mund und Herz müssen einig sein; Kopf und Herz müssen sich verbinden. Bewusstsein und Unterbewusstsein müssen miteinander übereinstimmen und sich verständigen. Dann haben Sie – bildlich gesprochen – den Huf gespalten und das Futter wiedergekäut. Dann geschehen Wunder in Ihrem Leben.

In Vers 7 des hier erörterten Kapitels heißt es, dass Sie nicht vom Kamel, vom Hasen und vom Klippdachs (eigentlich Kaninchen) essen sollen, denn diese kauen zwar wieder, haben aber keine durchgespaltenen Hufe beziehungsweise Pfoten. Das ist leicht zu begreifen: In der ganzen Welt gibt es Millionen von Menschen, die auf allen möglichen Anschauungen, Lehren und religiösen Bräuchen »herumkauen«, aber nie den Huf gespalten haben, also nie die Dinge ruhig durchdacht und die Überzeugungen, Dogmen, Theorien und Spekulationen des Massenbewusstseins von der Wahrheit getrennt haben, die stets unveränderlich bleibt.

Es gibt nur Eine Wahrheit, Ein Gesetz, Ein Leben, Einen

Gott, den Vater von allem; und die Grundlage jeder wie auch immer gearteten religiösen Überzeugung ist die: *Wie er im Herzen denkt, so ist er* ... (Sprüche 23,7) Mit anderen Worten: Gedanken, Vorstellungen und Überzeugungen, die man für wahr hält, werden im Unterbewusstsein aufbewahrt und kommen dann als Erfahrungen, Zustände und Ereignisse zum Vorschein.

Dieses Gesetz trifft auf die gesamte Menschheit zu. Entscheidend ist nicht, woran man glaubt, sondern der Glaube selbst. Ob also der Gegenstand Ihres Glaubens echt oder falsch ist – in jedem Fall zeitigt er bei Ihnen bestimmte Wirkungen. Wenn Sie glauben, dass die Knochen oder Relikte von Heiligen Sie heilen, wird Ihr unterbewusster Glaube dementsprechend beeinflusst werden. Es kommt nicht auf die Knochen oder die Relikte an. Würden Sie zum Beispiel die Knochen eines so genannten Heiligen durch die eines Hundes ersetzen und wäre derjenige, der sie berührt, davon überzeugt, dass es sich um Knochen eines Heiligen handelt, spürte er aufgrund seines blinden Glaubens eine heilsame Wirkung.

Es gibt viele Leute, die in anderer Weise wiederkäuen. Sie behaupten, die Wissenschaft des Geistes zu untersuchen oder die tiefere Bedeutung der Bibel zu erfassen – und dann findet man heraus, dass sie sich bei spiritistischen Sitzungen in Alphabettafeln vertiefen, um Auskunft zu erhalten, Numerologie oder Astrologie zu Rate ziehen, die Geister verstorbener Menschen um Antworten auf ihre Fragen ersuchen ... Sie alle sind verwirrt und verblendet – aus dem einfachen Grund, weil sie nie wirklich die Hufe gespalten haben und zu der klaren Erkenntnis gelangt sind, dass die Wahrheit eins und unteilbar ist.

Die Wahrheit lautet: Ihre Gedanken und Gefühle bestimmen über Ihr Schicksal. Ihre Zukunft formt sich aus Ihren gegenwärtigen Denkweisen und Vorstellungen. Das Gesetz des Lebens ist das Gesetz des Glaubens. Glauben Sie also an die

Göttliche Unterweisung, Güte, Fülle und Liebe. Glauben Sie an die Richtigkeit Göttlichen Handelns, an das Göttliche Gesetz und die Göttliche Ordnung. Glauben Sie an die Lebensprinzipien und an die Antworten der Unendlichen Intelligenz.

Wenn Sie weise Einsichten und Lösungen für Ihre Probleme suchen, dann wenden Sie sich an Gott. Suchen Sie Antworten nicht in Alphabettafeln, in Zahlen oder Karten, bei Geistern oder Verstorbenen. *Wenn aber jemandem unter euch Weisheit mangelt, der bitte Gott, der da gern gibt jedermann und allen mit Güte begegnet ...* (Jakobus 1,5)

Die unreinen Tiere in der Bibel verkörpern irrige religiöse Überzeugungen, die Ihre Entwicklung hemmen, Sie einzwängen und fesseln. Falsche Eindrücke beherrschen den Geist vieler Menschen, die infolgedessen ein sehr unerfreuliches Gefühlsleben haben. Lehnen Sie also die ganze verkehrte Propaganda der Welt ab; weigern Sie sich, irgendetwas zu akzeptieren, das dem Haus Gottes – Ihnen selbst – nicht gemäß ist. Weisen Sie unschmackhafte Speisen – etwa jede Art von negativer Suggestion – zurück. Die Suggestionen anderer Menschen besitzen keine Schöpferkraft. Diese befindet sich allein in Ihnen – in Ihren eigenen Gedanken.

Löschen Sie mit Hilfe der Göttlichen Liebe alle negativen Gedanken aus. Dann spalten Sie den Huf und käuen wieder, sind Sie ein wahrer Vermittler und Spender des Guten. Wir käuen wieder, wenn wir die tiefen Wahrheiten des Lebens in uns aufnehmen, über sie nachdenken, uns in sie versenken und uns derart für sie interessieren, dass ihre Botschaft eingeht in unseren Geist und zu einem Teil unserer selbst wird. Daher sagt Moses, dass man das Rind essen könne, denn dessen Hufe sind gespalten und es käut wieder, also ist es rein.

Das Schwein hingegen hat zwar gespaltene Hufe, aber es käut nicht wieder – deshalb gilt es als unrein. Es gibt viele Menschen, die die Wahrheit kennen; sie nehmen Unterricht in der Wissenschaft des Geistes, der Göttlichen Wissenschaft und studieren Psychologie. Trotzdem gelingt es ihnen nicht, dieses Wissen zu verarbeiten oder ins eigene Denken zu integrieren. Anders ausgedrückt: Es äußert sich nur in Worten, nicht aber in Taten. Sie reden bloß darüber, ohne es in ihrem täglichen Leben anzuwenden. Gottes Wahrheiten müssen dem Unterbewusstsein eingeprägt werden; dann sind wir gezwungen, sie zum Ausdruck zu bringen. Das Gesetz des Unterbewusstseins ist zwingend.

Das Kamel und der Hase sind unrein, weil diese Tiere zwar wiederkäuen, jedoch keine gespaltenen Hufe beziehungsweise Pfoten haben. Das heißt, Leute hören auf jede Art von Propaganda, probieren verschiedene Religionen aus und studieren alle möglichen Weltanschauungen. Sie vermischen das Gute mit dem Schlechten und sind ständig konfus, neurotisch und voll aufgestauter Emotionen, sodass bei ihnen Angst mit Glaube vermischt ist, gute Absicht mit böser Absicht und Friede mit Schmerz.

Das Deuteronomium besagt, dass Sie Wassertiere mit Flossen und Schuppen essen können. Dies ist eine tiefe symbolische Wahrheit – eine der größten Allegorien der Bibel. Die Schuppen versinnbildlichen Schutz; erkennen Sie daher bei Ihrem Gang durchs Leben, dass die Überragende Gegenwart Gottes über Sie wacht und der Göttliche Panzer Sie stets umhüllt. Dann werden Sie ein wunderbares Leben führen.

Die Flosse ist ein membranartiges, flügel- oder paddelförmiges, der Fortbewegung dienendes Organ bestimmter Wassertiere. Fische steuern ihren Körper selbst und sind – im Gegensatz zu den Lebewesen, die dieses Organ nicht haben – kaum den Wellen und Gezeiten unterworfen. Bisweilen sieht man, wie Wassertiere ohne Flossen und Schuppen an den Strand gespült werden, wo sie dann eingehen.

Wenn Sie Gott zum Führer und Berater haben, treiben Sie nicht mehr ab, weil Ihr leitender, von Göttlicher Unterweisung durchdrungener Gedanke die Kontrolle übernimmt und Sie auf ebenso angenehme wie friedliche Wege lenkt. Es ist weithin bekannt, dass der Lachs allen Widerständen trotzt und noch gegen die schnellsten Strömungen anschwimmt, um zum Ort seiner Geburt zurückzukehren. Er besitzt eben Flossen und Schuppen.

Sobald einem Menschen, der voll des Vertrauens und des Glaubens ist, dunkle Gedanken an Niederlage, Misserfolg und Mutlosigkeit durch den Kopf gehen, setzt er sich mit dem jeweiligen Problem beherzt auseinander und kämpft gegen die Strömung der Depression und des Defätismus an. Er konzentriert sich auf sein Ziel und auf seinen Herzenswunsch und erreicht so unversehrt das rettende Ufer. Er behält die Oberhand, weil das Unendliche in seinem Innern nicht scheitern kann.

Der Satz: *Alle reinen Vögel esset* bedeutet auf der symbolischen Ebene, dass wir wie Vögel mit zwei Flügeln sind – dem Flügel des Denkens und dem der Einbildungskraft. Wir besitzen die Fähigkeit, uns über die Stürme, Zwistigkeiten und Streitereien der Welt zu erheben und an jenem geheimen Ort zu verweilen, wo stets Glückseligkeit, Harmonie und Friede herrschen. Dort – jenseits von Zeit und Raum, fernab der Meinungen und Urteile der Menschen – können wir bleiben und unseren Anteil am Guten beanspruchen. Der Göttliche Geist wird jede Vorstellung achten und bestätigen, die wir für richtig halten.

Der biblische Text ermahnt uns, nicht vom Adler, Habicht, Fischaar, Raben, Geier usw. zu essen. Das sind Raubvögel. Der Mensch darf nicht Jagd machen auf seinen Nächsten. Er darf ihn weder bestehlen noch täuschen oder hintergehen; tut er dies trotzdem, nimmt er sich selbst etwas weg und zieht Mangel und Beschränkung an. Tatsächlich macht er sich dadurch in jeder Hinsicht ärmer. Der Mangel mag viele Gesichter haben – Verlust von Gesundheit, Prestige, Beförderung, Liebe, Freundschaft usw.

Moses verbietet den Genuss jener Vögel, die sich von Aas ernähren. Das heißt auch: Lassen Sie die Finger von der toten Vergangenheit. Die Vergangenheit ist ein für alle Mal vorbei. Viele Menschen grübeln ständig über frühere Ärgernisse, Gereiztheiten, Misserfolge, Verluste, Prozesse nach und vergiften damit erneut Seele und Körper. Wer Gefühlen von Neid, Hass oder Rache nachgibt, isst gewissermaßen verfaulende Nahrung, die ihn der Gesundheit, der Lebenskraft, der Begeisterung beraubt und in ein körperliches Wrack verwandelt. Diese Art der geistigen Nahrung ist giftig. Deshalb sagt Moses, dass wir nicht vom Geier, vom Habicht usw. essen sollen …

Auch alles, was Flügel hat und kriecht, soll euch unrein sein … Viele Menschen kriechen durchs Leben, indem sie ihren Geist mit weltlichen Überzeugungen nähren, sich nicht empor schwingen, weder Transzendenz noch innere Entwicklung erfahren. Doch wir müssen die trüben und staubigen Gedanken der Welt hinter uns lassen und geistig höher steigen dank der Einsicht, dass wir Kinder Gottes und Erben all Seiner Reichtümer sind. Es hat keinen Sinn, mit schlammverschmierten Flügeln zu fliegen. Im Nachsinnen über Gottes Gegenwart sind wir aufgefordert, unseren Geist dem Himmel anzunähern.

Du sollst das Böcklein nicht kochen in der Milch seiner Mutter ist eine biblische Aussage von grundlegender Bedeutung. Ein Böcklein oder Zicklein stellt ein Opfersymbol dar, während Milch ein weltweit verbreitetes Nahrungsmittel ist. Wenn das Zicklein gefüttert wird, wächst es zur Ziege heran, und niemand möchte sie reiten – das heißt, auf einer Sache herumreiten. Wenn Sie zum Beispiel einen tief sitzenden Groll hegen, bereiten Sie ein geistiges Gift zu, das immer stärker wird und schließlich eine Wucherung oder einen Tumor verursacht. Sie können es sich nicht leisten, vor Wut zu kochen oder innerlich völlig aufgezehrt zu werden, weil Sie dadurch – bildlich gesprochen – zur Ziege werden und die Wirkungen Ihrer verdorbenen geistigen Nahrung am eigenen Leibe zu spüren bekommen. Ernähren Sie sich also von köstlichen Dingen, die sich großer Wertschätzung erfreuen – dann werden in Ihrem Leben Wunder geschehen.

NEUNTES KAPITEL

Die biblische Bedeutung
der fremden Frau

Dies war mein dritter Besuch in Japan, der Heimat der Seicho-No-Ie-Bewegung, was so viel bedeutet wie *unendliches Leben*. Sie wird angeführt von Dr. Masaharu Taniguchi, den man bisweilen als den japanische Gandhi bezeichnet. Ihre grundlegende Lehre ist die Gleiche wie die der Bewegungen *Laws of Mind* (Gesetze des Bewusstseins) oder *Divine Science* (Göttliche Wissenschaft) in den Vereinigten Staaten. Sie könnte auch die japanische *New Thought Movement* (Bewegung des Neuen Denkens) genannt werden. In den USA setzt sich diese *New Thought Bewegung* aus *Unity* (Einheit), *Religious Science* (Religiöse Wissenschaft), *Science of Mind* (Wissenschaft des Bewusstseins), *Divine Science* (Göttliche Wissenschaft) und *Churches of Truth* (Kirchen der Wahrheit) zusammen.

Wir flogen zuerst nach Osaka und anschließend nach Kioto, das eine der Hauptstädte des alten Japans ist. Dort verbrachten wir eine aufregende Zeit und besichtigten die berühmten Tempel, Zen-Gärten und Paläste. Von Kioto reisten wir weiter nach Nara, Japans älteste Hauptstadt. Wir besuchten ebenso den Totaji-Tempel mit der höchsten Buddha-Statue der Welt wie den Kasuja-Tempel. Von dort fuhren wir im Shinkansen durch die malerische japanische Landschaft zu dem bekannten Kurort Stami; und in Kamakura hatten wir dann Gelegenheit, den ehrfurchtgebietenden Buddha zu sehen, der 1252 geschaffen wurde.

Tokio ist angefüllt mit herrlichen Sehenswürdigkeiten – etwa der Kaiserpalast mit seinem monumentalen Vorplatz, das

National Diet Building oder der Meiji-Tempel. Im berühmten Teehaus genossen wir alle die Teezeremonie und das Ikebana.

In Tokio kam mir auch die Idee zu dem vorliegenden Kapitel – nämlich aufgrund der beiden Fragen, die mir ein Schüler von Dr. Taniguchi stellte. Er untersuchte gerade die esoterische Bedeutung des Alten und Neuen Testaments und wollte Folgendes wissen: Warum spricht die Bibel im 7. Kapitel der Sprüche über jene fremde Frau, über Prostitution und Hurerei? Und warum steht im Deuteronomium 23,2: *Kein Entmannter oder Verschnittener soll in die Gemeinde des Herrn kommen …?*

Ich denke, dass die in diesem Kapitel gegebenen Erklärungen Ihnen sinnvoll erscheinen werden. Meine Antworten, die ich dem jungen Mönch gab, der in Tokio einmal Abt sein wird, lauteten zusammengefasst so: In der Bibel bedeutet der Ehestand geistige und gefühlsmäßige Vereinigung mit den ewigen Wahrheiten – mit dem, was gut und schön ist und allgemein geschätzt wird. Ein falscher, aus dem konkreten Ehestand abgeleiteter Glaube gleicht einem Hurensohn, der ungezügelte oder negative Emotionen verkörpert. Eine verkehrte Vorstellung ist ein Irrglaube oder die Bejahung von Unwahrheiten in Bezug auf Gott.

Wenn Sie beten, müssen Sie Ihren Göttlichen Vater und Ihre Göttliche Mutter kennen – oder, psychologisch gesprochen, die Wechselbeziehung zwischen Ihrem Bewusstsein (Vater) und Ihrem Unterbewusstsein (Mutter). Wenn diese beiden sich auf der Grundlage der Wahrheiten Gottes harmonisch und friedlich vereinen, heißen die daraus hervorgehenden Kinder Gesundheit, Glück, Wohlstand, Weisheit und Verständnis. Immer kommt es auf die Verbindung von Denken und Gefühl an; das Ergebnis ist entweder gut oder schlecht, je nachdem, wie Sie denken und fühlen.

Fünf Männer hast du gehabt … (Johannes 4,18). Und in Jesaja 54,5 heißt es: *Denn der dich gemacht hat, ist dein Mann …*

Die fünf Männer sind Ihre fünf Sinne. Es ist äußerst töricht, sich von irrigen Vorstellungen, falscher Propaganda und Angst aus dem Massenbewusstsein tief beeinflussen zu lassen. Die unzähligen optischen und akustischen Eindrücke sowie weltanschaulichen Ideen, die durch Medien und Massenbewusstsein verbreitet werden, sind keineswegs wohltuend und gewiss nicht geeignet für das Haus Gottes (Ihren Geist).

Der dich gemacht hat, ist Gott – das heißt, Sie sollten Ihrem Bewusstsein und Ihrem Unterbewusstsein Gedanken und Vorstellungen einprägen, die edel, erhebend und gottähnlich sind. Mit anderen Worten: Es ist ratsam, aus der Perspektive der ewigen Prinzipien zu denken, zu sprechen und zu handeln – in der gleichen Weise, wie ein Chemiker gemäß den Prinzipien seiner Wissenschaft denkt. Dann haben Sie Gott zum Mann – in dem Sinne, dass Sie vom Standpunkt der Wahrheit aus denken.

Wenn Sie den Zustand erreicht haben, in welchem Sie das Lied der jubilierenden Seele singen, und immerzu die Gegenwart Gottes im Innern preisen, haben Sie keine Gelegenheit mehr, verkehrte Ideen in die Welt zu setzen, die aus dem Wissen der fünf Sinne stammen. Sie sind an dem Punkt angelangt, wo Sie von höchster Stelle aus über die Wahrheiten Gottes meditieren.

Sprich zur Weisheit: Du bist meine Schwester, und nenne die Klugheit deine Freundin, dass sie dich behüte vor der Frau des andern, vor der Fremden, die glatte Worte gibt.

Denn am Fenster meines Hauses guckte ich durchs Gitter und sah einen unter den Unverständigen und erblickte unter den jungen Leuten einen törichten Jüngling. Der ging über die Gasse zu ihrer Ecke und schritt daher auf dem Wege zu ihrem Hause in der Dämmerung, am Abend des Tages, als es Nacht wurde und dunkel war. Und siehe, da begegnete ihm eine Frau im Hurengewand, listig, wild und unbändig, dass ihre Füße nicht in ihrem Hause bleiben können. Jetzt ist sie draußen, jetzt auf der

Gasse und lauert an allen Ecken. Und sie erwischt ihn und küsst ihn, wird dreist und spricht: »... Ich habe mein Bett schön geschmückt mit bunten Decken aus Ägypten. Ich habe mein Lager mit Myrrhe besprengt, mit Aloe und Zimt. Komm, lass uns kosen bis an den Morgen und lass uns die Liebe genießen« ... Denn zahlreich sind die Erschlagenen, die sie gefällt hat, und viele sind, die sie getötet hat. Ihr Haus ist der Weg ins Totenreich, da man hinunterfährt in des Todes Kammern. (Sprüche 7,4–27)

Ohne einen Sinn für Allegorien können Sie das Leben nicht verstehen. *Solches alles redete Jesus in Gleichnissen zum Volk.* (Matthäus 13,34) Wir müssen die innere Bedeutung der oben zitierten Bibelverse erfassen, die grundlegend wichtig sind, insofern sie uns lehren, wie wir die Gesetze des Lebens zur Anwendung bringen. Außerdem müssen wir die Symbole verstehen, weil die tiefste Erforschung der Wahrheit in der Erforschung von Symbolen besteht.

Diese Verse aus den Sprüchen erzählen Ihnen im Wesentlichen von einem jungen Mann, der von einer der Damen der Nacht verführt wird – was nichts Neues ist, da es jederzeit auf der ganzen Welt geschieht. Wir müssen die Passage also sorgfältig untersuchen, um die weise Botschaft zu entziffern, die der Autor der Sprüche uns mitteilen möchte. Ehebruch ist Idolatrie, Anbetung von Götzen. Wenn Ihr Geist sich mit irgendeinem Übel zusammentut, begehen Sie Ehebruch, indem Sie giftige Gedanken und verkehrte Vorstellungen in das Heiligtum Gottes einbringen, das sich in Ihrem Innern befindet.

Ehebruch begehen

Wenn Sie die Sterne anbeten und ihnen geheime Kräfte zubilligen, geben Sie damit zu erkennen, dass Sterne Macht über Sie haben und die Ursache Ihres Unglücks sind. So begehen

Sie Ehebruch, weil Sie das Erschaffene auf eine höhere Stufe stellen als den Schöpfer. Sie betrügen Ihren Geist, indem Sie einen Gegensatz zum Unendlichen einführen, das Allmächtig ist.

Auch Groll, Hass, Neid oder Eifersucht zeugen von einem Verhältnis mit dem Bösen. Es gibt den Eigensinn des Geistes wie den des Körpers. Tatsächlich begehen wir geistigen Ehebruch, wenn wir uns mit falschen Überzeugungen jedweder Art verbinden.

Geistige Ehen

Wir alle gehen geistige Ehen ein, wenn wir uns mental und emotional mit irgendeiner guten oder schlechten Idee verbinden; dieser Bund bringt dann die entsprechenden Früchte hervor – Gesundheit oder Krankheit, Wohlstand oder Armut, Freude oder Trauer. All dies ereignet sich gemäß dem Gesetz der Entsprechung, das heißt: Für alles, was uns geschieht, gibt es ein mentales Äquivalent in unserem Unterbewusstsein.

Die Gefahr der Propaganda

Sie müssen sich dazu erziehen, die Suggestionen und aufdringlichen Kampagnen in Bezug auf Krebs, Herzkrankheiten usw., die so häufig in den Medien geführt werden, entschieden abzulehnen. Viele Menschen, die ihren Geist nicht schulen, beschwören förmlich das Unglück herauf, das sie fürchten. Dies ist das Ergebnis einer verhängnisvollen Ehe. Denken und Fühlen zeitigen eine Wirkung, die man als Sohn oder Manifestation dieser Verbindung bezeichnen kann.

Wir müssen aufpassen, dass wir uns nicht mit der fremden Frau – also mit Angst, Hass, Neid, Eifersucht oder Groll – zusammentun, die uns alle möglichen Krankheiten, Mängel und Einschränkungen beschert.

Sind Sie ein Opfer der Suggestion?

Die kürzlich weltweit geschürte Furcht vor einer neuen Grippewelle ist eine weitere fremde Frau, die viele Leute förmlich verlockt und verführt hat. Der Presse zufolge litten zahlreiche Menschen nach der Grippeimpfung unter Lähmungserscheinungen und anderen ernsten Nebenwirkungen. Die Angst einflößenden Suggestionen und Kampagnen in Bezug auf die Grippewelle konnten Sie im Grunde nicht beeinflussen – es sei denn durch Ihr eigenes Denken. Sie waren imstande, solche Manipulationen strikt zurückzuweisen und eine uralte Wahrheit zu bestätigen: »ICH BIN völlig gesund. Gott ist meine Gesundheit.«

Akzeptieren Sie diese Aussage, denn dadurch immunisieren Sie sich gegen all die Angstmacherei. Übrigens haben viele hervorragende Mediziner in hohen Stellungen das ganze Projekt offen kritisiert.

Ihre wahre Frau

Sie sind innigst verbunden mit Ihrem Selbstbild und Ihrer Selbstachtung. Bekräftigen Sie das Höchste und Beste und erkennen Sie an, dass Sie eins sind mit Gott, dass Gott Ihr Vater und Ihre Mutter ist und dass Gott Sie liebt und umsorgt. Wenn Sie ein Mann sind, so bestätigen Sie mutig: »ICH BIN ein Sohn des Lebendigen Gottes und Erbe all Seiner Reichtümer.« Wenn Sie eine Frau sind, so versichern Sie beherzt: »ICH BIN eine Tochter des Lebendigen Gottes und Erbin all Seiner Reichtümer.« Es werden Wunder geschehen in Ihrem Leben.

Ob Mann oder Frau – Sie verbinden sich immer mit irgend-einer Vorstellung, das heißt, Sie akzeptieren diese. Die Frucht Ihrer geistigen und gefühlsmäßigen Vereinigung wird als Form, Erfahrung, Zustand und Ereignis zutage treten.

Sich verlieben

Verlieben Sie sich in Vorstellungen, die Sie heilen, segnen, be-günstigen, leiten, inspirieren, stärken und erbauen. Beschäf-tigen Sie Ihren Geist mit solchen Gedanken und Ideen, dann wird darin kein Platz bleiben für falsche Suggestionen und Kampagnen. Vereinigen Sie sich mit der unveränderlichen Wahrheit, und es werden Ihnen Gesundheit, Wohlstand, Le-benskraft, Weisheit und Verständnis zuteil.

Sprich zur Weisheit: Du bist meine Schwester, und nenne die Klugheit deine Freundin. (Sprüche 7,4) Ihre Schwester ist die Weisheit, also das Bewusstsein von der Gegenwart und Macht Gottes in Ihrem Innern. Klug sein heißt, sich fest auf die Wahrheit stützen, wissend, dass das Unterbewusstsein auf das, was man als wahr erachtet und geltend macht, entspre-chend reagieren wird. Auf diese Weise finden Sie Ihre wahre Frau.

Fasten und beten Sie

Das aber ist ein Fasten, an dem ich Gefallen habe: Lass los, die du mit Unrecht gebunden hast, lass ledig, auf die du das Joch gelegt hast! Gib frei, die du bedrückst, reiß jedes Joch weg! (Jesaja 58,6)

Die Bedrückten sind unerfüllte Wünsche und nicht ver-wirklichte Ideale. Wir lassen sie freimütig los, indem wir er-kennen, dass Gott uns durchströmt und alle leeren Gefäße in unserem Leben füllt. Gott fällt dies ebenso leicht, wie einen Grashalm zu erschaffen.

Das Joch, das wir wegreißen, verweist auf die Ängste und Begrenzungen in unserem Unterbewusstsein. Diese werden beseitigt, indem wir unser Unterbewusstsein mit Gottes Wahrheiten ausfüllen und so den in der Göttlichen Ordnung verborgenen Geist läutern.

Das Fasten, von dem die Bibel spricht, bedeutet, dass wir Abstand nehmen von Vorstellungen und Begriffen, die mit den ewigen Wahrheiten nicht übereinstimmen. Wir enthalten uns aller Gedanken, Ansichten und Überzeugungen, die nicht im Richtstrahl von Gottes übermittelten Botschaften liegen.

Lernen Sie, auf die vergifteten Festmähler der Welt zu verzichten. Echtes Fasten ist psychologischer Natur, insofern Sie Ihre Aufmerksamkeit nicht mehr auf falsche Suggestionen und irrige Vorstellungen von Gott richten und sich stattdessen an den ewigen Wahrheiten ergötzen, die Ihre Seele heilen, segnen und würdigen. Werden Sie zu einem typischen Pionier und beschreiten Sie dank Ihrer vergeistigten Denkweise und Einbildungskraft neue Wege im Bereich Ihrer mentalen Persönlichkeitsstruktur.

Die Nackten bekleiden

Brich dem Hungrigen dein Brot, und die im Elend ohne Obdach sind, führe ins Haus! Wenn du einen nackt siehst, so kleide ihn ... (Jesaja 58,7)

Die »Hungrigen« und die »Nackten« repräsentieren Ihre Hoffnungen, Wünsche, Ideale, Pläne und Ziele, die noch nicht Wirklichkeit geworden sind. Diese kommen zum Tempel Ihres Geistes, um angenommen und in die Praxis umgesetzt zu werden. Was immer Ihr Geist akzeptiert, verwandelt sich irgendwann in Erfahrung. Gestatten Sie ihm also, ein wunderbarer Tempel zu sein, in dem Ihre Ideale genährt und bekleidet werden mit Glauben und Vertrauen.

Die »Nackten« verkörpern Ihre höchsten Ideen, die bisher weder genährt noch behandelt wurden. Stellen Sie eine gefühlsmäßige Beziehung zu ihnen her, dann werden sie auch realisiert. Ganz gleich, womit Sie sich mental oder emotional verbinden – es nimmt Gestalt an im Rahmen der Göttlichen Ordnung.

Und der Herr wird ... dein Gebein stärken. Und du wirst sein wie ein bewässerter Garten ... (Jesaja 58,11) Die Knochen versinnbildlichen Ihre geistige Struktur – die Welt Ihrer Vorstellungen. Sie muss mit Fleisch umkleidet und lebendig gemacht werden. Mit anderen Worten: Sie müssen die Ideen (die Knochen) tief in Ihr Bewusstsein eindringen lassen und deren reale Gegenwart fühlen. Denn auf der körperlichen Ebene bilden die Knochen Ihr Skelett und geben Ihnen Halt.

Desgleichen wird der Plan oder Wunsch in Ihrem Kopf, wenn er mit Glaube, Gewissheit und Vertrauen umkleidet ist, zunächst in Ihrem Unterbewusstsein abgelegt und dann verwirklicht. Sie brauchen mentale und spirituelle Nahrung ebenso wie physische Nahrung. Erkennen Sie Ihr Höheres Selbst an, und machen Sie sich klar, dass Sie eins mit ihm sind.

Die Heilung wird schnell voranschreiten

Dann wird dein Licht hervorbrechen wie die Morgenröte, und deine Heilung wird schnell voranschreiten, und deine Gerechtigkeit wird vor dir hergehen, und die Herrlichkeit des Herrn wird deinen Zug beschließen. (Jesaja 58,8)

Dies ist ein sehr wichtiger Abschnitt, der für die Schüler des systematischen Gebets eine tiefe Bedeutung hat. Nachdem Sie sich der negativen Gedanken entledigt und die Unendliche Heilende Gegenwart um Ganzheit, Schönheit und Vollkommenheit gebeten haben, sollte Ihre Heilung schnell voranschreiten. Wenn nicht, tun Sie das Nächstbeste: Suchen Sie einen Arzt, Zahnarzt, Osteopathen oder Chiropraktiker auf, je nachdem, wo der Schmerz sitzt. Es ist töricht zu warten und die Krankheit schlimmer werden zu lassen.

Vergessen Sie nicht: Wenn Sie Zahnweh haben, ist es am ratsamsten, zum Zahnarzt zu gehen und ihn zu segnen. Wenn Sie die Wucherung oder den Tumor nicht rasch auflösen können, wenden Sie sich an einen Chirurgen und segnen ihn. Auch er ist ein Mensch Gottes. Jede Heilung ist geistiger Natur, und zwar allein deshalb, weil es nur Eine Heilende Gegenwart gibt … *Ich bin der Herr, dein Arzt.* (Exodus 15,26)

Wenn Sie imstande sind, sich im Geiste von Laguna Hills an der Westküste blitzschnell nach New York zu begeben, benötigen Sie kein Flugzeug, Auto oder Pferd noch irgendein anderes Transportmittel. Doch anstatt die Strecke zu Fuß zu gehen, empfehle ich Ihnen, das Flugzeug oder den Zug zu nehmen. Das heißt allerdings nicht, dass Sie, wenn Sie sich auf einer hohen Bewusstseinsebene befinden, die Distanz zwischen den beiden Orten nicht auch ohne Verkehrsmittel zurücklegen könnten.

Wenn Sie die Fähigkeit hätten, Ihren Körper in Laguna Hills zu entmaterialisieren und seine Atome in New York von Neuem miteinander zu verbinden, so wäre das wunderbar. Dann bräuchten Sie keinerlei Transportmittel. Im Laufe der Zeitalter waren einige Menschen in der Lage, nach Belieben zu erscheinen und zu verschwinden. Es heißt auch, Jesus sei in der Vielheit verschwunden oder aufgegangen.

Ihr Leib ist nicht fest und undurchdringlich, sondern aus Lichtwellen zusammengesetzt. Kürzlich sagte ein Wissenschaftler, dass der Körper aus einer Quadrillarde von Atomen bestehe – eine Zahl, die mein Vorstellungsvermögen übersteigt. Eine Quadrillarde ist 10^{24}.

Stufen des Glaubens

Wenn Sie einen Tumor in der Brust oder einem anderen Organ nicht auflösen können und er nach dem Gebet nicht schnell verschwindet, heißt dies, dass Sie noch nicht jene Stufe des Glaubens erreicht haben, die dafür notwendig ist. Deshalb tun Sie sofort das Nächstbeste. Wenn Sie die Gabe besitzen, die Blutung aus einer Arterie zu stillen – großartig! Dann benötigen Sie keinerlei Hilfe. Doch wenn Ihnen dies mittels des Gebets nicht gelingt, sollten Sie vorübergehend lieber eine Aderpresse anlegen, bis Sie einen Arzt oder ein Krankenhaus erreichen.

Wenn Sie ein Kind vor dem Ertrinken retten können, indem Sie für es beten – ausgezeichnet! Andernfalls ist es am besten, völlig bekleidet ins Wasser zu springen und das Kind an Land zu ziehen. Wenn Sie den absoluten Glauben hätten, würde das Kind wie durch Zauberhand aus dem Wasser gehoben und Sie müssten nicht ins Wasser springen, um eine Rettungsaktion durchzuführen.

Die Sehnsucht nach Glauben ist noch kein Glaube. Eine Bestätigungsformel wie zum Beispiel: »Gott heilt mich jetzt«, wird nicht zwangsläufig eine Wirkung zeitigen, wenn Sie unterbewusst Angst haben vor der Krankheit oder von deren Unheilbarkeit überzeugt sind. Die ganze Angst muss aus dem Denken gelöscht werden. Handeln Sie gemäß jener Bewusstseins- oder Glaubensstufe, auf der Sie sich gerade befinden. Sie können Ihre Aufmerksamkeit stets in der gleichen Weise vergrößern, wie Sie Ihren Glauben an die Mathematik, die Chemie oder an irgendein Lebensprinzip festigen können.

Das Massenbewusstsein oder
das Gesetz des Durchschnitts

Vergenwärtigen Sie sich Folgendes: Wenn Sie immer im Bewusstsein von Gottes Liebe und Frieden lebten, wären Sie immun gegen jede Krankheit, Verletzung und Störung. Jede(r) von uns ist Teil des Massenbewusstseins. Egal, wie wachsam wir sind – einige ungute Schwingungen durchdringen uns. Das ist das Unkraut, das in der Bibel erwähnt wird und das mit dem Weizen wächst. Es repräsentiert die negativen Gedanken, Ängste und falschen Auffassungen des Massenbewusstseins, die unser Geist aufnimmt, wenn wir keine Vorkehrungen dagegen treffen.

Genau deshalb müssen wir ständig auf der Hut sein und uns dem Gebet hingeben; dann wird in unserem Denken und Fühlen kein Platz sein für diese ebenso subjektiven wie negativen Ausstrahlungen von sechs Milliarden Menschen. Unterbewusst sind wir alle eins und jederzeit in telepathischem Kontakt miteinander. Aus diesem Grund wird Ihnen gesagt, am geheimen Ort zu verweilen und im Schatten des Allmächtigen zu wohnen. *Es wird dir kein Übel begegnen, und keine Plage wird sich deinem Hause nahen.* (Psalm 91,10)

Den Glauben festigen

Sobald wir damit fortfahren, Gottes Gegenwart lebendig werden zu lassen, festigen wir unseren Glauben und vertiefen unsere Einsicht. Allmählich gewährleisten wir damit eine wirksame Überzeugung von Gottes Gegenwart; wenn wir also sagen: *Strecke deine Hand aus!* (Matthäus 12,13), geschieht dies tatsächlich »durch das Wort«.

Machen Sie Ihre Bestätigungen der Wahrheit zu einer überzeugenden Demonstration des Göttlichen Geistes. Sie stellen

Ihren Glauben unter Beweis, indem Sie gemäß der Gesetze des Bewusstseins handeln und bestimmte Resultate erzielen. Die greifbaren Ergebnisse führen Sie ins Wissen von der Wahrheit, die Sie befreit.

Dann wird dein Licht hervorbrechen wie die Morgenröte, und deine Heilung wird schnell voranschreiten ... (Jesaja 58,8) *Siehe, des Herrn Arm ist nicht zu kurz, dass er nicht helfen könnte, und seine Ohren sind nicht hart geworden, sodass er nicht hören könnte ...* (Jesaja 59,1)

Der Mensch neigt dazu, diese Möglichkeit zu bezweifeln. Er kann die Wunder Gottes nicht ganz glauben und sagt: »Schön und gut, aber schließlich haben wir einen Körper; und wenn ich mit einem zu kurzen Arm zur Welt gekommen wäre, könnte ich nichts dagegen tun.« Zugleich ist ihm der Satz: ... *denn alle Dinge sind möglich bei Gott* (Markus 10,27) nicht mehr als ein Lippenbekenntnis wert.

Der berühmte, inzwischen verstorbene Harry Edwards, ein großer englischer Heiler, hat durch Handauflegen wunderbare Erfolge erzielt, Arme und Beine gerade gemacht und alle Arten von Krankheiten kuriert. Er war ein Laie, glaubte jedoch daran, dass mit Gott alles möglich ist.

Sie brüten Natterneier und weben Spinnweben. Isst man von ihren Eiern, so muss man sterben ... (Jesaja 59,5) Hier wird der Konflikt zwischen unterschiedlichen Glaubensvorstellungen sehr anschaulich beschrieben. Widerstände gegen Heilungen und Annehmlichkeiten des Lebens scheinen vorzuherrschen und die Frevelhaftigkeit zu begünstigen; genau das ist die Bedeutung von »Spinnweben weben«.

Heute sind Millionen von Menschen psychisch überreizt, doch geistig völlig orientierungslos. Es gibt zahlreiche Leute, die verschiedenen Kulten wie Satanismus, Hexerei, Zauberei, Voodoo usw. anhängen; das meint Jesaja mit »Natterneier«.

Das Bedürfnis nach einer geistigen Wiedergeburt ist riesengroß; so hoffen wir den düsteren Wolken der Frevelhaftigkeit zu entrinnen, die uns heimsuchen. Wir müssen durch die innere Gegenwart Gottes Frieden finden, weiter voranschreiten, uns empor schwingen und von einer Herrlichkeit zur nächsten übergehen.

ZEHNTES KAPITEL

Geistige Kräfte, die Sie sich zunutze machen können

Als unsere Reisegruppe in Honolulu eintraf, freute sich jeder, wieder amerikanischen Boden zu betreten. Für mehrere war es bereits der fünfte oder sechste Besuch auf Oahu beziehungsweise Hawaii. Bei einer Rundfahrt durch die Insel Oahu kann man einige landschaftlich sehr schöne Stellen sehen, wie zum Beispiel den Sealife Park, eines der ausgedehntesten und farbenprächtigsten Küstengebiete der Welt, sowie Pearl Harbor, das äußerst interessant und aufschlussreich hinsichtlich unserer Geschichte ist.

Die faszinierendste und malerischste all dieser Inseln ist zweifellos Hawaii. Wir blieben dort ein paar Tage und flogen dann über den Pazifik nach San Francisco, um noch einmal gut zu schlafen. Anschließend machte sich jeder auf den Heimweg, und so kehrte ich ins kalifornische Laguna Hills zurück.

Eine geistige Botschaft

Während meiner ersten Woche als Gast von Leisure World kam ein Mann zu mir und bat mich, einen seiner Träume zu interpretieren, den er für sehr wichtig hielt. In drei aufeinander folgenden Nächten hatte er einen so genannten wiederkehrenden Traum, der deshalb von Bedeutung war, weil er ihm tatsächlich zu verstehen gab: Halt inne, schau dich um und hör zu.

In seinem Traum war ihm ein Mann erschienen, der sagte:

»Das ist das dritte Mal, dass ich ich dich aufsuche. Aus dem Mund zweier oder dreier Zeugen soll jedes Wort gültig sein.« Diese Bemerkung stammt aus 2. Korinther 13,1. Und sie wird ergänzt durch folgende Bibelstellen: *Versuchet euch selbst, ob ihr im Glauben seid; prüfet euch selbst! Oder erkennet ihr euch selbst nicht, dass Jesus Christus in euch ist? Es müsste denn sein, dass ihr untüchtig seid.* (2. Korinther 13,5) *Zuletzt, liebe Brüder, freuet euch, lasset euch zurechtbringen, lasset euch mahnen, habt einerlei Sinn, seid friedsam! So wird der Gott der Liebe und des Friedens mit euch sein.* (2. Korinther 13,11)

Dieser Mann befasste sich intensiv mit der Bibel, und so reagierte sein Unterbewusstsein mittels einiger Verse aus den Korinther-Briefen, die für ihn einen tiefen Sinn hatten. Im Rahmen der korrekten esoterischen oder verborgenen Bibelauslegung muss man verstehen, dass Grundsätze personifiziert werden, damit Darstellung und Zusammenhang lebhafter und überzeugender wirken.

Die Bedeutung des von Paulus genannten dritten Besuches und der zwei oder drei Zeugen lässt sich nur erklären, wenn wir begreifen, dass Personen, Namen, Orte, Reisen und Ereignisse Symbole der Veränderung in unserem Bewusstsein sind. »Paulus« steht für »der kleine Christus« oder den Menschen, der sich der Macht Gottes in seinem Innern bewusst wird. Paulus kommt dreimal zu Besuch und sagt diesem Mann, was er zu tun hat. Der erste Besuch ist eine Vorstellung oder ein Wunsch in seinem Kopf. Er hatte eine Erfindung vollendet und auf den Markt zu bringen versucht, die dann von mehreren örtlichen Firmen abgelehnt worden war. Er fragte sich, was am Ende daraus werden würde, und empfand eine tief sitzende Angst vor Zurückweisung.

Ich riet ihm, sich zuerst einmal klar zu machen, dass seine Idee gut sei und er ihr Beachtung schenken solle – und dass die Unendliche Gegenwart, die ihm die Idee eingab, auch den perfekten Plan zu deren weiterer Nutzung offenbaren würde.

Darüber hinaus solle er sich vorstellen, dass seine Frau ihm jeden Abend vor dem Einschlafen zu der Annahme seiner Erfindung gratuliert. Genauer gesagt: Er solle sich den glücklichen Abschluss, die Göttliche Lösung ausmalen. Eine der besten Methoden für ihn sei die, in einen entspannten, schläfrigen Zustand zu gelangen, der die Inhalte des Unterbewusstseins zutage treten lässt, und dann die Worte zu hören, mit denen seine Frau ihm gratuliert.

Tatsächlich prägt er in diesem subjektiven und passiven Zustand dem Unterbewusstsein die gewünschte Botschaft ein. Indem er den Vorgang wiederholt, sinkt die Vorstellung allmählich tiefer hinab und wird schließlich zu einer Überzeugung. Zwangsläufig stellen sich dann die entsprechenden Resultate ein. Das ist die mit dem zweiten Zeugen assoziierte Phase, in der die mögliche Erfüllung des Wunsches gefühlt wird.

Und was den dritten Besuch angeht: Der dritte Zeuge – das heißt, die äußere Bestätigung, die auf die innere Gewissheit des Sieges folgt – wird noch kommen.

Diese Erklärung stellte ihn zufrieden. Nach etwa einer Woche begegnete er bei einer Versammlung einem japanischen Wissenschaftler, der mit einem großen Unternehmen zusammenarbeitet. Es wurden Vereinbarungen getroffen, aufgrund deren er seine Erfindung verkaufen und Patentgebühren erhalten konnte, was ihm eine tiefe Befriedigung gewährte.

Die eigentliche Bedeutung von Jesus Christus

Paulus sagt: ... *erkennet ihr nicht, dass Jesus Christus in euch ist? Es müsste denn sein, dass ihr untüchtig seid.* (2. Korinther 13,5) Das heißt im Grunde: Eine der Bedeutungen von Jesus oder Josua ist ICH BIN, I AM, JE SUIS. Die tiefere Bedeutung von Christus ist die Gegenwart Gottes in Ihrem Innern. Paulus drückt damit nur symbolisch aus, dass Jesus Christus oder Ihr eigenes Ichsein die innere Gegenwart und Macht Gottes bezeichnet. Psychologisch gesprochen sind Sie Jesus Christus in Aktion, wenn Ihr Bewusstsein und Ihr Unterbewusstsein miteinander harmonieren und die ewigen Wahrheiten des Lebens ungeteilt bejahen. Ihr Gebet wird immer beantwortet, wenn es in Ihrem Kopf und Ihrem Herz keinerlei Argument mehr gibt. Sobald beide übereinstimmen, bringt dieses »verheiratete Paar« aufgrund des erhörten Gebets eine große Freude hervor.

Dann sind Sie nicht mehr »untüchtig«, denn Sie wissen, dass die Lösungen für alle Probleme in Ihnen zu finden sind. Von nun an achten Sie keine andere Macht als den Allmächtigen Lebendigen Geist im Innern, der allein die Antwort kennt. Jesus (das erleuchtete Bewusstsein) nimmt Christus (die Weisheit des Unterbewusstseins) an und wird, ein vollkommenes Ganzes bildend, zu Jesus Christus – zum idealen Menschen!

Bringen Sie sich in Einklang mit dem Unendlichen

Ein kleiner Junge nervte seinen Vater, als er eine völlig zerschnittene Weltkarte in wenigen Minuten zusammensetzte, anstatt eine geruhsame Stunde damit zu verbringen, wie seine Eltern es beabsichtigt hatten. Gefragt, wie er es so schnell geschafft hatte, die Welt zusammenzufügen, antwortete der Junge: »Wieso, Papa, ich hab' doch nur den Mann auf der Rückseite der Karte zusammengeklebt.« Die Moral dieser Geschichte lautet: Man soll dem Menschen gestatten, sich mit dem Göttlichen Selbst zu verbinden und innerlich ganz zu werden dank seines Gefühls, mit der Gottheit eins zu sein, die unsere Zwecke und Ziele prägt.

Lernen Sie, sich geistig zu formen

Fangen Sie an, aus dem Göttlichen Zentrum heraus zu denken, zu sprechen und zu handeln, anstatt aus der darüber gelagerten Schicht der Angst, der Unwissenheit und des Aberglaubens. Bekräftigen Sie immer wieder: »Gott denkt, spricht, handelt und reagiert durch mich.« Denken und sprechen Sie aus der Perspektive der Harmonie, der Gesundheit, des Friedens, der Freude, der Liebe, der Schönheit und des rechten Tuns. Ein Mathematikprofessor denkt und spricht aufgrund mathematischer Gesetze; beginnen also auch Sie, gemäß jener Lebensprinzipien zu denken, zu sprechen und zu handeln, die stets unveränderlich sind.

Lernen Sie, sich einzig und allein den Wahrheiten Gottes anzugleichen, wenn diese in der Stille Ihrer Seele widerhallen, damit Sie durch das Getöse, den Lärm und die Propaganda der Welt nicht erschreckt werden, sondern den wundersamen Klängen des Geistes folgen. Auf diese Weise ist Ihnen der Sieg über die Verneinungen der Welt sicher.

Die arabischen Pferde

Kürzlich hörte ich einen Dresseur darüber sprechen, wie man Pferden beibringt, auf Hornsignale zu reagieren – das einzige angewandte »Erziehungsmittel«, das sie darauf abrichtet, Befehlen zu gehorchen. Viereinhalb Tage lang bekommen sie weder Futter noch Wasser; danach ruft man bei ihnen Reaktionen allein durch Hornsignale hervor, die in verschiedenen Situationen ausgesandt werden. Das ist ein äußerst wirksames Verfahren zur Konditionierung.

Ebenso müssen auch wir uns der Nahrung der Welt enthalten, die uns in Form von Angst vor Krankheit oder Krieg und Vorhersagen von Katastrophen durch die Medien verabreicht wird – und stattdessen von den Wassern des Lebens trinken, etwa von Inspiration, Liebe, Freude, Lachen, und unser Inneres ausfüllen mit Vertrauen und Glauben an die Güte Gottes im Reich des Lebendigen.

Was ist Bildung?

Der Ausdruck »Bildung« besagt, dass wir aus unseren inneren Tiefen Weisheit, Intelligenz und Kraft schöpfen, die uns befähigen, ein erfülltes, glückliches und ausgeglichenes Leben zu führen. Ich sprach mit einer Reihe von Studenten, die zwar eine große Menge an Fakten erworben haben, deren Privatleben aber chaotisch war. Was sie gelernt hatten, schien keinen Bezug zu ihren üblichen Tätigkeiten und Unternehmungen aufzuweisen.

Bildung sollte den Charakter und die Sittlichkeit bilden. Wissen ist wichtig, doch es muss klug eingesetzt werden. Entscheidend für eine erfolgreich angewandte Lebenskunst – für Spannkraft und Leistung – ist nicht das bloße Wissen, sondern Inspiration, Weisheit, Begeisterung, Herzlichkeit und Wohlwollen. Die Befürworter der so genannten antiautoritären Erziehung liegen völlig verkehrt, wenn sie erklären, dass man nicht lernen sollte, gewisse Triebe und Instinkte zu zügeln, obwohl diese die Persönlichkeitsentwicklung sowie die gesellschaftliche Existenz negativ beeinflussen.

Der Junge oder das Mädchen müssen dazu angehalten werden, sich gesunde Beschränkungen aufzuerlegen. Die Welt ist voll von falsch erzogenen Pflichtvergessenen. Viele von ihnen findet man in den Pennergegenden der Großstädte. Ihr negatives und destruktives Denken brachte sie dorthin. Sie haben ihr geistiges Kapital nur sehr dürftig eingesetzt.

Vor wenigen Tagen trat im Fernsehen ein 18jähriger Jugendlicher auf, der in New York sein Abitur gemacht hatte. Er gestand den Interviewern ein, dass er das Abschlusszeugnis nicht einmal lesen könne. Offenbar haben seine Eltern daraufhin das Erziehungsministerium verklagt.

Die Weisheit ist in Ihrem Innern

Als ich im Hilton Hotel in Honolulu mit einem älteren Herrn redete, zeigte er mir eine Wünschelrute aus Haselholz, die er benutzt, um Wasser dort zu finden, wo es nach Auffassung der Leute keines gibt. Er besitzt eine natürliche Weisheit und ist überzeugt, dass die Intelligenz in seinem Unterbewusstsein ihn an die richtige Stelle führen wird.

Er betonte, dass auch sein Vater und sein Großvater Wünschelrutengänger seien, die mit außerordentlichem Geschick Öl, Wasser und Mineralien entdeckten. Zu diesem Zweck werden sie oft von großen Unternehmen engagiert.

Diese tiefe Überzeugung übermittelten ihm die beiden, als er noch ein Junge war, und er akzeptierte völlig, was sie sagten. Sein Unterbewusstsein reagierte dementsprechend. Er erklärte, durch den »Zug« in Richtung eines bestimmten Punktes im Boden sagen zu können, wo Wasser zu finden sei, wie trocken und unmöglich der Ort auch erscheinen möge. Sein Gespür habe sich in fast allen Fällen als richtig erwiesen, fügte er hinzu.

Für ihn war es keineswegs seltsam, dass die Wünschelrute auf diese Weise ausschlägt. Er wusste, dass die Kraft nicht im Haselholz steckt, denn dieses ist nur ein Hilfsmittel, das Zugang verschafft ins Unterbewusstsein. Dessen Weisheit wirkt auf die Wünschelrute ein, die ihrerseits gleichsam die Antwort liefert. Außerdem konnte er sagen, wie tief gegraben werden muss, ehe man auf Wasser stößt. Einmal waren es gut sechs Meter, was die Geologen dann hundertprozentig bestätigten.

In Ihren subjektiven Tiefen ist die Weisheit der Zeitalter verborgen. Fangen Sie an, mit den Werkzeugen des Glaubens und des Vertrauens diese Reservoire zu erschließen, und es werden Wunder geschehen in Ihrem Leben.

Sein Name ist »Wunderbar«

Neulich sprach ich in Reno, Nevada, mit einer Witwe, die mir eine sehr interessante Mitteilung machte. Sie erzählte, dass in ihrem Leben alles schief gegangen sei – die Finanzen in Unordnung, Durcheinander in ihrem Zuhause, familiäre Probleme usw. Doch eines Tages setzte sie sich in ihr Esszimmer und versicherte etwa eine halbe Stunde lang: »Es ist wunderbar.« Sie fragte sich nicht: »Was ist wunderbar?« Für sie bedeutete diese Bestätigungsformel, dass Gott in jeder Phase ihres Lebens Wunder wirken und dass das Wort »wunderbar« all die Dinge mit einschließen würde, die sie sich sehnlichst wünschte.

Sie absolvierte diese halbstündige Meditationsübung drei Mal täglich. Am dritten Tag verspürte sie den dringenden Wunsch, im Kasino zu spielen, wo sie dann viel Geld gewann. Sie konnte sämtliche Rechnungen bezahlen und hatte immer noch eine beträchtliche Summe als Kapitalanlage übrig. Ihr Gewinn erregte Aufmerksamkeit, und sie verliebte sich in einen ihrer Bewunderer – einen gewissenhaften Mann. Ihr Leben änderte sich grundlegend.

Der Satz »Es ist wunderbar« enthält alles, was Sie sich wünschen können ... *und er heißt Wunder-Rat, Gott-Held, Ewig-Vater, Friede-Fürst ...* (Jesaja 9,5)

Er wollte schreiben

Ein Lehrer erzählte mir kürzlich, dass er in Gedanken allmählich so handeln würde, als wären die Verlage ganz versessen
auf seine Manuskripte – nachdem sie ihm viele davon offenbar ungelesen wieder zurückgeschickt hatten. Er begann sich
lebhaft vorzustellen, dass er von mehreren Verlagen Briefe
erhalten hatte, in denen einer Veröffentlichung zugestimmt
wurde.

Ungefähr zwei Wochen lang malte er sich jeden Abend dieses
Szenario für zehn bis fünfzehn Minuten aus. Eines Morgens
dann verspürte er den dringenden Wunsch, etwas Neues und
ziemlich Originelles zu schreiben. Als das Manuskript beendet
war, sandte er es an einen der Verlage, die seine Arbeiten zuvor abgelehnt hatten; es wurde mit durchschlagendem Erfolg
angenommen. Als er davon ausging, dass er das notwendige
Talent besaß, wurden ihm durch sein Unterbewusstsein die
Fähigkeit und der Stoff zuteil, dank deren er sich als Schrift-
steller entfalten konnte. Er wusste nun, dass die Bereitschaft
des Verlegers, den Text zu akzeptieren, der Beweis für seine
Schöpferkraft war.

Wie er in eine höhere Stellung aufrückte

Ein junger Handelsvertreter, der eines meiner Bücher gelesen
hatte*, sagte zu mir, er würde jeden Abend zur Ruhe kommen
und einen fast schläfrigen Zustand völliger körperlicher Entspannung herbeiführen. Dann malte er sich aus, vor seinem
Chef zu stehen, der ihn zu seiner vorzüglichen Arbeit beglückwünschte und ihm die Mitteilung machte, dass er nun beför-

---

* Joseph Murphy, *The Power of Your Subconscious Mind*, Englewood Cliffs,
N.J.: Prentice-Hall, Inc. 1963.

dert würde. Er fühlte die Authentizität dieser Erfahrung – und zwar derart, dass sie ebenso lebhaft und deutlich war wie die Wirklichkeit selbst. Er ließ das gewünschte Ereignis in seinem Geiste stattfinden. Da war der vorgestellte Händedruck und auch das damit verbundene, höchst angeregte Gespräch mit dem Vorgesetzten.

Er wusste, dass das Geschehen in seinem Kopf ablief und früher oder später in die Außenwelt transferiert werden musste. Er stellte sich nicht vor, an irgendeinem entfernten Punkt im Raum oder in der Zukunft zu sein. Im Gegenteil, er dramatisierte die ganze Sache, als erfolgte sie in diesem Augenblick. Vergessen Sie nicht: Auf Ihren höheren Bewusstseinsebenen ist die Zukunft eine gegenwärtige Realität. Sie sehen sich selbst nicht wie auf einer Filmleinwand, sondern haben das Gefühl, hier und jetzt in Aktion zu sein. So erging es auch dem Handelsvertreter: In Gedanken beanspruchte er sein höheres Recht vor dem Chef und empfand den imaginären Händedruck als wirklich. Das ist der Weg zum Erfolg.

Wie man für einen anderen Menschen betet

Wenn man Sie ersucht, für einen Menschen zu beten, damit er von Krankheit, Armut oder irgendeinem sonstigen Problem befreit werde, so müssen Sie Ihre inneren Vorbehalte ignorieren und loslassen – nicht durch Verdrängung, sondern indem Sie beanspruchen und glauben, dass er jetzt erfährt, wonach er sich sehnt, und dass er jetzt besitzt, was ihm fehlt. Mit anderen Worten: Sie stellen sich genau vor, wie er sein sollte – in der Gewissheit, dass Gott in sein Leben heilend eingreift.

Auf diese Weise verzeihen Sie diesem Menschen. Sie verändern das Bild, das Sie von ihm haben. Völlige Vergesslichkeit ist Versöhnlichkeit. Wenn Sie sein Leiden oder Problem nicht vergessen, verzeihen Sie ihm auch nicht. Sie verzeihen, indem Sie vergessen. Wenn Sie ihn sehen oder an ihn denken und sich dabei Ihrer früheren Ressentiments erinnern, haben Sie überhaupt nicht verziehen. Versöhnlichkeit ist Vergesslichkeit.

Sie können Gott nichts geben

Die Vorstellung vom »Opfer« beruht darauf, dass man Gott (seinem Höheren Selbst) eine Gabe darbringt. Es gibt nichts außer Gott, der überall und in allem, durch alles und alles in allem ist, der alles schon besitzt. Warum opfert der Mensch Lämmer, Ochsen, Tauben usw., als wäre Gott ein kannibalistischer Moloch, der besänftigt werden muss? Einige versuchen mit Ihm zu handeln und sagen: »Wenn Gott meinen Sohn heilt, höre ich mit dem Trinken auf.«

All das ist völliger Unsinn. Gott ist die Unpersönliche Gegenwart und Macht, die jedes Wesen belebt und keine Unterschiede macht. Die Vorstellung vom Opfer ist ein Überbleibsel aus Dschungelzeiten, als primitive Menschen Gott gnädig stimmen wollten, indem sie Tiere und sogar Kinder opferten.

Sie können Gott (dem ICH BIN im Innern) nichts anderes als Anerkennung, Lob und Dank bezeigen. Was Sie opfern oder ablegen, sind Ihre falschen Überzeugungen, Ängste, Zweifel und andere negative Vorstellungen. Lesen Sie den 100. Psalm. Dann haben Sie den richtigen Zugang zum Unendlichen. Zum Beispiel denken sich viele Leute, die geheilt werden möchten, dass sie zu ihrem Höheren Selbst sprechen, und versichern: »Danke, Vater, für meine wundersame Heilung.« Das wiederholen sie ständig mit leiser Stimme, bis sie tatsächlich Dankbarkeit empfinden. Während sie so fortfahren, erreichen sie eine genügend hohe Bewusstseinsebene, auf der sie eine bejahende Haltung einnehmen, woraufhin das Unterbewusstsein auf ihre Überzeugung reagiert. Jeder Mensch beantwortet sein eigenes Gebet.

Dienst nach Vorschrift

Es besteht ein ziemlich großer Unterschied zwischen einem Arzt, der unter dem Einfluss der Gnade praktiziert, und jenem, der seinen Dienst nur nach Vorschrift leistet. Es ist das Bewusstsein der Liebe, das die Seele heilt. Selten sind Ärzte wie Phineas Quimby (der Gründer der amerikanischen Neugeistbewegung), der alle Herausforderungen und alle Arten von Krankheiten ohne Zögern annahm.

Er besaß die Fähigkeit, das Übel schon im Keim zu ersticken, das seine zitternden Patienten fürchteten. Er verbannte die Vorstellung von einem strafenden Gott aus dem Geist der Menschen und erkannte hellsichtig die Ursachen ihrer Krankheiten. Er wirkte von einer hohen Stufe des Gott-Bewusstseins aus und erzeugte einen Strom von Gnade, Glaube und Mut in seinen Patienten, die über Heilungen, Wohltaten und zahlreiche andere Geschenke des Göttlichen Geistes berichteten. Ob wir den medizinischen, psychologischen oder spirituellen Heiler betrachten – er kann stets auf noch höhere Ebenen des Bewusstseins gelangen.

Die beiden Wissenschaftler

Einer unserer Laborwissenschaftler sagte, die Wissenschaft brauche keinen Gott, denn er könne den Menschen auf ein Gemisch aus chemischen Stoffen und Wasser reduzieren, das auf dem heutigen Markt etwa 5 Dollar wert sei und in ein großes Reagenzglas passe. Doch ein chinesischer Wissenschaftler widersprach ihm, indem er erklärte, dass allein Gott den

Menschen aus dem Reagenzglas nehmen und ihn wieder zu einem Ganzen zusammenfüge könne. Das war eine ziemlich treffende Replik.

Welche Kleidung tragen Sie?

Im 100. Psalm wird Ihnen gesagt: *Dienet dem Herrn mit Freude, kommt vor sein Angesicht mit Frohlocken! ... Gehet zu seinen Toren ein mit Danken, zu seinen Vorhöfen mit Loben; danket ihm, lobet seinen Namen!* (Psalm 100,2–4)

Die Kleidung, die Sie beim Beten tragen, muss aus Vertrauen, Lob und Dank bestehen. Das ist die richtige Gemütsverfassung oder Kleidung. Sie müssen empfänglich, aufgeschlossen und bereit sein, all die Segnungen anzunehmen, die Ihnen aus dem Anfang der Zeit zuteil wurden. »Alles steht bereit, wenn der Geist dafür bereit ist.«

Jeden Abend vor dem Einschlafen treten Sie vor den König der Könige, den Herrn der Herrn, den Allmächtigen Lebendigen Geist, die Gott-Gegenwart in Ihrem Innern. Wenn Sie als Diener oder Sklave vor einem menschlichen König erscheinen, bürdet er Ihnen die entsprechenden Pflichten auf. Und auch wenn Sie mit den Abzeichen eines Generals den König Ihres Landes aufsuchen, bekommen Sie eine bestimmte Aufgabe zugewiesen.

Wenn Sie zum Beispiel zu einer sehr prominenten Person gerufen werden, ziehen Sie Ihre besten Sachen an. Vor Hausangestellten oder einfachen Leuten achten Sie nicht peinlich genau darauf, ob Ihr Anzug gebügelt ist oder Ihre Krawatte gut sitzt, aber vor dem Präsidenten der Vereinigten Staaten sind Sie sich Ihres Äußeren sehr wohl bewusst.

Sie besuchen also – symbolisch gesprochen – den König der Könige jeden Abend, bevor Sie in Schlaf sinken. Tragen Sie dabei die Kleidung der Liebe, des Friedens, des Wohlwollens und der frohen Erwartung. Sie tragen die Kleidung des Glaubens aufgrund der Tatsache, dass die Unendliche Intelligenz Ihnen antwortet, sobald Sie sie anrufen. Schlafen Sie nie ein in der Kleidung der Niedergeschlagenheit, des Grolls, der Wut, des Selbsthasses. Sie ist dann durchlöchert, zerknittert, schmutzig und ausgefranst. Da das Unterbewusstsein stets vergrößert, was Sie darin ablegen, erzeugen Sie nur noch mehr Probleme.

Klären Sie Ihre Gedanken vor dem Einschlafen. Verzeihen Sie sich sowie jedem anderen Menschen, und treten Sie mit einem Loblied im Herzen an Gott heran. Er wird Ihnen einen so reichhaltigen Segen zuteil werden lassen, dass Sie ihn gar nicht ganz aufnehmen können. Ihre letzte Vorstellung im Wachzustand prägt sich dem Unterbewusstsein, dem Buch des Lebens, ein und hält all das fest, was Sie fühlen und glauben.

Gott ist absolute Liebe – Er schenkt Ihnen, was immer Sie für wahr erachten und beanspruchen. Gott ist unpersönlich. *Denn der Herr ist freundlich, und seine Gnade währet ewig und seine Wahrheit für und für.* (Psalm 100,5)

ELFTES KAPITEL

Die Antwort kommt aus Ihrem Innern

Eine Frau hatte den Wunsch, schlank zu werden. Sie ahmte die Gewohnheiten der anderen nach, die ihre Diät einhalten, doch ohne Erfolg. Dauernd unterdrückte sie ihren unterbewussten Heißhunger auf Apfelkuchen, Eiskrem und Kekse. All diese Versuche führten nur zu weiterer Gewichtszunahme.

Ich machte sie darauf aufmerksam, dass es keinen Sinn habe, die Gewohnheiten der anderen nachzuahmen, und dass sie lediglich das ersehnte Gewicht (zum Beispiel 60 Kilogramm) festlegen und dann behaupten müsse: »Nach Göttlichem Gesetz und Göttlicher Ordnung wiege ich 60 Kilogramm.« Diese Aussage solle sie jeden Tag häufig wiederholen, besonders vor dem Einschlafen. Ich erklärte, dass sie dadurch die Vorstellung von den 60 Kilogramm ihrem Unterbewusstsein übermittle, welches ihr automatisch jeden Heißhunger nehmen und so der Fettsucht Einhalt gebieten würde.

Sie nahm eine nützliche Gewohnheit an

Ob sie Wäsche bügelte, Geschirr abwusch oder den Boden saugte – viele Male am Tag sang sie sich laut den Satz vor: »Nach Göttlichem Gesetz und Göttlicher Ordnung wiege ich 60 Kilogramm. Es ist wunderbar!« Ständig wiederholte sie die bewusst getroffene Entscheidung, bis diese ihr völlig natürlich erschien und ins Unterbewusstsein eindrang. Sie wusste, dass deren Inhalt durch die Wiederholung und die dabei empfundene Freude und Verwunderung im rechten Augenblick vom Unterbewusstsein aufgenommen und zum verbindlichen Maßstab würde.

Nach etwa einer Woche verlor sie jede Lust auf stärkehaltige Nahrungsmittel, die ihr Übergewicht verursacht hatten. Der Ausdruck »Es ist wunderbar« bedeutete für sie, dass Gott in ihrem Leben Wunder wirkte ... *und er heißt Wunder-Rat ...* (Jesaja 9,6)

Er beförderte sich selbst

Ein junger Banker erzählte mir, dass er sich jeden Abend in einem Sessel entspanne, die Augen schließe und seine Aufmerksamkeit auf den Direktor seines Geldinstituts richte. Er malte sich aus, wie der ihn zu seiner hervorragenden Arbeit und seiner Beförderung beglückwünschte. Er nahm teil an der imaginären Geste des Händeschüttelns, hörte die Stimme des Chefs und gestaltete den Vorgang so echt wie möglich. Er erlebte seine Rolle mit der ganzen Anschaulichkeit und Deutlichkeit der Realität. Er sah sich nicht irgendwo in einer Ferne, wo ihm gratuliert wurde, sondern machte das Dort zum Hier und die Zukunft zum Jetzt. Das alles erschien ihm derart wirklich, dass er, wenn er die Augen öffnete, oft überrascht war, eben weil der Direktor nicht direkt vor ihm stand.

Nachdem er sich diesen inneren Film einen Monat lang immer wieder vergegenwärtigt hatte, konnte er ihn seinem Unterbewusstsein einprägen, und die Beförderung kam zum richtigen Zeitpunkt. Außerdem wurde er auf Kosten der Bank zu einem speziellen Fortbildungskurs geschickt und später sogar zum stellvertretenden Direktor ernannt.

Was er stark befürchtete ...

Hiob sagt: *Denn was ich gefürchtet habe, ist über mich gekommen ...* (Hiob 3,25) Kürzlich sprach ich mit einem Mann, der gerade begonnen hat, sich mit den Gesetzen des Geistes vertraut zu machen. Er erzählte, er habe drei Jahre lang ständig Angst davor gehabt, dass sein Geschäft von bewaffneten Männern überfallen wird, was dann tatsächlich geschehen sei. Und er fügte hinzu: Wären ihm die Gesetze des Geistes bekannt gewesen, hätte er diesen Zwischenfall vermeiden können und eingesehen, dass vor allem auch das über einen kommt, was man liebt. Er merkte, dass er mit jener Macht konfrontiert war, die die Welt bewegt, und sie falsch eingesetzt hatte. Die gesamte Macht der Göttlichen Gegenwart liegt im Unterbewusstsein.

Jetzt weiß er, dass er den Überfall förmlich provoziert hat – und dass wir nur das erfahren, was durch unser Bewusstsein vorgeprägt wird. Dieses umfasst all unsere – bewussten oder unterbewussten – Überzeugungen und Einwilligungen. Mit anderen Worten: Es ist die Summe dessen, was wir denken, fühlen, glauben und gutheißen. Wir können nicht erleben, was nicht in unserem Bewusstsein ist.

Der Mann hat es sich inzwischen zur Gewohnheit gemacht, mehrmals täglich die Botschaften des 91. Psalms zu lesen, zu glauben und dem Unterbewusstsein zu übermitteln. Diese ewigen Wahrheiten dringen dort ein und werden dann in seinem Leben wirksam. Er hat geistigen Frieden gefunden und seine anormale Angst besiegt.

Ähnliches zieht Ähnliches an

Was Sie tief im Herzen als wahr und richtig empfinden in Bezug auf Ihre Person, wird im Spiegel des Raumes erscheinen und bestätigt werden. Die große Wahrheit lautet: Was ein

Mensch in sich (also im Gemüt und im Unterbewusstsein) trägt, bestimmt über sein Handeln, seine Erfahrung, seine Aufgabe im Leben.

Ein Kriminalbeamter, der meine Vorträge in Laguna Hills besucht, erzählte mir von einer Frau, die den Angriff auf ihre Person gleichsam heraufbeschworen hatte. Sie war nämlich überfallen und vergewaltigt worden. In ihrer Handtasche fand er Zeitungsausschnitte über Fälle von Vergewaltigung, die mehrere Jahre zurückreichten. Sie sagte dem Kriminalbeamten, sie habe gewusst, dass ihr das Gleiche widerfahren würde. Er bezeichnete sie als ein Opfer auf der Suche nach dem Vergewaltiger. Was immer wir unserem Unterbewusstsein an Gutem oder Schlechtem »einimpfen«, erleben wir früher oder später.

Warum er versagte

Während einer Konsultation mit einem jungen Geschäftsmann erfuhr ich, dass er sehr hart arbeitete, fleißig war und eine ebenso freimütige wie fortschrittliche Einstellung hatte; allerdings musste er wiederholt Rückschläge hinnehmen, weil er glaubte, vom Pech verfolgt zu werden, das Schicksal gegen sich zu haben, sodass ihm einfach nichts gelingen könne und er irgendwie zum Scheitern verurteilt sei.

Ich erklärte ihm, er sei im Gegenteil dazu bestimmt, Erfolg zu haben und Siege zu erringen, da die Unendliche Gegenwart und Kraft in seinem Innern allmächtig und bei all Ihren Unternehmungen stets erfolgreich ist – ob sie neue Sterne oder einen Baum erschafft. Er erkannte, dass er sich selbst ein Gesetz vorgab aufgrund der wiederholten Botschaften, die er dem Unterbewusstsein einprägte, das seinerseits auf den Glauben ans Missgeschick reagierte.

Inzwischen hat er begriffen, dass das Unterbewusstsein zur

Erscheinung bringt, was immer wir glauben. Er schuf für sich ein neues Gesetz und begann, die Vorstellung von Erfolg und Reichtum ständig zu wiederholen – in der Gewissheit, dass sie dadurch schließlich in sein Unterbewusstsein gelangen würde; er musste die positive Rolle gedanklich durchleben und sich ausmalen, wie seine Frau ihm zu Erfolg und Reichtum gratuliert. Da das Gesetz des Unterbewusstseins zwingend ist, würde es ihn förmlich dazu drängen, Erfolg zu haben und reich zu werden.

Nach etwa einem Monat änderte sich aufgrund der neuen, vorteilhaften, im Unterbewusstsein verankerten Gewohnheit sein ganzes Leben. Beten ist eine gute Angewohnheit; Scheitern ist eine schlechte Angewohnheit. Er stellte fest, dass konkrete Vorstellung und tiefe Empfindung ihn zu einem anderen Menschen machten. Außerdem sorgte er dafür, dass er während der »Umprogrammierung« seines Unterbewusstseins nicht das verneinte, was er zuvor bejaht hatte.

Die Macht der Wahl

Die Bibel sagt: ... *so wählt euch heute, wem ihr dienen wollt ...* (Josua 24,15) In Indien berichtete mir der Mitarbeiter eines ausländischen Nachrichtendienstes von den Gefahren, denen er fast täglich ausgesetzt ist. Er sagte, beim Studium der Bhagavad-Gita und der biblischen Psalmen habe er herausgefunden, dass es nur Eine Macht gebe, die durch und durch gut und vollkommen sei.

Er fügte hinzu, dass er sich nur der schützenden Macht Gottes ganz zu überlassen brauche – der Einzigen Macht überhaupt. Jeden Morgen und jeden Abend las er sich laut jene Verse aus dem 27. Psalm vor: *Der Herr ist mein Licht und mein Heil; vor wem sollte ich mich fürchten? Der Herr ist meines Lebens Kraft; vor wem sollte mir grauen? ... Denn er deckt mich in seiner Hütte zur bösen Zeit, er birgt mich im Schutz seines Zeltes und erhöht mich auf einen Felsen.* (Psalm 27,1–5)

Er wiederholte diese wunderbaren Wahrheiten immer wieder, bevor er morgens das Haus verließ, um einen weiteren Auftrag auszuführen. Im Laufe des Tages erinnerte er sich ständig an sie. Er wusste, dass sie durch dauernde Wiederholung im Bewusstsein allmählich in sein Unterbewusstsein dringen würden, das für die ihm eingeprägten mentalen Muster empfänglich ist. Zudem war ihm klar, dass er sich damit eine nützliche Gewohnheit aneignete, die eine automatische Reaktion seines Unterbewusstseins zur Folge hätte, dank deren er ein herrliches Leben führen würde.

Und genau das geschah auch. Einmal wollte ein Mann auf ihn schießen, aber seine Waffe hatte Ladehemmung. Ein anderes Mal warf jemand eine Bombe auf ihn im Auto, doch sie explodierte nicht. Dann wieder übermittelte ihm eine innere Stimme deutlich die Information, dass das Essen auf seinem Teller vergiftet war. Also rührte er es nicht an.

Ralph Waldo Emerson schrieb: »Für jeden von uns gibt es Unterweisungen, und indem wir demütig lauschen, vernehmen wir das richtige Wort.« Er nannte diese innere Stimme, die zu ihm sprach, die Stimme des »Om« oder »ICH BIN«, die in unserer Bibel die Gegenwart Gottes, das Höhere Selbst oder das Überbewusstsein charakterisiert. Alle diese Ausdrücke meinen ein und dasselbe. Die Göttliche Gegenwart hat ihren Ort im Unterbewusstsein jedes Menschen, das Emerson als »Überseele« bezeichnete.

Wenn Sie einen bestimmten Gedanken in sinnvoller Weise ständig wiederholen, kommt irgendwann der Augenblick, da er zur Erkenntnis wird – zu einer unterschwelligen Überzeugung, welche die automatische Reaktion Ihres Tiefenbewusstseins hervorruft; dieses führt, lenkt und treibt Sie dann zu grünen Wiesen und stillen Wassern.

Falsche Überzeugung

Einem Lehrer wurde mitgeteilt, sein schmerzendes Bein würde deshalb nicht heilen, weil er jetzt eine karmische Schuld
an Missetaten in einem früheren Leben zu begleichen habe.
Er war Schulleiter und in akademischer Hinsicht offenbar gut
gebildet.

Ich erklärte ihm, dass all das Humbug sei – und eine Be-
leidigung seiner angeborenen Intelligenz. Außerdem empfahl
ich, zwei angesehene Parapsychologen aufzusuchen, damit
sie ihn in jene vergangene Zeit zurückführen, die nach seiner
Auffassung 100 Jahre vor seiner Geburt lag. Jeder der beiden
Männer, die sich nicht kannten, gab seine Deutung des damaligen Geschehens ab und widersprach darin völlig der des
Kollegen. Im einen Fall war der Schulleiter eine Frau mit vier
Kindern in Kentucky; im anderen war er zur gleichen Zeit ein
Soldat in Frankreich, der seinen befehlenden Offizier erschos-
sen hatte und deshalb eingesperrt wurde.

Offensichtlich stellen diese »Versionen« seines vorgeburt-
lichen Lebens erfundene Dramatisierungen seines Unterbewusstseins und reine Einbildungen dar. Gemäß der zweiten
Version sprach er fließend Französisch, doch er spricht und
versteht es auch heute. Ungeachtet dessen war sein Interesse
geweckt, und so ging er zu einem dritten Parapsychologen,
um eine weitere Interpretation zu erhalten; sie unterschied
sich in allen Punkten von den beiden vorigen. Zudem bat er
diesen Parapsychologen um eine Auslegung seines gegenwärtigen Lebens seit dem Moment der Geburt. (Er ist 55 Jahre
alt.)

Im Unterbewusstsein ist alles aufgezeichnet, das heißt,
sämtliche Erfahrungen von der Wiege bis zum jetzigen Augenblick sind ihm unauslöschlich und unwiderlegbar eingeprägt.
Daher sollten dessen Inhalte den selbst ernannten Experten
in Sachen Lebensdeutung und Rückführung unter Hypnose

zugänglich sein; aber ihre Versuche, die Ereignisse im heutigen Leben dieses Mannes zu erhellen, scheiterten kläglich.

Dem Lehrer gingen die Augen auf. »Ich bin an der Nase herumgeführt worden«, erklärte er, darauf anspielend, dass er sich durch diesen ganzen Firlefanz hatte irre machen lassen. Ich schickte ihn zu einem Arzt, mit dem ich seit langem befreundet bin; der teilte ihm mit, dass sein Bein durch eine neuartige medikamentöse Behandlung vollkommen heilen werde. Diese Ankündigung akzeptierte sein Unterbewusstsein und er geriet in Hochstimmung.

Es war das rechte Bein, das schmerzte. Dieses repräsentiert die objektive Welt und – zusammen mit dem linken Bein – die Bewegung. Er gab zu, dass er von seiner jetzigen Schule nicht zu einer anderen versetzt werden wolle und sich in Gedanken dagegen wehre. Er litt an unterdrücktem Groll und Zorn. Derart negative Gefühle brauchten ein Ventil; also reagierte sein Unterbewusstsein, indem es Schmerzen im Bein verursachte. Das bezeichnet man als »Organsprache«.

Er beschloss, innerlich loszulassen und Gott die Führung anzuvertrauen. Mit anderen Worten: Er überantwortete die ganze Sache der Unendlichen Gegenwart und Macht, wobei er das folgende Gebet sprach: »Die Unendliche Intelligenz veranlasst den Arzt, das Richtige zu tun. Ich ergebe mich ihr und werde von Gott dazu gebracht, das Richtige zu tun. Ich bin immer an meinem wahren Ort, tue, was ich gern tue, auf göttliche Weise glücklich und begünstigt. Gott in meiner Mitte heilt mich jetzt, und ich danke für die wundersame Heilung, die jetzt stattfindet.«

Das Bein ist inzwischen gesund, und er erfreut sich seines Lebens. Er beschloss, loszulassen und die Leitung Gott zu übertragen. Diese Einstellung führt uns alle auf höchst angenehme und friedliche Wege.

Sie hörte Stimmen

Eine Frau, die die Alphabettafel für spiritistische Sitzungen benutzte, suchte mich auf und zeigte mir einige Texte. Diese hatte sie mittels der Buchstabenreihen auf der Tafel empfangen; sie waren zum Teil sehr gut und voll biblischer Verse und Zitate. Nach wenigen Wochen habe eine innere Stimme Macht über sie gewonnen und ihr jeden Abend Obszönitäten zugeschrien, ihr befohlen, sich zu betrinken oder umzubringen, und sie mit anderen üblen Bemerkungen traktiert.

Wenn sie die Alphabettafeln heranzog, war sie ständig in Angst, dass ein so genannter böser Geist sie heimsuchen würde, wie Hiob ihn umschreibt: *Denn was ich gefürchtet habe, ist über mich gekommen ...* (Hiob 3,25). Mit anderen Worten: Ihr Unterbewusstsein nährte ihre ständige Angst und reagierte in dieser negativen Weise.

Ich gab ihr ein besonderes Gebet, das ich im Laufe der Jahre an viele Menschen verteilt habe, die glauben, von irgendeinem bösen Geist beherrscht zu werden. Liebe vertreibt die Angst. Die ständige Bewusstmachung der Gegenwart Gottes, die einen belebt, stützt und leitet, wird alle negativen Kräfte auflösen und beseitigen.

Im nächsten Abschnitt folgt das Gebet, das ich der Frau empfahl mit der Anweisung, es etwa zehn Minuten lang morgens, nachmittags und abends vor dem Einschlafen laut zu sprechen – in der Gewissheit, dass dessen Botschaften durch ständige Wiederholung sich dem Unterbewusstsein einprägen und schließlich sämtliche Verneinungen und Ängste auslöschen. Sie fing an, diese Wahrheiten regelmäßig und systematisch, bewusst und einfühlsam zu bestätigen, bis sie zu einem lebendigen Bestandteil ihres Wesens wurden.

Das besondere Gebet

»Gott liebt mich und sorgt für mich. Seine Liebe erfüllt mein Bewusstsein und mein Unterbewusstsein. Ich weiß, dass ich durch die Bestätigung dieser Wahrheiten alle negativen Einflüsse aus meinem Denken entferne. Ich bekräftige diese Wahrheiten ohne Furcht. Ich meine jedes Wort so, wie ich es sage, und was ich bestimme, wird geschehen. Gott lebt in mir. Gott spricht in mir. Gott begleitet mich. Mein Leben ist Gottes Leben, und Sein Friede füllt meinen Kopf und mein Herz aus. Seine heilsame Liebe durchdringt mein ganzes Wesen. Weisheit, Wahrheit und Schönheit leiten mich. Ich bin eins, ich bin glücklich, ich bin friedlich, und die Freude des Herrn ist meine Stärke.

Wo Gott ist, gibt es kein Übel. Durch die Kraft Gottes, die mich festigt, kann ich alles schaffen. Ich weiß, was immer ich mit dem »ICH BIN« verbinde, das werde ich auch. Gott kümmert sich um mich. Ich bin umgeben vom heiligen Kreis der ewigen Liebe Gottes und Sein Panzer hüllt mich vollkommen ein. In meinem Geist leuchtet sein Licht. Ich höre die Wahrheit; ich kenne die Wahrheit; ich höre die leise Stimme Gottes, die zu mir sagt: *Friede sei mit dir.*«

Diesem meditativen Gebet folgend, erteilte sie in scharfem und entschiedenem Ton den Befehl: »Ich bestimme, dass du jetzt aus mir fährst! Das meine ich ernst. Ich verfüge es. Hau ab! Gott ist, und Seine Liebe ist jetzt gegenwärtig. Komm nie wieder zurück! Ich bin frei. Danke, Vater.«

Nachdem sie etwa eine Woche lang diese Methode des Betens angewandt hatte, war sie von der geisterhaften Stimme befreit; außerdem gab sie ihre dilettantischen Spielereien mit der Alphabettafel auf. Sie weiß jetzt, dass das eigene Unterbewusstsein ihr antwortete – dass sie im Grunde mit sich selbst sprach.

Wiedergeburt

Viele Menschen fragen mich, was dieses Wort eigentlich bedeutet. Fast täglich lesen wir in der Zeitung, dass jemand behauptet, wiedergeboren worden zu sein. Das hat jedoch nichts mit einer körperlichen Geburt zu tun. Und auch wenn man ein großer Mathematiker oder hervorragender Arzt ist, heißt das nicht, dass man den Zustand der Erleuchtung erlangt hat. Dazu muss man sich seiner geistigen Kräfte bewusst sein und sich mit dem Unendlichen eins fühlen. Anders gesagt: Wenn Göttliche Liebe und Göttlicher Friede die Seele erfüllen und Denken, Sprechen, Handeln aus dem Göttlichen Zentrum im Innern kommen, erfährt man eine so genannte geistige Wiedergeburt und ist frei von Angst, Unwissenheit, Aberglaube und falscher Weltanschauung.

Ein solcher Mensch gehört keiner Konfession noch irgendeiner Sekte an, weil er intuitiv weiß, dass Gott keine Unterschiede macht und dass man Liebe, Friede, Harmonie, Freude, Wohlwollen, Inspiration oder richtiges Handeln nicht mit Etiketten versehen kann.

Die geistige Wiedergeburt kann hier und jetzt stattfinden

Die geistige Wiedergeburt ist eine individuelle Erfahrung … *Wahrlich, wahrlich, ich sage dir: Es sei denn, dass jemand geboren werde aus Wasser und Geist, so kann er nicht in das Reich Gottes kommen.* (Johannes 3,5) Das Wasser ist Ihr Bewusstsein; es nimmt – wie jenes – die Form jedes Gefäßes an, in das es gegossen wird. Füllen Sie Ihr Bewusstsein morgens, mittags und abends mit den ewigen Wahrheiten Gottes aus; während diese Ihr Unterbewusstsein durchdringen, verändert sich Ihr Leben in der Weise, wie Sie es sich meditierend vorstellten.

»Alles ist bereit, wenn der Geist dazu bereit ist.« (Shake-speare) Sie können Ihr Herz jetzt dem Zustrom des Heiligen Geistes öffnen und von oben her erneuert und erleuchtet werden.

Er sagte: »Bald werden alle wiedergeboren«

Ein junger Geistlicher, mit dem ich gut bekannt bin, gab sich der Illusion hin, dass bald jeder hier auf Erden eine geistige Wiedergeburt erleben würde. Ich verwies ihn auf das 3. Ka-pitel des Prediger Salomo:

Ein jegliches hat seine Zeit, und alles Vorhaben unter dem Himmel hat seine Stunde: geboren werden hat seine Zeit, sterben hat seine Zeit; pflanzen hat seine Zeit, ausreißen, was gepflanzt ist, hat seine Zeit; töten hat seine Zeit, heilen hat seine Zeit; ab-brechen hat seine Zeit, bauen hat seine Zeit; weinen hat seine Zeit, lachen hat seine Zeit; klagen hat seine Zeit, tanzen hat seine Zeit; Steine wegwerfen hat seine Zeit, Steine sammeln hat seine Zeit; herzen hat seine Zeit, aufhören zu herzen hat seine Zeit; suchen hat seine Zeit, verlieren hat seine Zeit; behalten hat seine Zeit, wegwerfen hat seine Zeit; zerreißen hat seine Zeit, zunähen hat seine Zeit; schweigen hat seine Zeit, reden hat seine Zeit; lieben hat seine Zeit, hassen hat seine Zeit; Streit hat seine Zeit, Friede hat seine Zeit; Man mühe sich ab, wie man will, so hat man keinen Gewinn davon.

Ich sah die Arbeit, die Gott den Menschen gegeben hat, dass sie sich damit plagen. Er hat alles schön gemacht zu seiner Zeit, auch hat er die Ewigkeit in ihr Herz gelegt; nur dass der Mensch nicht ergründen kann das Werk, das Gott tut, weder Anfang noch Ende. Da merkte ich, dass es nichts Besseres dabei gibt als fröhlich sein und sich gütlich tun in seinem Leben. Denn ein Mensch, der da isst und trinkt und hat guten Mut bei all seinem Mühen, das ist eine Gabe Gottes.

Ich weiß, dass alles, was Gott tut, das besteht für ewig; man kann nichts dazutun noch wegtun. Das alles tut Gott, dass man sich vor ihm fürchten soll. Was geschieht, das ist schon längst gewesen, und was sein wird, ist auch schon längst gewesen; und Gott holt wieder hervor, was vergangen ist. (Der Prediger Salomo 3,1–15)

Es ist töricht zu glauben, dass die Menschen bald gottähnlich und heilig werden. Das ist eine Illusion. An der Welt oder den Galaxien im Raum gibt es nichts auszusetzen. Alles wird beherrscht von einer Höchsten Intelligenz, die mathematisch, planmäßig und mit unendlicher Präzision verfährt. Man sagt ja, die Ordnung sei des Himmels oberstes Gesetz.

Es sind die Menschen, die sich ändern müssen, und das ist ein individueller Prozess. Niemand kann sie mit einem Zauberstab so verwandeln, dass sie plötzlich Güte, Wahrheit und Schönheit zum Ausdruck bringen. Diese Welt dreht sich gleichmäßig um ihre Achse und wiederholt in festen Abständen die Jahreszeiten. Im hiesigen dreidimensionalen Raum bewegen wir alle uns von Gegensatz zu Gegensatz – Nacht und Tag, Ebbe und Flut, süß und sauer, Gesundheit und Krankheit, Glaube und Angst, Gut und Böse. Wir müssen lernen, die Gegensätze miteinander zu versöhnen und den Frieden zu erfahren, der das übliche Verstehen übersteigt.

Unser Leben gleicht einem Pendel, das zwischen den Gegensätzen hin und her schwingt. Wir gehen vom Krieg zum Frieden über und kehren, nach einer Unterbrechung, wieder zum Krieg zurück. Das geschieht, weil der Mensch so ist, wie er ist. Falls Habgier, Bosheit, Hass, Neid und Eifersucht irgendwann einmal verschwinden sollten, wird es natürlich auch keinen Krieg, keine Krankheit und kein Verbrechen mehr geben.

Diese Umwälzung vollzieht sich nicht in der Gemeinschaft, sondern dann, wenn der Einzelne lernt, die Gegenwart Gottes in seinen Gedanken, Worten und Taten zu bekunden. Jeder Mensch entwirft seine eigene Utopie. Keine Regierung kann

Frieden, Glück, Gesundheit und Wohlstand garantieren. Unzählige Menschen reisen um die Welt, und ich bin vielen von ihnen begegnet. Nicht wenige kennen die entferntesten Gebiete der Erde, doch sie sind nie in ihr Inneres eingekehrt, wo der Heilige Geist wohnt – die Gegenwart Gottes.

Wenn Sie auf eine geistige Reise gehen, steigen Sie im Innern den Hügel Gottes hinauf und sinnen über Seine umfassenden Wahrheiten nach. Durch Meditation, Gebet und Kontemplation eignen Sie sich das Göttliche immer mehr an. Die innere Gegenwart Gottes kennt weder Zeit noch Raum, und Ihr geistiges Erwachen hat nichts zu tun mit der Zeit, die aus der Bewegung der Erde um die Sonne resultiert.

Das zeitlose, raumlose, alterslose Eine ist in Ihnen. Im Nu können Sie sich ändern. *Was geschieht, das ist schon längst gewesen, und was sein wird, ist auch schon längst gewesen ...* (Der Prediger Salomo 3,15)

Die Geschichte wiederholt sich, und was war, wird wieder sein. Dieser Kreislauf des Wechsels verändert nicht die Welt, aber sein Ziel und Zweck liegt darin, den Menschen in der Weise zu ändern, dass er zu einem neuen, fröhlichen und glücklichen Menschen wird, der Gott als seinen Vater und alle Menschen als seine Brüder anerkannt hat.

Die Welt wird von Gott beherrscht. Er wirkt im universellen Maßstab. Der Mensch ist das Besondere, und um durch dieses Besondere wirken zu können, muss Gott zum Besonderen werden. Das heißt ganz einfach, dass Sie eine individuelle Ausformung Gottes sind. Er kann nur durch Sie wirken, indem er durch Ihre eigenen Gedankenmuster und Vorstellungen wirkt.

Im 11. Vers des oben zitierten 3. Kapitels schreibt der weise Prediger: *Er hat alles schön gemacht zu seiner Zeit, auch hat er die Ewigkeit in ihr Herz gelegt ...* Sie sehen die Welt so, wie Sie sind. Sie blicken gleichsam durch die Inhalte Ihres Denkens hindurch. Die Schönheit ist Ansichtssache, und jeder sieht eine andere Welt. Wenn Sie Ihre Aufmerksamkeit auf das Schöne und Gute richten, werden Sie nur das Schöne und Gute wahrnehmen. »Was du siehst, Mensch, das wirst du zwangsläufig auch werden: Gott, wenn du Gott siehst, und Staub, wenn du Staub siehst.«

Die Arbeit, von der Vers 10 spricht, steht für die verschiedenen Probleme, Herausforderungen, Prüfungen, Hindernisse, denen wir im Spiegel des Raumes begegnen und die uns ermöglichen, geistig zu wachsen, indem wir sie überwinden. Die große Freude resultiert dann aus dieser Überwindung und der Entdeckung der Göttlichen Macht im Innern.

Versuchen Sie nicht mehr, die Welt zu ändern. Sie können niemanden ändern außer sich selbst. Die menschliche Natur hat sich im Laufe der Jahrhunderte nicht sehr geändert, was die beiden letzten Weltkriege beweisen. Tatsächlich wurde seit meiner Geburt immer irgendwo Krieg geführt. Wir besitzen keinen Zauberstab, um Krankheiten – die ihre Ursache stets im Bewusstsein des Menschen haben – endgültig zu besiegen oder Konflikte und Kriege zu verhindern.

Das Leben ist eine Schule, und wir sind hier, um zu lernen, wie man sich weiterentwickelt und die Göttlichkeit entdeckt, die unsere Absichten und Ziele formt. Buddha zufolge wird das Leiden der Welt durch Unwissenheit hervorgerufen. Der Wunsch, Leiden und Krankheit zu lindern, ist zwar edel und gottähnlich, aber man sollte über die Verbrechen, Tragödien und Qualen in der Welt nicht so lange nachgrübeln, bis man in Depression verfällt. Dadurch würde das Massenbewusstsein nur noch mehr verunreinigt. Meditieren Sie stattdessen über Frieden, Harmonie, richtiges Handeln und Erleuchtung für sich selbst und für alle Menschen; gerade dann erweisen Sie ihnen einen großen Dienst.

Ergreifen Sie jetzt Besitz von dem Guten, dem Glück, der Liebe, der Freude, die Ihnen zustehen. Schieben Sie Ihr Wohl nicht länger auf. Es ist töricht zu sagen, dass Sie frohgemut, glücklich und frei sein werden, wenn die Kriege enden und alle Menschen eine Wiedergeburt in Gott erleben – dann warten Sie nämlich ewig. Sobald Sie im Bewusstsein von Gottes Frieden, Harmonie und Freude Ihren Weg gehen, segnen Sie damit alle Menschen auf der Erde, eben weil Sie das Licht Seiner Liebe überall verbreiten.

Auf der Weltreise begleitete uns auch eine Frau, die allzu mitfühlend war. Bettler umringten sie scharenweise, und einige wollten ihr die Handtasche wegnehmen. Sie klagte: »Ich kriege heute Abend keinen Bissen hinunter, weil ich an all diese armen, hungrigen Menschen denken muss.« Ein Mitreisender empfahl ihr in ziemlich scharfem Ton, doch endlich aufzuwachen. Er meinte, am besten solle sie losziehen, sich zu den Bettlern auf die Straße legen und mit ihnen leiden. Da ging ihr ein Licht auf. Es nutzt dem hungrigen Bettler nichts, wenn man zu ihm sagt: »Du tust mir so leid, dass ich beschlossen habe, mit dir zu verhungern.« Sie konnte nicht jeden Bettler ernähren, der sich auf sie stürzte; noch hatte sie genug Geld, um alle mit Essen und Kleidung zu versorgen.

Wenn Sie einen kranken Freund im Krankenhaus besuchen, sagen Sie sicherlich nicht zu ihm: »Ich habe so viel Mitgefühl mit dir und du tust mir dermaßen leid. Ich habe beschlossen, hier zu bleiben und die Schmerzen zusammen mit dir zu ertragen.« Im Grunde braucht Ihr Freund eine geistige »Transfusion« aus Glaube, Vertrauen, Liebe und Wohlwollen. Sie können ihn aufbauen, indem Sie ihn an die heilsame Kraft Gottes und an die Wunder der Genesung erinnern, die heute überall geschehen. Das ist kein Mitleid, sondern wahres Mitgefühl.

Im Matthäusevangelium liegt die Antwort: ... *Dies sollte man tun und jenes nicht lassen.* (Matthäus 23,23) Einem hungrigen Menschen Nahrung zu geben, ist gut, aber damit hat man ihm die andere Hälfte – das geistige Rüstzeug – vorenthalten. Ein wenig später wird er nämlich erneut hungrig sein. Bringen Sie ihm also bei, einen Zugang zu finden in sein Unterbewusstsein, wo die Reichtümer des Himmels aufbewahrt werden. Geben Sie ihm zu verstehen, dass Gott all seine Bedürfnisse befriedigen und immer antworten wird, wenn er Ihn ruft. Dann haben Sie auch die andere Hälfte – die kostbare Perle – gegeben, und er wird nie mehr Mangel leiden.

Besinnen Sie sich auf jene tiefe Wahrheit: ... *Denn ein Mensch, der da isst und trinkt und hat guten Mut bei all seinem Mühen, das ist eine Gabe Gottes.* (Der Prediger Salomo 3,13)

ZWÖLFTES KAPITEL

Eine Meditation über den 23. Psalm

Der Herr ist mein Hirte, mir wird nichts mangeln. Er weidet mich auf einer grünen Aue und führet mich zum frischen Wasser. Er erquicket meine Seele. Er führet mich auf rechter Straße um seines Namens willen. Und ob ich schon wanderte im finstern Tal, fürchte ich kein Unglück; denn du bist bei mir, dein Stecken und Stab trösten mich. Du bereitest vor mir einen Tisch im Angesicht meiner Feinde. Du salbest mein Haupt mit Öl und schenkest mir voll ein. Gutes und Barmherzigkeit werden mir folgen mein Leben lang, und ich werde bleiben im Hause des Herrn immerdar. (Psalm 23,1–6)

Viele Menschen meditieren über die tiefen Wahrheiten dieses Psalms und erzielen dabei wunderbare Ergebnisse. Sobald Sie Ihre Aufmerksamkeit auf diese Wahrheiten richten und sie in sich aufnehmen, meditieren Sie im eigentlichen Sinn des Wortes, denn Sie machen sich Ihre Göttlichkeit – Gottes Gegenwart in Ihrem tiefen Selbst – umso mehr zu eigen.

Der Herr ist mein Hirte … Der Herr ist Gott, der Lebendige Geist in Ihrem Innern. … *mir wird nichts mangeln.* Das bedeutet, es wird Ihnen nie der Beweis dafür fehlen, dass Sie Gott als Hirten gewählt haben.

Ein Hirte wacht über seine Schafe. Er liebt sie und sorgt für sie. Er untersucht die Weiden, auf denen sie grasen, und reißt jene Pflanzen aus, deren Verzehr die Tiere krank machen könnte. Er führt sie in den Schatten und, in einer Reihe, durch die steile Klamm zum Wasser, wo sie sich erfrischen. Nachts begutachtet er ihre Nüstern, um zu sehen, ob darin irgendwelche Nadeln oder andere Fremdkörper stecken. Wenn ja, entfernt er sie und gießt ein linderndes Öl auf die wunde Stelle. Er sieht sich auch ihre Hufe genau an; sind sie verletzt, trägt er fürsorglich eine Arznei auf oder behandelt sie auf eine andere, stets angemessene Weise.

Der Hirte liebt seine Schafe. Er ruft ein jedes beim Namen, und sie folgen ihm. All das ist natürlich symbolisch, aber sehr bedeutsam, weil es uns allen zu verstehen gibt: Wenn wir Gott als unseren Hirten wählen, wird es uns an nichts Gutem mangeln.

Wahrlich, wahrlich, ich sage euch: Wer nicht zur Tür hineingeht in den Schafstall, sondern steigt anderswo hinein, der ist ein Dieb und Räuber. (Johannes 10,1)

Ehe wir auf unser Gebet eine Antwort erhalten, müssen wir uns zunächst einmal unserer Wünsche bewusst werden. Das Bewusstsein umfasst all unsere Überzeugungen und Zustimmungen. Unser Bewusstseinszustand zeigt an, was wir denken, fühlen, glauben und wozu wir unser Einverständnis geben.

Mit anderen Worten: Unsere Wünsche müssen im Unterbewusstsein »abgelegt« werden. Das »Ich muss sein« kommt vor dem »Ich kann haben«. Die Alten sagten: »Sein ist Haben.« Wenn ich das, was ich möchte, durch äußere Mittel zu erlangen versuche, bin ich ein Dieb und Räuber. Ich muss das geistige Äqivialent besitzen von dem, was ich sein oder haben möchte.

Nehmen wir ein einfaches Beispiel. Jemand möchte geheilt werden und bekräftigt immer wieder: »Ich bin geheilt.« Diese mechanischen Aussagen genügen nicht. Er muss die Freude empfinden und zu der Erkenntnis gelangen, dass er geheilt ist. Er muss eine Überzeugung haben, die auf dem stillen inneren Wissen der Seele beruht. Um tatsächlich reich zu sein, muss man das Gefühl, reich zu sein, bejahen; dann wird der Reichtum sich einstellen.

Die Schafe sind die edlen, erhabenen, gottähnlichen Vorstellungen, die uns wohl tun. Unsere Überzeugung vom Guten ist der Hirte, der über die Schafe wacht, denn unser vorherrschender Geisteszustand führt ebenso das Regiment wie ein General. Wir rufen unsere Schafe beim Namen, sobald wir den Bewusstseinszustand erreichen, so zu sein, wie wir es ersehnen, und das zu haben oder zu tun, was wir uns wünschen. Wenn wir diese Einstellungen beibehalten, kristallisieren sie sich in unserem Innern aus, sodass diese subjektiven »Verdichtungen« dann auch objektive Gestalt annehmen.

Einem Fremden aber folgen sie nicht nach, sondern fliehen vor ihm; denn sie kennen der Fremden Stimme nicht. (Johannes 10,5) Die Fremden sind die Gedanken der Angst, des Zweifels oder der Sorge, die ins Bewusstsein treten. Sie verzögern unsere Heilung und schieben unser Bekenntnis zu Gott dem Hirten auf, weil sie unseren Anteil am Guten neutralisieren.

Es ist sinnlos, dafür zu beten, dass die Unendliche Heilende Gegenwart einen ganz und vollkommen macht, und zugleich sich zu ärgern oder zu befürchten, dass man nicht geheilt werden kann. Wenn man glaubt, dass Umstände, Bedingungen, Ereignisse, Alter, Hautfarbe, Geldmangel usw. die Möglichkeit ausschließen, die eigenen Ziele zu erreichen, so ist man, biblisch gesprochen, ein Dieb und ein Räuber. Deshalb heißt es: *Alle, die vor mir gekommen sind (die falschen Überzeugungen), sind Diebe und Räuber ...* (Johannes 10,8)

Die Meditation dient dazu, Ihren Geist erneut auf gottähnliche Wege zu führen, damit Göttliches Gesetz und Göttliche Ordnung all ihre Tätigkeiten steuern und all Ihre Lebensphasen bestimmen.

Shakespeare sagte: »Alles ist bereit, wenn der Geist dazu bereit ist.« In der Bibel steht: *Nun waren ja die Werke von Anbeginn der Welt fertig ...* (Hebräer 4,3) Das bedeutet, dass wir Geist und Herz öffnen und die Gaben Gottes annehmen sollen, die uns vom Anfang der Zeit zuteil werden. Wir sollen unseren Geist neu ausrichten und uns eine einfache Frage stellen:

Wie ist es in Gott und im Himmel? Die Antwort lautet: Dort ist alles Glückseligkeit, Harmonie, Freude, Liebe, Friede, Vollkommenheit, Ganzheit und unbeschreibliche Schönheit.

Der allweise, allmächtige und allwissende Eine ist in uns. Was immer wir suchen, haben wir bereits gefunden. Liebe, Friede, Freude, Kraft, Harmonie und die Lösung zu jedem Problem sind jetzt, in diesem Augenblick, in uns. Nur Gott kennt die richtige Antwort.

Wie man Unterweisungen empfängt

Wenn Sie Rat suchen, so bekräftigen Sie: »Die Unendliche Intelligenz kennt die Antwort, den Ausweg, noch bevor ich danach frage. Sobald ich mich auf diese Höchste Weisheit berufe, weiß ich, dass es in deren Natur liegt, mir zu antworten. Ich werde den gegebenen Wink oder die vorgeschlagene Lösung deutlich erkennen. Ich weiß, dass sie sich in meinem vernünftig urteilenden Bewusstsein klar abzeichnet, und beherzige sie sofort.«

Nachdem Sie dies getan haben, lassen Sie die Bitte los in der Gewissheit, dass Sie sie der Unendlichen Intelligenz in Ihrem Unterbewusstsein anvertraut haben und dass die Antwort zwangsläufig kommen wird. Sie merken, ob und wann Sie die Bitte »übergeben« haben, weil Sie innerlich ruhig sind und anschließend nicht das verneinen, was Sie bereits bejaht und entschieden haben.

Er weidet mich auf einer grünen Aue …

Ich schreibe dieses Kapitel in Laguna Hills, Kalifornien. Gestern traf der Brief einer Frau aus Hawaii ein, in dem sie mir berichtete, dass sie über die Worte *Er weidet mich auf einer grünen Aue* (»He maketh me lie down in green pastures«) eine Woche lang drei Mal täglich etwa eine halbe Stunde meditiere. Sie richte ihre ganze Aufmerksamkeit auf dieses Versprechen des 23. Psalms. Sie habe angefangen, es von allen Seiten zu betrachten, seine tiefere Bedeutung zu ermessen und herauszufinden, inwieweit es auf sie zutreffe.

Sie erklärte, in meditativer Stimmung und im Nachdenken über diese Worte vermittelten diese ihr ein Gefühl von geistigem Frieden, Zufriedenheit, Fülle und Sicherheit. Ihr käme deutlich das Bild einer auf der Weide liegenden, wiederkäuenden Kuh in den Sinn, das den meditativen Prozess in ihrem Innern veranschauliche. Im Wiederkäuen verschlingt und verdaut die Kuh das Gras, um es in Milch, Gewebe, Knochen, Muskeln, Blut usw. umzuwandeln. In ähnlicher Weise nahm die Frau jene Wahrheiten des Psalmenverses in sich auf, verarbeitete und verinnerlichte sie, bis sie zu einem Teil ihrer selbst wurden.

Die Frau befand sich in großen finanziellen Schwierigkeiten und lief Gefahr, ihr reizendes Heim zu verlieren. Die Mine, in die sie einen großen Teil ihres Geldes investiert hatte, war plötzlich eingestürzt. Außerdem war ihr Sohn verschollen, und niemand konnte ihn finden. Während sie ihre Meditation fortsetzte, erhielt sie am Ende der Woche von einem Notar die Mitteilung, dass ein entfernter Verwandter auf einer anderen Insel ihr eine hohe Geldsumme sowie einige Aktien und Anleihen vermacht hatte. Damit waren ihre finanziellen Probleme gelöst; sie konnte mit allen Gläubigern zufriedenstellende Vereinbarungen treffen. Ihr Sohn kehrte nach Hause zurück. Er war nach Kanada geflohen in der Hoffnung, dass es dort grüne Wiesen gebe. Inzwischen ist er klüger und mit sich im Reinen.

Das war eine Meditation, die äußerst positive Auswirkungen hatte. Die Frau machte sich einige biblische Wahrheiten zu eigen, wodurch diese dann zu einem lebendigen Teil ihrer selbst wurden – ähnlich wie eine verspeiste Banane zu einem Teil des Organismus' wird. Schweigsam widmete sie sich einer bestimmten Passage des 23. Psalms, sann über dessen tiefe Bedeutung und heilsame Kraft nach. Sie beschloss, sich mit jenen Wahrheiten gleichsam ins Gras zu legen und in allen Lebensbereichen Harmonie zu erfahren.

... und führet mich zum frischen Wasser

In der Bibel ist der Hirte ein Symbol für die leitende, heilende und schützende Kraft der Gegenwart Gottes im Innern. Sie sind ein guter Hirte, wenn Sie wissen und glauben, dass Gott die Einzige Gegenwart, Macht, Ursache und Substanz darstellt. Mit dieser Überzeugung im Bewusstsein werden Sie auf göttliche Weise geführt und mannigfach gesegnet.

Das *frische* (oder auch stille) *Wasser* veranschaulicht den von Friede, Ausgeglichenheit, Gelassenheit und Gleichmut erfüllten Geist. Das heißt, Sie besinnen sich auf die Macht, die Weisheit und die Liebe des Unendlichen. Dabei merken Sie, dass Sie in die Heilige Allgegenwart versunken sind und auf dem Fluss des Friedens, der Freude, der Ganzheit und der Lebendigkeit treiben. Sobald Ihr Geist zur Ruhe gefunden hat, kommt die ersehnte Antwort. Friede ist die Kraft in Gottes Zentrum.

... geistlich gesinnt sein ist Leben und Friede. (Römer 8,6)

Er erquicket meine Seele

Wenn Sie Gott als Ihren Hirten wählen, werden Sie das Lied des Triumphs singen. Oder, um es mit den Worten Emersons auszudrücken: Ihre geistige Einstellung ist »das Selbstgespräch der liebenden und schauenden Seele«. Sie würdigen den Unendlichen Geist im Innern und wissen, dass eine Antwort kommen wird, sobald Sie Ihn anrufen. Darüber hinaus erkennen Sie die Einheit und Unteilbarkeit dieser Macht an. Hierdurch weisen Sie alle Ängste und irrigen Überzeugungen der Welt zurück.

Egal, welche Ängste, Enttäuschungen und falschen Ansichten sich in Ihrem Unterbewusstsein eingenistet haben – sie werden getilgt und gelöscht, weil Sie kühn beanspruchen, dass der Unendliche Ozean des Lebens, der Liebe, der Wahrheit und der Schönheit es jetzt durchdringt, Ihr ganzes Wesen reinigt und heilt und den Göttlichen Mustern der Harmonie, der Ganzheit und des Friedens angleicht. Sobald Sie die Oberhoheit der Einen Heilenden Macht sowie die schöpferische Macht Ihres Denkens achten, haben Sie den HERRN oder Gott zu Ihrem Hirten gemacht und Ihre Seele erquickt.

Wer festen Herzens ist, dem bewahrst du Frieden; denn er verlässt sich auf dich. (Jesaja 26,3)

Er führet mich auf rechter Straße um seines Namens willen

Gehen Sie in sich, schließen Sie die Augen, kommen Sie völlig zur Ruhe und bestätigen Sie sanft, dass die Weisheit Gottes Ihren Verstand salbt und stets eine Lampe an Ihren Füßen und ein Licht auf Ihrem Weg ist. Beanspruchen Sie, dass die Göttliche Liebe vorausgeht, Ihnen den Weg ebnet und Freude, Glück, Wohlstand beschert. Wenden Sie sich immerzu an die Gegenwart Gottes; denken, sprechen, agieren und reagieren Sie aus der Perspektive des Göttlichen Zentrums im Innern.

Erkennen, fühlen und verlangen Sie, dass Gott Ihr Führer, Ihr Berater, Ihr Vorgesetzter, Ihr Seniorpartner ist und dass Sein rechtes Handeln Sie jederzeit leitet. Bekräftigen Sie mutig: »Von nun an denke ich richtig, weil ich von den ewigen Wahrheiten und Lebensprinzipien her denke. Ich fühle, tue, bewirke das Richtige, und all mein Handeln ist im Einklang mit Göttlichem Gesetz und Göttlicher Ordnung – mit Gottes oberstem Gesetz. Ich weiß, dass der Name Gottes gleichbedeutend ist mit Seinem Wesen und auf Seine Ewig Währende Einzigkeit, Allmacht, Allgegenwart, Allwissenheit, Unendliche Intelligenz und Grenzenlose Liebe verweist. Mir ist jetzt klar, dass Gott und Seine Liebe mein ganzes Sein durchdringen und dass ich in all meinem Tun gedeihen werde.«

Und ob ich schon wanderte im finstern Tal,
fürchte ich kein Unglück; denn du bist bei mir ...

Wohin Sie Ihre Schritte auch lenken – gehen Sie durchs Leben mit dem Bewusstsein des Friedens, der Liebe und des Wohlwollens gegenüber allen Menschen. Nehmen wir einmal an, Sie besuchen mit dieser Einstellung einen kranken Freund im Krankenhaus. Ihre gedankliche und geistige Ausstrahlung wird ihm gut tun. Sie können sein Inneres erfüllen mit Gnade und Liebe und ihn dadurch bestärken mit Zuversicht, Vertrauen und dem Glauben an die Unendliche Heilsame Gegenwart. Gott ist Leben, und dieses ist Ihr jetziges Leben.

Gott kann nicht sterben; deshalb gibt es keinen Tod. Der so genannte Tod ist der Übergang in die vierte Dimension des Lebens, und unsere Reise führt von Herrlichkeit zu Herrlichkeit, von Weisheit zu Weisheit, immer weiter, immer aufwärts und zu Gott hin, denn die Herrlichkeit des Menschen hat kein Ende.

Das finstere Tal bedeutet die Unwirklichkeit des Todes. Jedes Ende ist zugleich ein Anfang; wenn Sie also diese Dimension des Daseins verlassen, feiern Sie Ihre Neugeburt in Gott und nehmen einen neuen, vierdimensionalen Körper an (den Sie heute bereits besitzen), der verjüngt und verfeinert ist und

Ihnen ermöglicht, feste Materie zu durchqueren. Sie werden Ihren verstorbenen Lieben begegnen und dort ebenso wie hier an Weisheit, Wahrheit und Schönheit dazugewinnen.

Tatsächlich begeben Sie sich in diesen Zustand jeden Abend, sobald Sie einschlafen und einige Leute Sie fälschlicherweise vielleicht für tot halten. Wenn Sie zum Beispiel Angst haben vor dem Tod, dem Jüngsten Gericht, dem Leben nach dem Tod und Ähnlichem, werden Sie beherrscht von Unwissenheit und Täuschung – und nicht von dem Herrn des Alls, der ein Gott der Liebe ist. *Denn Gott hat uns nicht gegeben den Geist der Furcht, sondern der Kraft und der Liebe und der Zucht.* (2. Timotheus 1,7) In biblischer Sprache ist der Tod die Verleugnung der Wahrheiten Gottes.

... dein Stecken und Stab trösten mich

Der Stecken versinnbildlichtt die Macht Gottes, die Ihnen sofort verfügbar ist, wenn Sie sich darauf berufen. Der Stab wiederum repräsentiert Ihre Autorität und Ihre Fähigkeit, ihn zu benutzen. Indem Sie über die Allmacht und Allwissenheit der Unendlichen Gegenwart meditieren und nachdenken, versetzen Sie Ihr Bewusstsein in einen Zustand der Ruhe und der Passivität.

Stellen Sie sich einen schönen, stillen See auf einem Berg vor, der die himmlischen Lichter der Sterne und des Mondes widerspiegelt. Ähnlich spiegeln auch Sie die himmlischen Lichter und Wahrheiten Gottes wider, wenn Ihr Geist ruhig und friedlich ist. In dieser Verfassung bringt er einiges zustande. Er wird empfänglich für die Göttliche Idee oder Problemlösung, die Ihnen dann zu Bewusstsein kommt. Das ist die Unterweisung oder intuitive Stimme der Unendlichen Gegenwart und Macht. Doch wenn der See auf dem Berg allzu aufgewühlt ist, kann er die Himmelslichter nicht widerspiegeln.

Fordern Sie, dass Gott Sie jetzt führt, und danken Sie für die Freude, die aus dem erhörten Gebet resultiert. Sein Stecken und Stab haben Sie getröstet, und so leben Sie in Frieden.

Du bereitest vor mir einen Tisch im Angesicht meiner Feinde

Und des Menschen Feinde werden seine eigenen Hausgenossen sein. (Matthäus 10,36) Die Feinde sind Ihre Gedanken, Ängste, Zweifel, Ihre Selbsthass, Wut, Missgunst und böse Absicht. Die echten Gegner sind immer in Ihrem eigenen Kopf. Wenn Sie ängstliche Gedanken hegen, dann vertreiben Sie sie mit dem Glauben an Gott und alles Gute. Wenn Sie zu Selbstkritik und Selbsthass neigen, so ersetzen Sie diese durch folgende tiefe Wahrheit: »Ich preise Gott in meiner Mitte.«

Eine junge Frau stellte falsche Behauptungen gegen ihren Onkel auf in der Hoffnung, ein bestimmtes Testament aufzuheben und so einen Teil des Geldes zu bekommen, das ihm vererbt worden war. Darüber äußerst verärgert, bekämpfte er die Angelegenheit innerlich, bis er sich in ein Nervenbündel verwandelte. Doch als ihm sein Verhalten bewusst wurde, gab er den Kampf auf und begann, seinen Geist mit den großen Wahrheiten Gottes zu nähren. Er sann über Friede, Harmonie und angemessenes, gottgewolltes Handeln nach; dadurch ergab sich die passende Göttliche Lösung wie von selbst.

Ein Arzt, mit dem ich eng befreundet bin, erzählte mir kürzlich, das öffentliche Aufsehen um die Ehefrauen zweier prominenter Politiker in Washington, bei denen Brustkrebs diagnostiziert worden war, habe eine Welle der Angst ausgelöst, woraufhin etliche Frauen zu ihm geströmt seien, um sich auf Brustkrebs untersuchen zu lassen. Er fügte hinzu, dass der in den Medien propagandistisch geführte Kampf gegen Krebs, Tuberkulose, Herzkrankheiten usw. seiner Meinung nach eher schade als nutze, denn eine Gefahr, die wir gedanklich bekämpfen, werde dadurch nur noch größer. Er betonte, die ständige Angst dieser Frauen vor Krebs würde schließlich genau das hervorrufen, was sie befürchten. *Denn was ich gefürchtet habe, ist über mich gekommen ...* (Hiob 3,25)

Gehen Sie Ihren Weg im Bewusstsein von Gottes Liebe, Frieden, Ganzheit und Vollkommenheit, dann werden Sie sich über jene falschen Ansichten, Ängste und Kampagnen des Massenbewusstseins automatisch hinwegsetzen. In Indien benutzen viele Menschen ein Gebet, das spirituell ausgerichtete Familien bereits ihren Kindern beibringen: »Ich bin völlig gesund. Gott ist meine Gesundheit.« Während der junge Mensch sich das viele Male am Tag vorsingt, gewöhnt er sich daran und wird allmählich immun gegen jede Krankheit.

Sehen Sie ein, dass es in der Welt Gottes nichts zu befürchten gibt. Sprechen Sie nicht mehr dem Geschaffenen Macht zu, sondern dem Schöpfer. Das gesamte Universum ist *für* Sie, und nichts ist *gegen* Sie.

Du salbest mein Haupt mit Öl ...

Öl ist ein Symbol des Lichts, der Heilung, des Lobes und des Dankes. Das heißt, dass die Unendliche Heilsame Gegenwart jetzt zu Ihren Gunsten handelt und dass die Weisheit Gottes Ihren Verstand salbt. Sie sind gesegnet mit Göttlicher Liebe. *Du erfreust mein Herz ...* (Psalm 4,8) ... *darum hat dich der HERR, dein Gott, gesalbt mit Freudenöl* (Psalm 45,8) ... *darum hat dich, o Gott, gesalbt dein Gott mit dem Öl der Freude ...* (Hebräer 1,9)

Eine der wunderbarsten Methoden, um auf das Gebet eine Antwort zu erhalten, besteht darin, das Unendliche im Schweigen der Seele anzusprechen. Lullen Sie sich ein mit den Worten: »Danke, Vater.« Tun Sie das immer wieder, bis Sie das

Gefühl von Dankbarkeit wirklich empfinden. Danken Sie dem Unendlichen für die Beantwortung Ihres Gebets. Dabei sinkt die dankbare Einstellung in die Tiefe Ihres Selbst, und es geschehen Wunder, während Sie auf diese Weise beten.

... und schenkest mir voll ein

Das Gefäß, in das eingeschenkt wird, ist ein Symbol Ihres Herzens; dieses können Sie durch Meditation mit den großen Wahrheiten Gottes füllen. Während Sie über die Schönheit, die Herrlichkeit und die Wunder des Unendlichen nachsinnen, erzeugen Sie automatisch ein Gefühl von Liebe, Frieden und Freude, das Ihr Herz vor Begeisterung und Entzücken höher schlagen lässt. Dann stellen Sie fest, dass Sie an alle Menschen sprühende Lebenskraft, Herzlichkeit und Wohlwollen ausstrahlen.

Ihr Unterbewusstsein vergrößert stark, was Sie darin ablegen. Folglich werden Sie bei Ihrer Selbstbetrachtung merken, dass das Gute dort verdichtet und verschmolzen wird und durchdrungen ist vom Duft Gottes. Sie werden erkennen, dass Gottes Liebe alles Schlechte in Ihrem Unterbewusstsein aufgelöst hat und dass Sie nun so frei sind wie der Wind.

Gutes und Barmherzigkeit werden mir folgen mein Leben lang ...

Während Sie weiterhin über den 23. Psalm meditieren und dessen tiefe Wahrheiten in sich aufnehmen, wird Ihnen bewusst, dass alles zu Ihrem Besten zusammenwirkt. Die Göttliche Liebe geht Ihnen voraus und macht Sie froh und glücklich. Harmonie, Friede und Freude des Herrn fließen in Ihr Leben ein, sodass Sie Ihre Talente auf der höchstmöglichen

Ebene zur Entfaltung bringen können. Sie entdecken, dass Sie so werden, wie Sie es sich meditierend vorstellen. Im Nachsinnen über die Wahrheiten Gottes gelangen Sie zu der Einsicht, dass alle Ihre Wege angenehm und friedlich sind.

... und ich werde bleiben im Hause des HERRN immerdar

Sie sind der Tempel des Lebendigen Gottes. Er wohnt und spricht und geht in Ihnen. Sie bleiben im Haus, der Ihr Geist ist, wenn Sie sich viele Male am Tag regelmäßig und systematisch daran erinnern, dass Gott Ihr Führer, Ihr Berater ist und dass Sie beständig von oben inspiriert werden.

Sie betrachten Gott als Ihren Vater, Ihre Vorratsquelle, und wissen, dass es Ihnen nie am Guten mangeln wird, weil Er Sie liebt und für Sie sorgt. *Und er wird bei ihnen wohnen, und sie werden sein Volk sein, und er selbst, Gott, wird mit ihnen sein ...* (Offenbarung 21,3)

Sie sind jetzt eng verbunden mit der Göttlichen Gegenwart und tief vertraut mit Gott. Er schenkt Ihnen Ruhe und Sicherheit. Sie sind entspannt und erleichtert und völlig frei von Angst, denn wo Sie sind, ist Gott, und Sie wohnen für immer bei Ihm. Sie befinden sich auf einer Reise, die über die Himmelsleiter nach oben führt und kein Ende nimmt. Jeden Abend sinken Sie in Schlaf mit dem immerwährenden Lob Gottes auf den Lippen.

DREIZEHNTES KAPITEL

Was ist Ihr Problem?

Die Bibel sagt: *Seid stille und erkennet, dass ich Gott bin!* (Psalm 46,10) Welch wunderbare Erleichterung Sie innerlich empfinden, sobald Sie sich diese Worte im Schweigen Ihrer Seele zuflüstern. Welch eine Befreiung von Druck, Sorge und Anspannung Sie erfahren, wenn Sie über die Weisheit, Wahrheit und Schönheit der folgenden Sätze nachsinnen: ... *tretet nur hin und steht und seht die Hilfe des HERRN, der mit euch ist* ... (2. Chronik 20,17) *Der HERR wird meine Sache hinausführen.* (Psalm 138,8)

Sobald Sie Ihren Geist mit diesen Wahrheiten ausfüllen, wird von der Unendlichen Intelligenz, die Ihnen innewohnt, mit Ihnen spricht und Sie begleitet, zwangsläufig eine Antwort kommen.

Er sagte, er habe alles Mögliche versucht

Ein Mann, der hier in Laguna Hills lebt, war seit fünf Jahren mit einem schwierigen rechtlichen Problem konfrontiert. Er versuchte, es zu lösen, betete und bekräftigte jeden Abend: »Ich lasse los und überlasse Gott die Führung.« Doch er hatte die Angewohnheit, sein Gebet während des Tages zunichte zu machen, indem er auf der Sache weiterhin herumritt und mehr oder weniger deutlich sagte: »Wie lange noch, o Herr, wie lange noch?«

Bei unserem Gespräch zitierte er einen bekannten Vers aus

der Bibel: *In der Welt habt ihr Angst; aber seid getrost, ich habe die Welt überwunden.* (Johannes 16,33) Er glaubte, irgendwie bestraft zu werden, da der Prozess, in den er verwickelt war, auf Unterstellungen und Lügen seitens der Verwandten basierte, die ihn wegen eines Testaments belangten. Mit anderen Worten: Die Kläger waren habgierig und wollten etwas für nichts.

Doch als der Mann meinen Rat befolgte, fand er seine innere Ausgeglichenheit wieder; anstatt im Laufe des Tages sich zu sorgen, nervös zu werden und in Wut zu geraten, bestätigte er häufig: »Ich lasse die Sache los. Gott ist derjenige, der handelt, und das bedeutet allumfassende Harmonie und Ruhe.« Er wandte konsequent das Prinzip der Substitution an. Sobald ihm negative Gedanken in den Sinn kamen, ersetzte er sie sofort durch die erwähnte Bestätigungsformel. Nach einigen Tagen verloren diese negativen Gedanken ihre ganze zerstörerische Kraft, und er empfand ein Gefühl von Frieden.

Er gestand seinen Verwandten keinerlei Macht mehr zu, ihn zu verletzen oder ihm etwas Gutes wegzunehmen, wobei sie diese Macht ja niemals hatten, außer in seinem Denken. Allmählich sah er klarer und erlangte ein tieferes Verständnis; er prägte sich die Überzeugung ein, dass sein Bewusstsein die einzige Ursache seiner Erfahrungen und Lebensumstände war. Mit »Bewusstsein« meinte er die Gesamtheit seiner bewussten und unterbewussten Auffassungen und Einwilligungen. Wie Dr. Phineas Quimby, der Gründer der amerikanischen Neugeistbewegung schon 1849 feststellte: »Der Mensch ist gelebter Glaube.«

Während der Mann diese Geisteshaltung beibehielt, teilte ihm sein Anwalt mit, dass der gegnerische Anwalt den Verwandten geraten hatte, den Rechtsstreit nicht länger fortzuführen, da sie offenbar keine hinreichenden Gründe vorbringen konnten, die vor Gericht bestehen würden. Das war eine Antwort auf sein Gebet.

Ändern Sie Ihr Denken und
halten Sie an dieser Änderung fest

Vergessen Sie nicht: Sie können niemanden ändern außer sich selbst. Ändern Sie Ihre Einstellung, Ihren Standpunkt; versuchen Sie nicht mehr, die Welt zu ändern. Der oben genannte Mann erkannte, dass im Grunde seine eigenen Gedanken an den Prozeß und die daran beteiligten Verwandten ihn aufgebracht hatten – und weder die anderen Leute noch ihre Handlungsweisen. Er litt unter den eigenen Beurteilungen und Reaktionen auf deren Tun. Als er ihnen keine Macht mehr zubilligte, konnte er der Göttlichen Gegenwart im Innern, die alles sieht und alles weiß, seine Treue bekunden.

Sie müssen bewusst davon Abstand nehmen, andere Menschen für Ihre Verwirrung, Krankheit oder Qual verantwortlich zu machen. Außerdem sollten Sie den seltsamen Aberglauben aufgeben, dass andere Ihren Erfolg verhindern. Der Glaube an Gott und an das Gute ist Ihr Kapital, das bei jeder Unternehmung den Erfolg gewährleistet.

Hören Sie auf, Vater und Mutter
die Schuld zu geben

Ein Mann aus Pakistan, der sein Studium an einer hiesigen Universität abgeschlossen hat, behauptete im Verlauf unseres Gesprächs, dass er deshalb nicht vorankäme und auf wissenschaftlichem Gebiet keine Karriere machte, weil sein Vater ihm ständig eingetrichtert habe, dass er ein Dummkopf und ein Versager sei und es nie zu etwas bringen würde.

Gewiss, sein Vater hatte all diese Dinge gesagt und ihn damit eingeschüchtert. Doch der Mann begriff allmählich, in welchem Milieu er großgezogen worden war, welche Sitten damals herrschten – und dass sein Vater es einfach nicht

besser gewusst und ihn nicht böswillig verletzt hatte. Rück-
blickend betonte ich, der Vater sei auf seine Weise vielleicht
überzeugt gewesen, dass solche missbilligenden Äußerungen
den Sohn wachrütteln und dazu anspornen würden, als
Student bessere Leistungen zu erzielen und im Leben Fort-
schritte zu machen.

Ich erklärte ihm, er sei zwar körperlich und seelisch reif,
müsse aber unbedingt auch geistig reif werden und einsehen,
dass er selbst jetzt die Verantwortung dafür trage, wie er mit
seinem Bewusstsein umgehe. Das habe überhaupt nichts mit
den Eltern zu tun.

Langsam dämmerte ihm, dass er die geistigen Kräfte falsch
eingesetzt und in die Irre geleitet hatte, dass allein er für seine
täglichen Gedanken und Vorstellungen verantwortlich war.
Infolgedessen begann er, seinen Geist mit den ewigen Wahrheiten auszufüllen – wissend, dass sie um so mehr negative
Denkmuster beseitigen, je tiefer sie ins Unterbewusstsein eindringen.

Auf meinen Vorschlag hin wiederholte er mehrmals täglich: »Die Unendliche Intelligenz führt mich. Göttliches Gesetz und Göttliche Ordnung beherrschen mein Leben. Göttliche Liebe erfüllt meine Seele und ich strahle Liebe, Frieden,
Wohlwollen gegenüber meinen Eltern und all den Menschen
ringsum aus. Ich verzeihe mir, schädliche und zornige Gedanken gehegt zu haben, und ersetze sie sofort durch Gedanken an Harmonie, Friede, richtiges Handeln und Freundlichkeit. Ich bin Gottes Sohn und Er ist mein Chef, mein Führer,
mein Berater und mein Ernährer. In meinem Leben geschehen Wunder.«

Diese Art des Gebets sowie eine neue Einstellung verändern
jetzt sein ganzes Leben. Geistige Reife besteht im Wissen um
die Gesetze des Bewusstseins und in der nutzbringenden Anwendung der Schöpferischen Kraft. Es spielt keine Rolle, was
in der Vergangenheit passiert ist. Sie können heute etwas an-

ders machen und für die eigenen Gedanken und Handlungen die Verantwortung übernehmen.

Der Mann fand heraus, dass er nicht durch seinen Vater, seine Onkel und Tanten, seine Großeltern oder irgendjemand sonst behindert worden war, sondern einzig und allein durch sich selbst. Nachlässigkeit und Gleichgültigkeit lagen auf seiner Seite. Die Schöpferische Macht war und ist in ihm, aber er hatte sie falsch benutzt. Das Geist-Prinzip ist zeit- und raumlos. Was auch immer in der Vergangenheit vorgefallen ist – Sie können es *jetzt* ändern.

Lassen Sie gedanklich und geistig los

Eine leitende Angestellte war äußerst aufgebracht, weil sie sich durch eine Kollegin gedemütigt fühlte, die sie einem Besucher als »Buchhalterin« vorgestellt hatte. Ich verdeutlichte ihr, dass die andere Frau nicht die Macht habe, sie herabzustufen oder zu befördern, und dass deren Bemerkung oder Verhalten sie in keiner Weise beunruhigen könne. Die Unruhe sei allein durch eine Bewegung in ihrem eigenen Geist – also durch negative Gedanken – hervorgerufen worden.

Wenn Sie geistige Reife besitzen, stellen Sie sich in so einem Fall die Frage: »Bin ich etwa eine Buchhalterin? Wer bin ich?« Sie sind ein erwachsener Mensch und könnten lächelnd antworten: »Ich war mal Buchhalterin, aber inzwischen wurde ich befördert und bin jetzt eine leitende Angestellte.« Mit spiritueller Ausrichtung könnten Sie auch sagen: »Ich bin eine Tochter des Unendlichen und ein Kind der Ewigkeit. Das bin ich in Wirklichkeit.«

Die junge Frau lernte, die Menschen objektiv und nicht emotional zu betrachten. Sie brachte sich bei, jede Person genau so sein zu lassen, wie sie ist, und die eigene Kraft niemals auf jemand anders zu übertragen. Sie gewöhnte sich an, für ihre Rechte und Privilegien einzutreten. Nun wird sie von allen respektiert.

Es ist leicht, auf eine abwegige Art der Vorstellung mit Groll oder Verbitterung zu reagieren; aber es ist verkehrt, sich wie ein Fußabstreifer oder eine minderwertige Kreatur zu fühlen; dann wird nämlich jeder auf Ihnen herumtreten. Wenn die Kollegin Sie beneidet, ist das deren Problem, nicht Ihres. Lassen Sie sie gedanklich und geistig los. Lernen Sie, mindestens sechs Mal am Tag über sich selbst zu lachen.

Sie sind der Gebieter

Und Gott sagte: Lasset uns Menschen machen, ein Bild, das uns gleich sei, die da herrschen über die Fische im Meer und über die Vögel unter dem Himmel und über das Vieh und über alle Tiere des Feldes und über alles Gewürm, das auf Erden kriecht. (Genesis 1,26) Das heißt, Sie sind der Gebieter, nicht der Sklave. Sie haben die Herrschaft inne und müssen sie geltend machen und annehmen. Übertragen Sie die Macht in Ihrem Innern nicht mehr auf andere Wesen und Dinge.

Nach einem sonntäglichen Vortrag im Saddleback Theatre in El Toro sagte ein Mann zu mir, er sei schrecklich allergisch gegen Rosen, die seine Augen, seine Nase, seinen Rachen in Mitleidenschaft zögen, eine Entzündung der Schleimhäute sowie eine Absonderung von Tränenflüssigkeit und quälenden Schmerz verursachten.

Ich fragte ihn, ob diese seltsame Reaktion auf Rosen angeboren sei, woraufhin er erwiderte: »Nein, sie ist zum ersten Mal vor etwa fünf Jahren aufgetreten.« Offenbar war er damals mit einem Mädchen verlobt gewesen, das immer rote Rosen an ihrer Kleidung trug. Sie gab ihm den Laufpass, und seither identifizierte er rote Rosen mit jenem Mädchen, dem er weiterhin grollte.

Die Rose ist Gottes Idee. Er schuf sie und erklärte sie für gut. Die Rose ist das Symbol der Schönheit und der Ordnung, der Symmetrie und der Proportion. Sie ist aus dem gleichen Stoff gemacht wie unser Blut. Ich riet dem Mann, Rosen, Pollen, Timotheusgras usw. keine Macht mehr zuzugestehen. Die Rose hat keine Macht.

Er lernte, seiner früheren Freundin zu verzeihen, indem er sie Gott anvertraute und ihr aufrichtig alle Wohltaten des Lebens wünschte. Dadurch kann er jetzt an sie denken, ohne innerlich zu wüten. Er ist imstande, an der Rose zu riechen, ihre Schönheit als Gottes Schöpfung zu bewundern, und steckt sich nun häufig eine ins Knopfloch.

Er machte seine Herrschaft geltend. Die Ursache des Leidens war in seinem Kopf – und nicht in der Rose. Diese ist harmlos und hat noch nie jemandem zu verstehen gegeben: »Wenn du mich anfasst oder an mir riechst, kriegst du Heuschnupfen.« Er hörte auf, Eigenschaften auf die Rose zu projizieren, die jene gar nicht besaß. Die Macht ist in Ihnen, nicht in der Rose.

Sie sagte: »Billy will einfach nicht lernen«

Eine Mutter beklagte sich bei mir über ihren achtjährigen Sohn Billy, der kein Interesse an der Schule hatte und nicht lernen wollte. In Gesprächen mit ihm kam das eigentliche Problem zum Vorschein, nämlich dass er seine Lehrerin nicht mochte, weil sie sagte, er sei äußerst begriffsstutzig und solle endlich aufwachen und versuchen, etwas dazuzulernen. Billy grollte der Lehrerin und leistete ihr auf seine Weise Widerstand.

Mutter und Vater begannen, Billy zu loben, bekräftigten in seiner Gegenwart, dass sie an ihn glaubten, dass er wunderbar klug sei und dass sie wüssten, er könne aufgrund seiner Anlagen im Unterricht glänzen und eines Tages ein hervorragender Schüler werden. Die Mutter sprach mit der Lehrerin und erklärte ihr diplomatisch: Wenn sie Billy zu verstehen gäbe, dass sie an seiner Fähigkeit, zu lernen und gute Leistungen zu erzielen, keinen Zweifel habe, dann sei sie, die Mutter, sicher, dass er rasch darauf reagieren würde. Genau das tat Billy dann auch.

Es ist wohlbekannt, dass ein Schüler viel schneller Fort-schritte im Lernen macht, wenn Eltern und Lehrer von seiner Begabung und Intelligenz überzeugt sind als im umgekehrten Fall, wenn sie ihren Glauben an sein Vermögen, er selbst zu sein, das Richtige zu tun und Erfolg zu haben, nicht zum Aus-druck bringen. Sagen Sie also Ihren Söhnen und Töchtern, dass Sie an sie glauben; dass Gott ihnen innewohnt und dass Sie für jede(n) von ihnen eine herrliche Zukunft sehen. Wie-derholen Sie diese Wahrheiten ihnen gegenüber – in der Ge-wissheit, dass Sie damit ihr Bewusstsein prägen und auf Größe und Erfolg programmieren. Die Kinder werden zwangsläufig die entsprechenden Reaktionen zeigen.

Ihre Überzeugung wird dem empfänglichen Bewusstsein der Kinder übermittelt, und Ihre Erwartungen werden sich gemäß der Göttlichen Ordnung erfüllen. So ehren Sie die Göttlichkeit in deren Innern. Jedes Mal, wenn Sie das tun, erwecken Sie die Eigenschaften und Möglichkeiten des in ihnen verborgenen Unendlichen Seins stillschweigend zu neuem Leben. Söhne und Töchter werden diese Überzeugung durch ihren eigenen Werdegang bestätigen, denn … *die Weisheit wird gerechtfertigt durch ihre Kinder.* (Matthäus 11,19)

Er war sich selbst ein Problem

Kürzlich sprach ich mit einem Mann, der mir erzählte, dass er über seine Kollegen und Kolleginnen im Büro ständig Urteile fällte – darüber, was sie sagten, was sie machten und wie sie sich verhielten. Das beunruhigte und ärgerte ihn. Die Arbeits- und Lebensweise dieser Leute nahm ihn völlig in Anspruch, ja wühlte ihn förmlich auf. Doch als er begann, sich mit Göttlicher Wissenschaft zu beschäftigen, wurde ihm klar, dass er seine Gedanken, Meinungen und religiösen Standpunkte auf die anderen projizierte und dass das Problem eigentlich in ihm selbst lag. *Er* war die Ursache seiner Magenbeschwerden, eben weil er ihre Lebensart, die den eigenen Prägungen und Überzeugungen zuwiderlief, kaum tolerieren konnte.

Er fügte hinzu, dass ihm inzwischen ein Licht aufgegangen sei und dass er, anstatt ihren Lebensstil sowie ihre religiösen und politischen Ansichten zu verurteilen, sie alle dem Unendlichen anvertraue und ihnen zu glauben gestatte, was immer sie für richtig hielten. Er lasse jetzt ihre Besonderheiten, Anomalitäten und unkonventionellen Verhaltensweisen einfach gelten.

Der Mann sah ein, dass er niemanden zu ändern hatte außer sich selbst. Darüber hinaus wurde ihm bewusst, dass allein er für die Magenschmerzen verantwortlich war, und folglich brauchte er auch keine Barbiturate und kein Natron mehr zu nehmen, um sich Erleichterung zu verschaffen. Seine veränderte Einstellung änderte in seinem Leben alles.

Er sagte: »Oh, eines Tages wird es mir gut gehen«

In der Bibel steht: *Der Schwache spreche: Ich bin stark!* (Joel 4,10) Ein Mann behauptete, schwach, nervös, bei schlechter Gesundheit zu sein, und wollte doch von diesen Leiden endlich befreit werden. Er fügte hinzu, irgendwann in der Zukunft würde er sich bestimmt gut fühlen. Solche Gedanken verwehrten ihm seinen Anteil am Guten und verhinderten die Heilung.

Die richtige Erklärung ist oft das Heilmittel. Ich betone

immer wieder, dass Sie, wenn Sie »ICH BIN« sagen, in der ersten Person Gegenwart sprechen. Da ist keine Zukunft; deshalb sagen Sie nicht: »Eines Tages werde ich geheilt sein.« Die Unendliche Heilsame Gegenwart ist in Ihnen. Sie hat nichts mit Zeit oder Raum zu tun. Danken Sie für die Heilung, die hier und jetzt stattfindet. Ihr Bewusstsein ist das Tor zu jeder Verwirklichung; daher müssen Sie beanspruchen, jetzt so zu sein, wie Sie es sich wünschen; dann werden Sie auch das dazu passende geistige Äquivalent entwickeln.

Der Wille des Unendlichen wurde in der Bibel folgendermaßen zum Ausdruck gebracht: *Sie sprach: es geht uns gut!* (2. Könige 4,26), und nicht: »Es wird uns gut gehen.« Wenn Sie sagen: »Eines Tages wird es mir gut gehen«, bedeutet das im Grunde: »Ich bin krank.« Was immer Sie mit »ICH BIN« verknüpfen, das werden Sie auch. Seien Sie also vorsichtig, welche Inhalte Sie am »ICH BIN« festmachen.

Auf meinen Vorschlag hin begann der Mann sich vorzusingen: »Ich bin völlig gesund. Gott ist meine Gesundheit«, wissend, was er da tat und warum er es tat. Die Ergebnisse blieben nicht aus. Nach etwa zwei Wochen war er durch den Heiligen Geist in seinem Innern wiederhergestellt, neu belebt, verjüngt.

Sie müssen einsehen, dass Gottes Wille die Anerkennung dessen bedeutet, was ist, und nicht dessen, was sein wird. Friede ist, Freude ist, Liebe ist, Harmonie ist, Ganzheit ist, richtiges Handeln ist, Weisheit ist. Gott ist das Ewige Jetzt – zeitlos und raumlos! Beanspruchen Sie Ihr Gutes jetzt. Empfinden Sie seine Wirklichkeit und bekräftigen Sie mutig: »Dein Wille ist jetzt geschehen.«

Der Wille des Unendlichen ist das Wesen des Unendlichen und alle Eigenschaften und Möglichkeiten Gottes sind jetzt in Ihrem Innern. Wenn Ihr Wunsch nach Harmonie, Gesundheit, Friede, Freude, Fülle in Ihrem Unterbewusstsein zu einer Überzeugung wird, dann ist er Gottes Wille und nicht mehr

Ihr Wunsch oder Ihre Wahl. Sie wissen sehr wohl, dass Sie Ihre Wahl, Ihre Absicht oder Ihr Verlangen als richtig erachten, das heißt subjektivieren oder dem Unterbewusstsein einprägen müssen. Sobald Sie das getan haben, ist Ihr Wille – also Ihr Wunsch oder Ihre Wahl – in Ihren tieferen Geist eingedrungen; daher wird er irgendwann auch erfüllt.

Biblisch gesprochen geht es nicht mehr um »meinen Willen«, sondern um »Dein Wille geschehe.« Ihre Überzeugung (Gottes Wille) wird Wirklichkeit. Ihr Gebet wird beantwortet. Das ist eine sehr einfache Erklärung jener Stelle im Evangelium nach Lukas: ... *doch nicht mein, sondern dein Wille geschehe!* (Lukas 22,42)

Sie hatte Angst vor Hunden

Eine junge Frau erzählte mir Folgendes: Bevor sie eine Einladung in ein anderes Haus annehme, versuche sie zunächst herauszufinden, ob die Besitzer einen Hund haben, da sie Hunde fürchte und verabscheue. Während unseres Gesprächs konnte ich leicht feststellen, wodurch diese emotionale Reaktion auf Hunde ausgelöst worden war. Im Alter von etwa vier Jahren hatte sie mit einem Hund gespielt, der sie dann biss. Die unterbewusste Erinnerung an diese traumatische Erfahrung war die Ursache ihrer Angst.

Liebe vertreibt die Angst, und auf meinen Rat hin praktizierte sie die Kunst, ihre Einbildungskraft nutzbringend einzusetzen. Jeden Tag würde sie etwas Zeit erübrigen, die Augen schließen, sich einen lebendigen Hund ausmalen, der vor ihr steht, ihn mit imaginären Händen liebevoll streicheln und aufgrund seiner Reaktion innerlich Freude empfinden. Sie stellte sich vor, dem Hund Futter und Milch zu geben. Sie spürte die Natürlichkeit und Greifbarkeit des ganzen Vorgangs, gestaltete ihn anschaulich und wirklichtsnah.

Nach ungefähr einer Woche merkte sie, dass die Angst verschwunden war. Sie wandte das Gesetz des Geistes an und fand heraus, dass das, was sie subjektiv dramatisierte, in ihr Unterbewusstsein eindrang und sie förmlich dazu trieb, Hunde zu lieben. Liebe vertreibt die Angst und ist ein gefühlsmäßiges »Zubehör« Ihres Ideals, aufgrund dessen Sie ein starkes Interesse und eine tiefe Faszination dafür entwickeln, das jeweilige Ziel zu erreichen.

Bei ihrer vorgestellten Handlung dachte die Frau auch an die Liebe eines Hundes gegenüber seinem Herrn und daran, dass er manchmal sogar sein Leben für ihn opfert. Sie sann über die Treue und Gewissenhaftigkeit der Hunde nach, wenn diese zum Beispiel Kinder oder Erwachsene retten, die unter einer Lawine begraben sind. All das erschien ihr als heilsame Meditation, durch die sie ihrer Gesinnung die Liebe für Hunde einprägte.

... durch Stillesein und Hoffen
würdet ihr stark sein ...
(Jesaja 30,15)

Heute und fast jeden Tag lesen wir Berichte und Prognosen über Armageddon, das Ende der Welt, Hungertod, Revolution – und Vorschläge zur Bekämpfung von Krebs, Tuberkulose, Umweltverschmutzung ... Doch wenig oder fast gar nichts wird gesagt über die geistige Verschmutzung. Kaum jemand entsinnt sich der uralten Maxime: »Wie innen, so außen.«

Wir müssen zuerst das Innere reinigen. Außerdem: Wenn wir eine Sache geistig bekämpfen, vergrößern wir sie noch, was dann zur Folge hat, dass wir uns immer mehr mit Negativem vergiften. Der Mensch kann sich zwar weiterhin engagieren und zum Beispiel die Slums beseitigen, aber er hat vergessen, dass er vor allem die Slums im menschlichen Geist reinigen muss, denn dort befindet sich der Infektionsherd. Wenn ein Wissenschaftler über ein Gegengift nachdenkt, fällt ihm die Lösung eher ein in entspannter, gleichmütiger und empfänglicher Gemütsverfassung – und nicht, indem er über das Problem beunruhigt und aufgeregt nachdenkt. Er weiß nämlich, dass eine derartige Einstellung gewissermaßen sich selbst durchkreuzt und das Problem nur noch verschlimmert.

Ein ruhiger Geist bewältigt die Aufgaben

Männer und Frauen, die vor Wut kochen wegen des so genannten Establishments oder irgendwelcher Organisationen, werden ungeachtet ihrer hektischen Betriebsamkeit, ihrer Wahlsprüche, ihrer Anfälle von Zorn oder Feindseligkeit weder die Probleme der Welt lösen noch sonstwie Heilung bringen. Ihre Gefühle sind selbstzerstörerisch und führen nur zu Fehlschlägen und Enttäuschungen.

Wenn ein Direktor ein Projekt leiten und zum krönenden Abschluss bringen soll, muss er zur Ruhe kommen und über die Weisheit und Macht Gottes nachdenken, um dadurch geleitet zu werden. Als Direktor einer Firma oder Vorsitzender der Eltern-Lehrer-Vereinigung werden Sie allen Beteiligten das Gefühl von Vertrauen, Gelassenheit und Frieden vermitteln, wenn Sie ruhig und mit der Unendlichen Gegenwart im Innern verbunden sind. Vergessen Sie nicht: Egal, worüber Sie sich aufregen und womit Sie gedanklich kämpfen – es prägt sich Ihrem Unterbewusstsein ein, das so dessen negative Ladung aufnimmt.

Kommen Sie zu einer Entscheidung. Denken Sie ohne Hast über die Lösung, den Ausweg nach. Begreifen Sie die gefundene Antwort; lernen und erkennen Sie, dass Sie genau zu dem werden, worüber Sie nachsinnen. Ich bin sicher, dass Sie nicht

dem inneren Bild entsprechen wollen, gegen das Sie gedanklich ankämpfen.

Eine Frau sagte mir, dass sie entsetzliche Angst vor Krebs
habe. Ich fragte, ob sie unter irgendwelchen Schmerzen leide,
woraufhin sie erwiderte: »Nein.« Dann schlug ich ihr vor, diese
ängstliche Vorstellung loszulassen. Sie solle sich auf Ganzheit,
Schönheit und Vollkommenheit besinnen. Außerdem teilte
ich ihr das weiter oben erwähnte Gebet mit: »Ich bin völlig
gesund. Gott ist meine Gesundheit.« Sie brach den Bann jenes
bösartigen Gedankens, indem sie ihn durch die Wahrheit über
ihr tiefes Selbst, das Gott ist, ersetzte.

Besänftigen Sie Ihren Geist viele Male am Tag. Denken
Sie an Gott und an Seine Liebe. Beanspruchen Sie Frieden,
Harmonie, Freiheit, Freude, Kraft, Ganzheit und Stärke, dann
wird Ihre Welt sich magisch verwandeln in das Bild Ihrer kon-
templativen Betrachtung.

Der verschlossene Geist

In ein volles Glas können sie nichts eingießen. Ein Fallschirm
nutzt nur etwas, wenn er sich öffnet. Dementsprechend muss
Ihr Geist offen und empfänglich sein für neue Vorstellungen,
für die ewigen Wahrheiten des Lebens. Der starre, nicht an-
passungsfähige Geist meint, im Besitz aller Wahrheiten – einer
in sich geschlossenen Weltanschauung oder Theologie, einer
besonderen Offenbarung – zu sein, und dass er nichts weiter
dazuzulernen habe. Ein solcher Mensch ist in einem traurigen
Zustand. Tatsächlich aber leben Sie in Gegenwart der Unendlichkeit und können sich jeden Tag mehr Verständnis, Weisheit und Licht aneignen.

Sie verfügen über einen unerschöpflichen Vorrat an ewigen
Reichtümern. Niemals könnten Sie alle Herrlichkeiten und
Weisheiten des Unendlichen Einen aufbrauchen.

Die alte Sage bringt
es gut zum Ausdruck

Vor Tausenden von Jahren versammelten sich die Götter zu einer Beratung auf dem Olymp. Der Zweck dieser Sitzung war, darüber zu entscheiden, ob den gewöhnlichen Sterblichen die Wahrheit anvertraut werden sollte, sodass sie sich dazu ermutigt und angespornt fühlten, ihr Leben nach dem der Götter zu gestalten. Man traf eine hehre Entscheidung und bestimmte, jenen »Edelstein der Wahrheit« dem Menschen zu übergeben.

Einer der jüngeren Götter bat die älteren darum, hinunter zur Erde gehen zu dürfen, damit er den kostbaren Edelstein der Menschheit überreichen und dadurch die Gunst der älteren Götter gewinnen könne. Er erhielt die Erlaubnis und war überwältigt von der Freude über diese einmalige Gelegenheit. Doch in dem Augenblick, da seine Füße die Erde berührten, stolperte und stürzte er, und der »Edelstein der Wahrheit« zersplitterte in tausend Stücke. Als die Götter auf dem Olymp davon erfuhren, wurden sie von Unruhe ergriffen, und der jüngere Gott war beschämt und enttäuscht.

Sie erkennen den Sinn dieser Sage, nämlich dass der Sturz des Gottes vielerlei Probleme heraufbeschwor. Denn für alle Zeit fanden die Menschen nur Bruchstücke des Edelsteins, und ein jeder glaubte, die ganze Wahrheit allein entdeckt zu haben.

Gott ist die Wahrheit, und Er wohnt allen Menschen auf der Welt inne. Es gibt nur Eine Wahrheit, Ein Gesetz, Ein Leben, Eine Substanz und Einen Vater des Alls – »Unseren Vater« –, das Lebensprinzip, das unser gemeinsamer Urahn ist. Die Wahrheit ist Eins und Unteilbar. Wenn Sie sagen: »ICH BIN«, verkünden Sie damit Gottes Gegenwart und Macht in Ihrem Innern. Das ist die Wirklichkeit jedes Menschen.

Nun erfahre ich in Wahrheit, dass Gott ohne Ansehen der Person handelt ... (Apostelgeschichte 10,34) Wenn Sie Es benennen, können Sie Es nicht finden; und wenn Sie Es finden, können Sie Es nicht benennen.

VIERZEHNTES KAPITEL

Das Haus, in dem es spukt, oder: das von Gespenstern heimgesuchte Denken

Das Spukhaus war in seinem Kopf

Neulich führte ich ein interessantes Gespräch mit einem Mann, der behauptete, dass es in seinem Landhaus spuke. Er geht jetzt nur noch selten dorthin. Die Fensterläden sind geschlossen, die Türen verriegelt. Er sagte, die herrlichen Perserteppiche würden von Motten und anderen Insekten zerfressen. Aber eigentlich glaube er nicht an Gespenster. Obwohl er sich über solche »Albernheiten« lustig macht, schreckt er davor zurück, in dem Haus nachts zu schlafen.

Diese Geschichte soll zeigen, dass jeder an etwas glaubt, ob an eine Religion oder einen falschen Gott. Viele Atheisten sagen: »Ich glaube nicht an Gott«, erkennen jedoch irgendeine andere Autorität an, die ihr Denken beherrscht. Jeder Gedanke, den Sie akzeptieren und für wahr halten, übt einen großen Einfluss auf Sie aus.

An zahlreichen Orten kursieren ab und zu Nachrichten von Häusern, in denen es spukt, von seltsamen Geräuschen, umherwandernden Gespenstern, von Lichtern, die an und aus gehen, Möbeln, die wie durch Geisterhand bewegt werden, von Fenstern, die sich ohne Zutun öffnen, von plötzlich auftretenden eiskalten Böen und anderen unheimlichen Phänomenen.

Jener Mann hatte das Landhaus vor mehreren Jahren gekauft und anfangs viele glückliche Wochenenden dort verbracht. Doch nach einigen Monaten erzählten ihm die Nachbarn von dem Gerücht, dass sich in seinem Haus eine schlimme Tragödie zugetragen habe. Die früheren Besitzer hatten es ihm gegenüber nie erwähnt. Andere Leute verbreiteten sich ebenfalls über die Geschichte, und jede Vermutung war so gut wie die andere.

Aufgrund dieser Berichte ereigneten sich im Haus plötzlich seltsame Dinge, die den Mann glauben ließen, es werde von bösen Geistern und erdgebundenen Wesen heimgesucht. Er hörte Stimmen, ohne zu verstehen, was sie meinten.

Gespenster tauchen dann auf, wenn das Licht des Geistes trüb ist. Jene Gespenster, denen der Mann begegnete, waren Geschöpfe seiner Angst und seiner Unwissenheit, die gleichbedeutend ist mit der Dunkelheit des Geistes.

Das Heilmittel

Häufig ist die treffende Erklärung zugleich das Heilmittel. Ich machte den Mann darauf aufmerksam, dass er tatsächlich das Opfer negativer Suggestionen sei. Zwei Monate lang hatte er mit dem Haus keinerlei Probleme; doch von dem Augenblick an, da er die Einflüsterungen seiner Nachbarn ernst nahm, dramatisierte das Unterbewusstsein seine Angst und seinen Aberglauben. Alles, was verletzt und schadet, liebt die Dunkelheit und hasst das Licht. Das Heilmittel bestand also darin, die Schatten aus seinem Kopf zu vertreiben und dort das Sonnenlicht der Göttlichen Liebe einstrahlen zu lassen.

Alle Ausgeburten der Dunkelheiten wandern nachts umher. Viele Menschen berichten oder stellen sich vor, Gespenster und Erscheinungen zu sehen, wenn sie nachts an einem Friedhof vorbeikommen. Solche Einbildungen sind allein auf ihre Ängste und falschen Überzeugungen zurückzuführen. Die Trugbilder treten oft auch in der Dämmerung auf, wenn das Licht schwindet und die Schatten länger werden.

Ein Mann, der abends in der Nähe seines Hauses spazieren ging, glaubte einen Reiter auf schwarzem Pferd zu sehen, der mit einem Gewehr auf ihn zielte. Gelähmt vor Angst blieb er stehen und war völlig bewegungsunfähig. Als seine Frau, die ihn zurückerwartete, die Haustür geöffnet hatte, fiel das Licht von innen auf eine bizarre Verzweigung der Bäume, die ihm als berittene männliche Gestalt mit Gewehr erschien. Das ist ein Beispiel dafür, wie sehr das Zwielicht einen Menschen täuschen kann.

Der zuvor erwähnte Mann fragte sich, warum die Tische in seinem Landhaus sich plötzlich bewegten und warum die Lichter an und aus gingen. All diese Phänomene waren durch die Tätigkeit seines Unterbewusstseins hervorgerufen worden. Sein Geist war ein Spukhaus, das auf der Annahme negativer Suggestionen gründete.

Ich gab ihm das folgende geistige Rezept, das er mehrmals täglich und besonders abends mit erhobener Stimme wiederholen sollte: »Mein Haus ist dem Göttlichen Geist bekannt. Gottes Friede durchdringt und erfüllt die häusliche Atmosphäre. Göttliche Liebe geht durch die Tür ein und aus. Mein Leben ist Gottes Leben, und Gottes Friede breitet sich in meinem Kopf und meinem Herzen aus. Ich glaube an Gott und an alles Gute. Er sorgt für mich. Ich bin versunken in den heiligen Kreis der Liebe Gottes. Sie umhüllt mich, und ich habe ein wunderbares Leben. Das Licht Gottes scheint in mir, und Seine Liebe prägt die Atmosphäre meines Hauses. Es herrschen dort Göttliches Gesetz und Göttliche Ordnung.«

Dieses Gebet neutralisierte die negativen Suggestionen der Nachbarn, und so stellte der Mann bald fest, dass die Gespenster, die er gefürchtet hatte, in den düsteren Gängen und Winkeln seines eigenen Bewusstseins erzeugt worden waren.

Die Vergangenheit ist tot

Durch Gespräche mit zahlreichen Menschen wurde mir klar, dass sie, auch wenn sie in eine andere Stadt umziehen, doch nie ihren Geist bewegen, dass also zwischen dieser und jener Veränderung ein großer Unterschied besteht. Sie übersehen, dass sie ihrem Bewusstsein nicht entfliehen können. Sie haben zum Beispiel den Verlust der Liebe erfahren, waren mit einem Todesfall oder irgendeinem skandalösen Ereignis in häuslicher Umgebung konfrontiert. In der Vergangenheit zu leben, ist tödlich, weil man dadurch seine Hoffnungen und Sehnsüchte zerstört, sich der Vitalität und des geistigen Friedens beraubt.

Viele merken nicht, dass sie diese traumatischen Erschütterungen oder Erinnerungen in ihrem Unterbewusstsein speichern. Ich habe festgestellt, dass sie in die Vergangenheit zurückkehren, die früheren Schrecken jeden Abend noch einmal durchleben und unter Albträumen leiden. In der dunklen Kammer des Geistes hängen Skelette, denen sie sich immer wieder zuwenden. Offensichtlich müssen sie lernen, sich von der Vergangenheit ohne jedes Abhängigkeitsgefühl zu lösen, das eigene Denken grundlegend zu ändern und diese Änderung beizubehalten.

Wie denken Sie über sich selbst? Wie denken Sie über die Welt? die Nachrichten? Machen bestimmte Situationen und Zustände Sie wütend? Wenn ja, haben Sie einen schlechten Herrscher über Ihr Denken eingesetzt. Es kommt nicht darauf an, ob alle Journalisten, die für Zeitungen schreiben oder in anderen Medien die Nachrichten präsentieren, sich irren und nur Sie im Recht sind. Wenn das, was da gesagt wird, Sie verwirrt und aufregt, so haben Sie selbst veranlasst, dass eine schädliche Macht über Ihren inneren »Haushalt« bestimmt.

Sie leben immer entsprechend Ihrer Gemütsverfassung – und nicht gemäß Ihres jeweiligen Aufenthaltsortes. Momentan leben Sie in jenem Bewusstseinszustand, der all Ihre Gedanken, Gefühle und Überzeugungen umfasst.

Hier in Laguna Hills gab es eine Frau, die den Tod ihrer Mutter beklagte. Jeden Tag suchte sie deren Grab auf, legte Blumen nieder und weinte. Doch nicht dort war ihre Mutter. Sie war nicht in jenem von Erde umhüllten Körper, der sich allmählich zersetzte und in seine ursprünglichen Bestandteile überging. All die Trauer, Düsterkeit und Schwermut lag im Bewusstsein der Tochter, die ein tiefes Gefühl von Verlust empfand und ihre Sehkraft immer mehr einbüßte. Daraus bezog sie eine morbide Pseudo-Befriedigung. Sie identifizierte sich mit Stillstand, Beschränkung, Endgültigkeit, die ihren Geist vergifteten. Sie erlebte, wie Gesundheit, Wohlstand, Liebe ihr abhanden kamen; praktisch alles lief verkehrt, weil ihre Gemütsverfassung von Verlust gekennzeichnet war.

Nach einiger Zeit lernte sie, die eigene Einstellung zu ändern, und erkannte, dass die Mutter bei ihr war, getrennt nur durch eine andere Frequenz des Seins. Sie begann, für ihre Mutter zu beten, indem sie sich über deren Neugeburt in Gott freute und ihr gegenüber Liebe, Frieden und Wohlwollen ausstrahlte. Jedes Mal, wenn sie an die Mutter dachte, bekräftigte sie: »Mutter, deine Reise geht weiter, führt aufwärts und zu Gott hin.« Allmählich erlangte sie ihre Sehkraft wieder, und ihr ganzes Leben wurde durch systematisches Beten transformiert. Das Gebet verändert den Menschen, der betet.

Er hatte einen Märtyrer-Komplex

Während einer Konsultation mit einem Mann in meinem Büro erfuhr ich, dass er von der Firma, für die er seit über 25 Jahren gearbeitet hatte, schäbig behandelt worden war. Er schien Gefallen daran zu finden, immer wieder darüber nachzugrübeln und zu erzählen, wie ungerecht die Leute dort gegen ihn gewesen waren und wie sie ihn nach der Fusion mit einer anderen Firma ohne weitere Erklärung entlassen hatten. Er entwickelte eine Art Märtyrer-Komplex, und seine Krankhaftigkeit sowie sein Ärger hatten sich in akutem Bluthochdruck niedergeschlagen.

Ich erläuterte ihm, dass er gleichsam einem Dieb die Verantwortung über seinen Gemütszustand übertragen habe, einem Tyrannen, der sich verheerend auf seine Gesundheit und seine finanzielle Situation auswirke.

Eine geistige Reise unternehmen

Darüber hinaus machte ich ihm begreiflich, dass er ständig auf einer geistigen Reise sei und dass jede beherrschende Vorstellung ins Unterbewusstsein eindringe und dann als Ereignis und Erfahrung wiederkehre.

Er beschloss, die folgende Formel zu benutzen: »Ich lasse die Firma völlig los, vertraue sie Gott an und wünsche ihr alles Gute. Der Unendliche Geist öffnet mir auf wunderbare Weise die Tür in einen neuen Tätigkeitsbereich. Ich bringe jetzt meine Talente und meine Erfahrung äußerst geschickt ein und weiß, dass das, was ich bejahe und glaube, auch geschehen wird. Ich unternehme eine geistige Reise vom Wunsch zu seiner Erfüllung. Diese neue Vorstellung, die ich jetzt hege, nimmt im Innern Gestalt an und manifestiert sich in meinem Leben.«

Diese maßgebliche Idee, die ihn nun leitete, beherrschte auch seine weniger bedeutsamen Gedanken, Vorstellungen und Gefühle. Sie wurde zu seiner Richtschnur, zu seiner Autorität. Während er diese Wahrheiten unaufhörlich bekräftigte, gelang es ihm, sein Unterbewusstsein damit auszufüllen; und plötzlich öffnete sich die Tür, und er bekam eine Stellung in Übersee, die ihm ein wesentlich höheres Gehalt bot, als er es jemals verdient hatte.

Religion und Wissenschaft

Ihre Religion sollte verbunden sein mit der Wissenschaft. Religion und Wissenschaft stellen zwei Bögen dar, die den Kreis schließen und vervollkommnen. Die Religion muss wissenschaftlich fundiert sein, und die Wissenschaft bedarf des religiösen Impulses, sonst können beide sich nicht begegnen. Der menschliche Geist wird zu einer Art Geisterhaus, wenn er auf früheren Klagen, Tragödien, traumatischen Ereignissen und anderen unglücklichen Erfahrungen beharrt.

Wenn man begreift, dass es Gesetze des Geistes gibt, die, richtig angewandt, eine Reaktion des Unendlichen Geistes hervorrufen, und wenn man davon wirklich überzeugt ist, stellt sich infolge des beantworteten Gebets eine tiefe Freude ein.

Er hörte unheimliche kreischende Stimmen

Ein Mann, der seine Frau jahrelang gehasst hatte, empfand tiefe Schuldgefühle, als sie an Krebs starb, eben weil er ihr gegenüber so abweisend gewesen war. Er befürchtete, dafür bestraft zu werden, und machte sich dauernd Gewissensbisse. Er erzählte mir, dass er nachts seltsame Geräusche höre, das unheimliche Kreischen unirdischer Stimmen und Schritte auf der Treppe. Er sah Gespenster in sein Schlafzimmer treten, vernahm das Knarren der Dielen und das Rasseln von Ketten. Er behauptete, unsichtbare Hände zerrten an ihm, und zeigte zum Beweis seine Kratzspuren. Diese Vorgänge ereigneten sich jede Nacht zwischen zwölf und drei Uhr. Der Arzt hatte ihm Beruhigungsmittel gegeben, aber sie halfen nicht.

Ich hielt mehrere Sitzungen mit diesem Mann ab, und es war mir klar, dass er an spiritistischen Sitzungen teilnahm, sich mit der Alphabettafel beschäftigte und an alle möglichen bösen Geister glaubte. Er empfand eine tiefe Reue und steckte in einer schweren Depression, die beide durch sein Schuldgefühl verursacht worden waren.

Ich setzte ihm auseinander, dass es in einem auf Gottes Wahrheiten gründenden Haus (Geist) der Meditation keine Geister, Gespenster, Kobolde, schaurige Schreie oder anormale Geräusche gibt. Solche Phänomene kommen nicht vor in einem Bewusstsein, das vom Sonnenlicht Göttlicher Wahrheit und Liebe erfüllt ist. Sein ausgeprägtes Schuldgefühl, seine Angst vor Bestrafung und sein Glaube an böse Wesenheiten veranlassten sein Unterbewusstsein dazu, diese noch zu dramatisieren und in Erscheinung treten zu lassen.

Einsicht verleiht Stärke und kann als Sonne bezeichnet werden, welche die Dunkelheit und die Verwirrung im Denken auflöst. Treiben Sie die Schatten aus, und das Sonnenlicht wird hereinströmen. Sie leben in Frieden, sobald Sie sich Ihrer geistigen Stärke bewusst werden. Das ist jener Friede, der keine äußeren Feinde kennt, weil er keine im Innern hat.

Der Mann beschloss, seine Frau loszulassen und die Asche gegen die Schönheit einzutauschen. Tag und Nacht bekräftigte er, dass Gottes Liebe ihre Seele ausfüllt und Gottes Friede ihren Geist beherrscht. Nach etwa einer Woche kam er ihr gegenüber zur Ruhe und empfand keine Schuldgefühle mehr. Dann begann er, mehrmals täglich und insbesondere abends vor dem Einschlafen die Botschaften des 23. und des 91. Psalms ganz in sich aufzunehmen.

Die heilende Kraft Gottes wurde durch ihn selbst bewirkt, während er die tiefen Wahrheiten der Psalmen bestätigte. Er fand geistigen Frieden und hörte keine Stimmen und Geräusche mehr. Er vertraute sich und seine Frau der Obhut Gottes an. Als Gottes Licht und Liebe in seine Seele drangen, verschwand alle Finsternis.

Lassen Sie sich von der Weisheit führen

Inthronisieren Sie in Ihrem Geist die Weisheit, die im Bewusstsein der Gegenwart und Macht Gottes besteht, indem Sie über
Frieden, Stärke, Freude und rechtes Handeln nachsinnen. Beschäftigen Sie Ihre Gedanken mit diesen Wahrheiten, dann
werden Sie geistige Befriedigung und Harmonie erfahren. Sie
sind hier auf Erden, um das Wesen Gottes im menschlichen
Tun zu offenbaren, darzustellen und stärker zu betonen –
durch ihre körperliche Existenz und über sie hinaus. Deshalb
sagt Hiob: *Und ist meine Haut noch so zerschlagen und mein
Fleisch dahingeschwunden, so werde ich doch Gott sehen.* (Hiob
19,26)

Sie behauptete, ein
lärmender Geist sei das Problem

Nach einer langen Unterredung mit einer Frau aus San Francisco gelangte ich zu dem Schluss, dass der von ihr so genannte »Geist« die eigene Tochter war. Auf meinen Rat hin unternahm sie einen Versuch und schickte die Tochter zu deren
Großmutter nach Los Angeles. Während ihrer zweiwöchigen
Abwesenheit gab es keine Geschichten von sich bewegendem
Geschirr, umkippenden Tischen und von der Wand herabfal-
lenden Bildern, von plötzlich erlöschenden Lichtern oder sich
öffnenden Fenstern.

Das Treiben der »Poltergeister« ist auf der ganzen Welt
bekannt und ein echtes Phänomen des Unterbewusstseins.
In Wahrheit hat es mit Gespenstern oder bösen Geistern gar
nichts zu tun. Seine Ursache ist hinlänglich erforscht; dabei
handelt es sich lediglich um eine psychokinetische, im tieferen
Bewusstsein verborgene Kraft, die sich oft in Stressphasen
oder in der Pubertät bemerkbar macht.

Als ich mit der zwölfjährigen Tochter sprach, die von ihrer Großmutter in mein Büro gebracht worden war, stellte ich fest, dass sie einen tiefen Groll gegenüber der Mutter hegte, weil diese ihren Bruder bevorzugte und das sogar offen ausgesprochen hatte. Beim Einsetzen der Menstruation hatte sie ihre Mutter gefragt, was die Blutung bedeute, woraufhin sie zur Antwort bekam, das sei die »schmutzige Phase« bei Mädchen. Mit den Geistererscheinungen zahlte sie es ihrer Mutter nun heim. Die übersinnlichen Phänomene waren Ausdruck der Kraft ihres Unterbewusstseins, die sie in negativer Weise nutzte.

Es gibt nur Eine Kraft, und wir können sie zweckmäßig anwenden oder vergeuden. Ich erklärte die Situation der Mutter und der Großmutter. Die Mutter bringt ihrer Tochter jetzt Liebe und Aufmerksamkeit entgegen und versichert ihr, dass sie gebraucht, geliebt und geschätzt wird. Das junge Mädchen lernte, für seine Mutter zu beten, indem es sich immer wieder klar machte: »Gott liebt meine Mutter. Ich liebe sie und sie liebt mich.« Es hat diese Botschaft in eine Art Lied verwandelt, das es sich viele Male am Tag leise und doch vernehmbar vorsingt.

Die Lösung für alle menschlichen Beziehungsprobleme besteht darin, im Anderen Gott zu preisen. Man kann nicht an zwei Dinge gleichzeitig denken. Deshalb muss man sich auf Gott und Seine Liebe besinnen, um die richtige Antwort zu finden.

Infolge der kühlen Witterung erkältete er sich

Ein Mann erzählte mir, bei ihm zu Hause sei es warm gewesen, doch als er dann in die kühle Nacht hinausging, begann er zu niesen, zu husten und zu frösteln. Er machte dafür das Wetter verantwortlich. Husten und Schüttelfrost schienen ihn in der Überzeugung zu bestätigen, dass er sich aufgrund der kalten

Nachtluft gerade eine Erkältung zuzog. Er hatte erhöhte Temperatur und nahm Nasentropfen und Aspirin.

Ich machte ihn darauf aufmerksam, dass nicht die Nachtluft ihm die Erkältung beschert hatte. Die Atmosphäre ist unschädlich und kann niemanden krank machen. Die Erkältung wurde also keineswegs durch die Witterung hervorgerufen, sondern durch seine innere Überzeugung. Als er aus einem ziemlich warmen Zimmer in die kalte Nachtluft hinaustrat, kam es zu einem Temperaturwechsel, den die Natur zu mildern suchte, und so musste er niesen. Auf diese Weise bewirkte sie bei ihm eine Angleichung an die äußeren Bedingungen. Er aber betrachtete die Wirkung als Ursache und wurde dadurch zum Auslöser seines Leidens.

Die kosmischen Gesetze beruhen auf Vorsehung und zielen auf das Wohl aller. Der Mann missdeutete sein Niesen, das lediglich ein Reflex des Unterbewusstseins war, mit dem es die Körpertemperatur der Außentemperatur anpasste. Für jede Aktion gibt es eine entsprechende Reaktion, die im richtigen Verhältnis zu ihr steht. Das ist Physik und zugleich auch Metaphysik.

Beim ersten Hüsteln haben viele Menschen Angst, eine Erkältung zu bekommen, und was sie fürchten, ziehen sie förmlich an. Innere Unruhe ist die Aktion und das Niesen oder Husten die Reaktion. Dadurch schließt sich der Kreislauf, der kein anderes Ergebnis zeitigen kann. Wenn wir aufgrund von Unwissenheit oder Angst glauben, Niesen oder Husten seien Symptome dafür, dass eine ernste Erkältung im Anzug ist, verursacht unser Glaube eben die Krankheit, die wir befürchten.

Denn was ich gefürchtet habe, ist über mich gekommen … (Hiob 3,25) Verändern Sie in diesem Satz Verb und Tempus und bekräftigen Sie: »Was ich besonders liebe, kommt über mich.« Verlieben Sie sich in Gesundheit, Harmonie, Frieden, Fülle und die Wahrheiten Gottes. Dann wird die Wüste Ihres Lebens fruchtbar werden und aufblühen als Rose.

FÜNFZEHNTES KAPITEL

Werden Sie mit der Sprache der Bibel vertraut

Die zwei Seiten

Es heißt, jede Frage und auch jede Antwort habe zwei Seiten, aber nur eine sei die richtige. Um die Wahrheit zu erkennen, müssen Sie lernen, welche das ist. Emerson erklärte in seinem Essay *Compensation*: »Ein unvermeidlicher Dualismus teilt die Natur, sodass jedes Seiende eine Hälfte darstellt und auf ein anderes Seiendes verweist, das es ergänzt, wie im Falle von Materie/Geist; Mann/Frau; ungerade/gerade; subjektiv/objektiv; innen/außen; oben/unten; Bewegung/Ruhe; ja/nein.«

Es gibt Licht und Dunkelheit, Ebbe und Flut, innen und außen, süß und sauer. Die Dunkelheit ist die Abwesenheit des Lichts. Es gibt Wärme und Kälte, aber auf der Ebene der absoluten Wahrheit gibt es keine Kälte. Alle Gegensätze werden im Absoluten miteinander versöhnt. Es gibt Gesundheit und Krankheit, doch im Absoluten ist alles Ganzheit, Schönheit und Vollkommenheit. Die positiven Werte sind Licht, Gesundheit und Liebe. In unseren Erfahrungen kommen Gegensätze zum Ausdruck, damit wir den Sinn der jeweils positiven Seite kennenlernen können. Ohne das negative Gegenteil im Hintergrund würden wir uns der wahren Bedeutung des Positiven nicht bewusst werden.

Wenn Menschen Fragen stellen wie: »Warum hat Gott uns erschaffen? Damit wir irren, Fehler machen, krank werden können? Warum gibt es Gut und Böse, Schmerz und Krankheit?«, so liegt die Antwort darauf im obigen Abschnitt. Wir kennen die Dinge durch Gegensatz und Vergleich. Wie sollten wir wissen, was Freude ist, wenn wir von Zeit zu Zeit nicht eine Träne des Kummers vergießen würden?

Wir sind empfindungsfähige Wesen und nehmen Farben aufgrund ihrer unterschiedlichen Wellenlängen wahr. Unendliche Differenzierung ist das Gesetz des Lebens. Echte wissenschaftliche Erkenntnis achtet die existenziellen Gegensätze. Das Gute hat sein Gegenteil, damit wir es wählen und das Schlechte ablehnen können. Das Gute wählen und verstehen – dies wird als Weisheit bezeichnet. Sie weiß, was richtig und mit der allumfassenden Wahrheit in Einklang ist.

Wir könnten sagen, dass es zwei Sprachen gibt. Die Bibel ist in einer Geheimsprache aus Parabeln, Allegorien und Metaphern geschrieben. Die Welt dagegen spricht eine andere Sprache, und Millionen von Menschen nehmen die Bibel wörtlich. Die Gesetze sind in der jeweiligen Landessprache geschrieben, doch Rechtsgelehrte, Richter und Anwälte disputieren ständig darüber, wie sie auszulegen seien. Das Oberste Bundesgericht der Vereinigten Staaten ist gespalten hinsichtlich der Bedeutung einzelner Teile der Verfassung, obwohl diese in klarem Englisch geschrieben ist. Politiker in Kalifornien sagen zum Beispiel, das Blatt wende sich zu ihren Gunsten. Das meinen sie nicht wörtlich (einige jedoch schon, wie mir scheint).

In der Bibel selbst gibt es zwei Sprachen, und dies führt zu endloser Verwirrung und Fehldeutung. Um die Heilige Schrift zu verstehen, müssen Sie in die tiefere Bedeutung ihrer Symbole eindringen. Paulus spricht von *Christus in euch, die Hoffnung der Herrlichkeit.* (Kolosser 1,27) Christus ist kein Mensch. Die Aussage verweist auf die Gegenwart Gottes in jedem von uns. Wenn Sie diese Kraft zu nutzen beginnen, erlangen Sie ein neues Verständnis Ihrer Person.

Christus wird als jene Weisheit bezeichnet, die Jesus entdeckte und die es ihm ermöglichte, große Werke zu tun. Dieses Wissen bewirkt Gesundheit und Glück. Wenn Sie wissen, dass Gedanken zugleich Dinge sind, dass alles, was Sie für wahr halten, in Ihrem Leben zum Ausdruck kommt und dass Sie all das werden, was Sie sich vorstellen, besitzen Sie einen Teil der Weisheit, die Christus genannt wird.

Christus in Ihnen meint ganz einfach, dass Sie sich die Gegenwart Gottes immer wieder bewusst machen. Das hat nichts mit der Persönlichkeit zu tun. Gottes Gegenwart macht keine Unterschiede zwischen den Menschen. Der Durchschnittsbürger aber weiß nichts über die Göttliche Gegenwart im eigenen Innern und glaubt, dass äußere Umstände ihn ohne seine Zustimmung beeinflussen. Diese Einstellung wird in der Bibel als *Sohn des Verderbens* (2. Thessalonicher 2,3) bezeichnet, was auf ein Gefühl von Verlust und Beschränkung hindeutet.

Wissen ist das, was ein Mensch weiß, aber leider umfasst es im Allgemeinen nicht die Göttlichkeit im Innern. Gott ist ein Synonym für das Gute, und das stille Nachdenken darüber bringt Gesundheit und Glück.

Fragen Sie sich, ob das, was Sie befürchten, tatsächlich existiert oder nur eingebildet ist. Wenn Sie richtiges Handeln, Schönheit, Liebe, Frieden, Göttliche Inspiration und Harmonie beanspruchen, und wenn diese Wahrheiten, Kräfte und Eigenschaften in Ihrem Leben wirksam sind, dann nennt man dies den Christus in Ihnen, die Hoffnung der Herrlichkeit.

Vor einigen Tagen fragte mich jemand, was Paulus meinte mit jenem *Tag des Herrn*. (2. Thessalonicher 2,2) Paulus spricht hier nicht über ein künftiges Tausendjähriges Reich, in dem alle Menschen plötzlich in wundersamer Weise durch das Licht von oben verwandelt werden. Die Erleuchtung kommt nicht auf diesem Wege. Vielmehr wird sie dem Individuum durch Meditation, Gebet und mystische Vision zuteil. Niemand kann sie Ihnen geben. Sie wird nicht ohne Ihre geistige

Mitwirkung und Besinnung auf die ewigen Wahrheiten des Lebens übermittelt.

Es muss, wie Paulus sagt, zunächst etwas von uns abfallen, das heißt, all unsere falschen Überzeugungen und irrigen Vorstellungen müssen ausgemerzt werden, ehe wir Gottes Gegenwart im Herzen fühlen. Solange Sie glauben, dass äußere Mächte Ihr Leben bedingen, sind Sie angefüllt mit den Meinungen und Kenntnissen der Welt. Wenn Sie jedoch das Wissen und die Weisheit wünschen, die in der Bibel Christus genannt werden, müssen Sie von falschen religiösen Überzeugungen ebenso ablassen wie von diversen Propagandakampagnen und das Geschenk der Wahrheit in Ihrem Herzen *jetzt* annehmen.

Paulus sagt: *... es sei denn, dass zuvor der Abfall komme ...* (2. Thessalonicher 2,3) Das heißt: Wenn die allgemein beliebten Theorien und Dogmen des weltlichen Wissens Ihrem Geist als das offenbart werden, was sie sind – nämlich Diebe und Räuber Ihres Glücks –, dann werden Sie den Tag des Herrn erleben oder das Bewusstsein der Wahrheit erlangen.

Es ist sinnlos und töricht zu sagen, dass Sie an Gott glauben, wenn Sie zugleich an eine Macht glauben, die das Werk Gottes zunichte macht. In diesem Punkt darf es keinerlei Kompromiss, Zweideutigkeit oder Wankelmut geben. Wenn Sie meinen, dass andere Ihr Glück zerstören können, oder sich damit abfinden, in unheilbarem Zustand zu sein, nähren Sie damit eine Überzeugung, die ein Dieb und ein Räuber ist und Ihnen Gesundheit und Glück stiehlt.

Die Allerweltsmeinung

Dem gewöhnlichen Menschen erscheint es sehr vernünftig zu glauben, dass die Ursachen der Krankheit ebenso in der Außenwelt zu finden sind wie die entsprechenden Heilmittel. Aufgrund dessen hat er die Vorstellung entwickelt, eine Krankheit »zu bekommen«, wobei er übersieht, dass diese eigentlich eine seelische Störung ist, die sich im Körper bemerkbar macht.

Ich habe immer wieder auf Ihr Unterbewusstsein verwiesen, das all Ihre Gefühle gewissenhaft aufzeichnet. Ihr Körper ist gleichsam die CD, in welche dann die Ergebnisse der emotionalen Abläufe eingraviert werden. Er selbst hat keine Macht, gibt jedoch getreu wieder, was ihm eingeprägt wurde. Jede Ihrer Überzeugungen wird unauslöschlich ins Unterbewusstsein geschrieben und kommt in Ihrem Körper sowie in Ihren Angelegenheiten und Erfahrungen zum Ausdruck.

All dies ist Teil der Weisheit, die als Christus bezeichnet wird. Es gibt eine Wissenschaft des Bewusstseins, die zwischen Wahrheit und Irrtum unterscheidet; sobald Sie zu der eindeutigen Schlussfolgerung gelangt sind, dass nur Eine Macht oder Kraft existiert, werden in Ihrem Leben Wunder geschehen.

Die Schlange

In der Bibel repräsentiert die Schlange die fünf Sinne und das Urteil aufgrund äußerer Erscheinungen. Die Eier der Schlange stellen Angst und trügerisches Wissen dar. Sie nähert sich schnell und geräuschlos; ehe Sie sich ihrer im Dschungel bewusst werden, hat sie schon zugebissen. Das heißt: Die verkehrten Hinweise und Auffassungen des Weltbewusstseins hinterlassen ein Gift im ungeschulten Geist und verursachen alle möglichen Probleme.

Die Lösung für jede Art von Problem

Die Lösung für jedwedes Problem in der Welt besteht darin, das Gebot der Bibel zu befolgen: *Verlass dich auf den HERRN von ganzem Herzen, und verlass dich nicht auf deinen Verstand, sondern gedenke an ihn in allen deinen Wegen, so wird er dich recht führen.* (Sprüche 3,5–6)

SECHZEHNTES KAPITEL

Zahlreiche Antworten auf Ihre zahlreichen Fragen

Geist und Materie sind eins; auch die moderne Wissenschaft spricht über die Umwandelbarkeit von Energie in Materie und umgekehrt. »Energie« ist der wissenschaftliche Ausdruck für Göttlicher Geist oder Gott. Viele Menschen leugnen heute die Existenz Gottes oder des Allmächtigen Lebendigen Geistes. Hier an der Westküste der Vereinigten Staaten gibt es gewisse Gruppen, die sogar die Materie leugnen.

Wir leben in einer subjektiven und einer objektiven Welt. Ein Stock hat zwei Enden. Das Formlose nimmt Form an, das Unsichtbare wird sichtbar. Die Alten sagten, dass Gott zum Menschen werde, weil Er sich für einen Menschen halte. Jeder von uns ist eine Verkörperung des Unendlichen Geistes. Wir sind hier, um die Göttlichkeit zu entdecken.

Paulus sagt: ... *so preiset Gott an eurem Leibe.* (1. Korinther 6,20) Der Geist bedarf der Form, um sich auszudrücken. Ihr Körper ist das Mittel, welches Ihnen ermöglicht, die Wunder und Herrlichkeiten im Innern auszudrücken.

Sollte ich in ein Ashram gehen?

Ein ehrliches, tief spirituell ausgerichtetes Mädchen von einem örtlichen College fragte mich, ob ich ihm empfehlen würde, nach Indien zu reisen, in ein Ashram einzutreten und so der Hetzjagd des hiesigen Lebens zu entkommen. Am College waren zahlreiche Konflikte, Drogenmissbrauch, sexuelle

Verirrungen an der Tagesordnung, und einige Philosophie-lehrer hatten behauptet, es gebe keinen Gott.

Ich erklärte der jungen Frau, dass ich viele Ashrams auf-gesucht und dort auch Vorträge gehalten hatte, aber dass man nicht unbedingt nach Indien gehen müsse, um Gott zu finden, denn Gott wohne ihr inne, spreche in ihr und begleite sie auf Schritt und Tritt. Sie könne sich die Gegenwart Gottes auf dem Broadway in New York oder auf dem Hollywood Boulevard in Los Angeles ebenso zu Bewusstsein bringen wie in ihrem Zuhause, am College, auf der Straße oder dem Marktplatz.

Ich machte sie darauf aufmerksam, dass echte Weisheit und geistiges Wachstum sich nicht dann einstellten, wenn sie hier ihre Zelte abbräche und in die Fremde fliehe. Im Gegenteil, ihre Aufgabe und Verpflichtung bestünde darin, an diesem Ort zu bleiben, die Studien abzuschließen und zu lernen, mittels der eigenen Talente einen wertvollen Beitrag für die Gemeinschaft zu leisten. Die »Welt«, in der sie lebe, sei das Massenbewusst-sein, und deshalb müsse sie die Weisung befolgen: ... *gehet aus von ihnen und sondert euch ab* ... (2. Korinther 6,17)

Sie lernte, systematisch zu beten, indem sie ihr Denken schulte und gegenüber allen Studenten und Lehrern am Col-lege Liebe und Wohlwollen ausstrahlte. Ich gab ihr ein Medi-tationsbuch* mit dem Rat, morgens und abends jeweils eine dieser sechzig Meditationen tief zu verinnerlichen in der Ge-wissheit, dass ihre ganze Einstellung zum Leben sich ändern werde, sobald sie dem Bewusstsein neue Botschaften einpräge. Das geschah dann auch. Sie begann, aus dem Göttlichen Zen-trum im Innern zu denken, zu sprechen, zu handeln – und eben nicht mehr aus der darüber gelagerten Schicht der Angst, der Unwissenheit und des Aberglaubens.

* Joseph Murphy, *Quiet Moments with God*, Marina del Rey, California: De-Vorss and Company, Inc. 1956.

Viele Leute haben seltsame, ja groteske Vorstellungen von Geld, Besitz und irdischem Vergnügen. Doch eigentlich sind Sie hier, um Liebe zu erfahren, sich zu erholen und Ihre Talente voll zur Entfaltung zu bringen. Es gibt keinen Grund, warum Sie nicht ein schönes Zuhause, die schickste Kleidung, ein herrliches Auto und überhaupt von allem das Beste haben sollten. ... *Gott, der uns alles reichlich darbietet, es zu genießen* ... (1. Timotheus 6,17)

Weder werden Sie von äußeren Reichtümern beherrscht, noch messen Sie ihnen eine übermäßig große Bedeutung bei. Gott besitzt alles, aber die zahlreichen Annehmlichkeiten des Lebens sind Ihnen durchaus verfügbar, während Sie sich auf der hiesigen Ebene des Seins befinden. Sie wissen, dass Gott die Quelle aller Dinge ist, an die Sie sich wenden, um Wohltaten zu empfangen; denn Sie wissen auch, dass Sicherheit und Glück nicht in der Anhäufung äußerer Besitztümer zu finden sind, sondern in der Überzeugung von Gottes Güte und Gottes Reichtum im Diesseits.

Trennen Sie niemals den Geist von der Materie. Sie bewegen sich in beiden Welten, und Sie sind hier, um ein ausgeglichenes und harmonisches Leben zu führen. Einige Leute überlegen nicht und verdammen blindlings materielle Dinge, Geld, Grundbesitz, Autos, Gold und Diamanten. Viele von ihnen tragen keinen Goldschmuck, weil sie dies als Sünde betrachten. Natürlich gibt es in der Welt Verbrechen, Leiden, Ungerechtigkeit und Elend; doch solche Übel sind auf das negative und destruktive Denken der Menschen zurückzuführen.

Gott schuf die Erde und das Universum und erklärte alles für gut. Es ist entsetzlich dumm, Gott, das »umfassend Gute«, und die Welt als hässlich zu bezeichnen. Das erzeugt einen Konflikt im Bewusstsein, der zu Verwirrung und mentaler Störung führt. Die Welt ist Geist, der vielerlei Gestalt annimmt.

Kürzlich fragte mich ein Mann, was Gandhi mit seiner Formulierung »Entsage der Welt und gewinne sie in anderer Form zurück« meinte. Als Gandhi von der Welt sprach, hatte er nicht Bäume, Steine, Seen usw. im Sinn. Seine Aussage bezog sich auf das Massenbewusstsein, das abgestumpfte, erstarrte, verwirrte, unvernünftige Denken von sechs Milliarden Menschen.

Sie entsagen den falschen Überzeugungen, der Unwissenheit, den Ängsten und dem Aberglauben des Massenbewusstseins, dem weiten psychischen Meer, in das wir alle versunken sind, und lehnen es rundweg ab. Das tun Sie, sobald Sie anfangen, richtig zu denken, richtig zu fühlen, richtig zu handeln und richtig zu beten. Unter Gebet verstehen wir die Besinnung auf die Wahrheiten Gottes vom höchsten Standpunkt aus.

Sie werden das, was Sie sich meditierend vorstellen, und indem Sie über die Eigenschaften und Möglichkeiten des Unendlichen im Innern nachdenken, sind Sie nicht mehr in der Welt oder im Massenbewusstsein. Vielmehr sind Sie im Einklang mit dem Unendlichen und leben auf höheren Bewusstseinsebenen, die es Ihnen gestatten, in dieser sich ständig verändernden Welt Frieden zu finden.

Aufstand gegen Steuern

Neulich erreichte mich ein Brief, in dem ich gebeten wurde, für eine bestimmte Gruppe zu spenden, derzufolge das Zahlen von Steuern ungesetzlich sei. Um sein Argument zu untermauern, zitierte der Verfasser des Briefes gar die amerikanische Verfassung. All das ist natürlich völliger Unsinn. Sie wissen, dass diese Frage schon vor zweitausend Jahren gestellt wurde ... *Ist's recht, dass man dem Kaiser Steuern zahle ...?* (Matthäus 22,17) Jesus kannte das Motiv, das der Frage zugrunde lag, weil er die Gedanken der Pharisäer zu lesen wusste.

Zu jener Zeit stand das jüdische Volk unter römischer Herrschaft. Es war wütend auf die Steuereintreiber, ja hasste sie, musste aber nichtsdestotrotz Steuern an den Kaiser beziehungsweise nach Rom abführen. Hätte Jesus die Frage verneint, wäre er zum Fürsprecher eines Aufstands gegen die römische Regierung geworden, und man hätte ihn daraufhin festgenommen und eingesperrt. Deshalb lautete seine weise Antwort: *So gebet dem Kaiser, was des Kaisers ist, und Gott, was Gottes ist!* (Matthäus 22,21)

Der Kaiser repräsentiert die Welt, in der wir leben. Wir müssen ihm Tribut zollen und seine Forderungen erfüllen. Wir sind hier, um uns auszudrücken, uns zu kleiden, uns zu ernähren, uns zu waschen und unsere Talente zugunsten der Gemeinschaft mit einzubringen. Wir alle sind voneinander abhängig. Der Schreiner, der Klempner, der Arzt, der Apotheker, der Rechtsanwalt, der Bauer, der Lehrer, der Ingenieur – ein jeder wird gebraucht. Darüber hinaus müssen wir Steuern zahlen, um die regionalen, bundesstaatlichen und staatlichen Regierungen zu unterstützen.

Die Regierung hat nur so viel Geld zur Verfügung, wie sie den Bürgern abzieht. Die Politiker mögen es nicht klug verwenden, doch ungeachtet dessen müssen in einer geordneten Gesellschaft alle ihren Beitrag an den »Kaiser« leisten. Die Welt beansprucht Ihre Talente, Ihre Fähigkeiten, Ihr Geschick und Ihre Arbeit. Ihre Familie verlangt Schutz, liebevolle Fürsorge und die für das Leben notwendigen Dinge. Sie müssen dem »Kaiser« Tribut entrichten und sich tüchtig ins Zeug legen. Machen Sie aus dieser Welt einen besseren Ort, an dem zu leben sich lohnt – für Sie und für Ihre Nachkommen.

Das Wichtigste ist, Gott an die erste Stelle zu setzen. Er ist die Höchste Ursache, der Schöpfer der Welt, der Urahn der Menschheit und des gesamten Universums. Erübrigen Sie jeden Morgen und jeden Abend etwas Zeit für eine Begegnung mit Gott – Ihrem Höheren Selbst.

Kommunizieren Sie mit dieser Gegenwart im Wissen, dass Ihre Gedanken und Gefühle über Ihr Schicksal bestimmen. Beanspruchen sie Göttliches Gesetz und Göttliche Ordnung für sich und erkennen Sie, dass Göttliche Liebe und Göttlicher Friede all Ihre Erfahrungen und Handlungen durchströmen. Bekräftigen Sie mutig: »Göttliches Gesetz und Harmonie beherrschen meinen Geist, meinen Körper und all meine Unternehmungen. In meinem Leben geschehen Wunder.«

Mit der Last fertig werden

Wenn Sie frustriert sind und das Gute Ihnen offensichtlich vorenthalten bleibt, so vertrauen Sie Gott an, was Gottes ist – das heißt, beten Sie gemäß der universellen Grundsätze. Besinnen Sie sich dabei auf die Unendliche Intelligenz, die Grenzenlose Weisheit, die Absolute Harmonie und Höchste Macht in Ihrem Innern; fordern Sie dann: »Die Göttliche Freiheit ist mein, der Göttliche Friede ist mein, und es gibt eine Göttliche, von Harmonie geprägte Lösung, die sich jetzt abzeichnet.« Seien Sie sich stets im Klaren darüber, dass der Unendliche Geist das richtige Mittel kennt und die Lösung offenbart; dann werden Sie in Ihrer physischen Welt die gesuchte Antwort bald finden.

Wenn Sie sich mit dem Unendlichen in Einklang bringen, werden Ihre Gedanken Ihre physische oder materielle Welt tief greifend verändern und diese von Kummer, Mangel und Einschränkung befreien, um darin Ordnung und Schönheit erstehen zu lassen.

Halten Sie das Abendmahl ab?

Seit dem ersten Sonntag im November 1976 spreche ich öffentlich im Saddleback Cinema Theatre in El Toro, Kalifornien. Kürzlich rief mich eine Frau an und fragte, ob wir dort auch das Abendmahl abhalten. Viele Menschen verstehen darunter den Empfang geweihter Hostie, geweihten Weins, die beide reinen Symbolcharakter haben und Denken und Fühlen, Vorstellung und Gemüt, Geist und Form versinnbildlichen.

Hostie oder Brot stellen das Brot des Lebens dar, also etwa den friedlichen Gedanken, die Freude, die Liebe, das Wohlwollen, den Mut, den Glauben und das Vertrauen. Ohne derartige Werte können sie in dieser verwirrten Welt kein würdiges Leben führen. Der Wein wiederum vergegenwärtigt die Hochstimmung des Göttlichen Geistes in Ihrem Innern – also den Geist der Güte, der Wahrheit und der Schönheit, der auf den Wassern Ihres Bewusstseins wandelt – sowie das Ausströmen von Wohlwollen an alle.

Das Brot ist die Göttliche Idee in Ihrem Geist, und der Wein bedeutet, dass Sie diese Idee beleben und erfühlen, damit sie dem Unterbewusstsein eingeprägt wird und dann in Ihrem Leben Gestalt annimmt. Gedanke und Ding sind eins. Der Geist braucht den Körper, um sich darin auszudrücken. Göttliches Leben und Göttliche Substanz sind eins. Man kann den Geist nicht von der Form trennen. Die ganze Welt ist Gott, der sich in unzähligen Formen verkörpert. Alles, was Sie sehen, kam aus dem Geist des Menschen oder dem Geist Gottes, die wirklich ein und dasselbe sind, denn es gibt nur Einen Geist.

Wir dürfen materielle Dinge nicht kritisieren oder verachten. Sie selbst sind aus Geist und Materie zusammengesetzt, und Sie müssen bekunden, woran Sie glauben. Daher kommen Sie nicht umhin, Ihre Vorstellungen durch die tägliche Kommunion mit der Göttlichen Gegenwart im Innern darzulegen. Während Sie über die Eigenschaften und Möglichkeiten des

Unendlichen meditieren, fühlen Sie, wie der Geist Gottes zu Ihren Gunsten tätig wird, Sie belebt, unterstützt und stärkt.

Sobald Sie merken, dass diese Göttliche Transfusion in Ihnen stattfindet, können Sie sicher sein, am Heiligen Abendmahl teilzunehmen, denn Sie verbinden sich mit Ganzheit, Schönheit, Liebe und Frieden im Schweigen Ihrer Seele. Ja, Sie müssen bekunden, was Sie glauben. Vergessen sie dabei jedoch nicht, dass Sie das werden, worüber Sie nachsinnen. Richten Sie also Ihre Gedanken auf das Wahre, Liebenswerte, Edle und Gottähnliche. Das ist der eigentliche Sinn des Heiligen Abendmahls.

Die Würde der Arbeit

Anlässlich eines Vortrags in der Unity Church in New Orleans, die von Dr. Ruth Murphy und ihrer reizenden Tochter geleitet wird, hatte ich eine Konsultation mit einer prominenten Geschäftsfrau, die mir erzählte, dass es ihr große Mühe bereite, Hausangestellte für das Rasenmähen, die Reinigung der Pferdeställe usw. zu finden. Außerdem weigerten sich die Dienstmädchen in ihrem weiträumigen Anwesen, bestimmte Tätigkeiten zu verrichten, weil diese ihnen entwürdigend erschienen. Eines wollte sich zum Beispiel nicht um die Wäsche kümmern, sodass sie einen Chinesen engagieren musste, der froh war, diese Aufgabe mit einem Lied im Herzen zu erledigen. Sie sagte, er fände Vergnügen an seiner Arbeit und lege ihr makellose Kleidungsstücke zur Begutachtung vor.

Kein Arbeit ist entwürdigend. Wir sind hier, um jede Tätigkeit um der Herrlichkeit Gottes willen auszuführen, ob es darum geht, die Fenster zu putzen, den Boden zu säubern oder den Stall auszumisten. Es gibt nicht so etwas wie niedrige Arbeit, da der Göttliche Geist im und durch den Körper aller Männer und Frauen auf der ganzen Welt wirkt. Ein toter

Mensch kann weder den Boden noch das Badezimmer reinigen: Das Lebensprinzip ist aus ihm gewichen. Es ist Gott, der in Ihnen und durch Sie arbeitet, egal, was Sie gerade tun.

Sie können die Göttliche Energie im Innern falsch oder richtig nutzen. Was immer Ihre Aufgabe ist: Erkennen Sie, dass dabei Gott in Aktion tritt. Das heißt, Gott denkt, spricht und handelt durch Sie, was dann zur Folge hat, dass in Ihrem Leben Wunder geschehen.

Religion ist die Verwirklichung der Gegenwart Gottes

Neulich beriet ich einen Mann, der eine eiternde und üblen Geruch ausströmende Wunde am Bein hatte. Ich schickte ihn zu einem hier ansässigen Arzt, von dem man sagt, er bete regelmäßig für seine Patienten.

Ich erklärte dem Mann, dass Gott der Heilige Geist in seinem Innern sei und dass Er das Bein reinigen, heilen und diesem seine Ganzheit und Schönheit zurückgeben könne. Daraufhin betete er auch für den Arzt und merkte, dass er durch Göttliche Kraft angeleitet wurde, das Richtige zu tun. Sein einfaches Gebet lautete: »Der Heilige Geist gestaltet das ganze Gewebe meines Beines neu, formt es um zu Schönheit, Ordnung und Symmetrie, sodass ich am eigenen Leib Gottes Ganzheit erfahre.«

Der Arzt behandelte die Wunde und empfahl ihm, weiterhin zu bekräftigen: »Gott heilt mich jetzt.« Der Arzt zeigte ihm kein verdrießliches Gesicht, sondern erkannte, dass die Unendliche Heilsame Gegenwart die Atome seines Körpers neu ordnen und Gesundheit und Vollkommenheit wiederherstellen konnte. In kurzer Zeit erlebte der Mann eine bemerkenswerte Heilung. Der Arzt dachte nicht, sich zu erniedrigen, indem er den geistigen Stall seines Patienten ausmistete und den Eiter aus dessen Wunde entfernte.

Die Bibel sagt: *Werde ich dich nicht waschen, so hast du kein Teil an mir.* (Johannes 13,8) Jesus tat diesen Ausspruch, als er seinen Jüngern die Füße wusch. Die Füße bedeuten Verständnis, und die Jünger sind die Geisteskräfte. Daher ist es für jeden von uns eine Pflicht, Geist und Herz zu öffnen und die reinigende, heilsame Kraft des Heiligen Geistes einströmen zu lassen.

Wo immer Krankheit, Mangel und Elend vorherrschen, kann – wie abscheulich diese auch sein mögen – der Heilige Geist die Atome des Körpers heilen, erneuern und in Gottes Muster der Ganzheit und der Lebendigkeit wieder eingliedern. Das ist die Verwirklichung der Gegenwart Gottes, die wahre Religion. Wenn Sie Ihr Inneres mit Gottes Gnade und Liebe ausfüllen, nehmen Sie genauso in aufrichtiger Weise am Heiligen Abendmahl teil, wie wenn Sie ein Stück Brot essen, das dann in Ihrem Körper zu Gewebe, Muskel, Knochen und Blut umgewandelt wird.

Die Dirnen in der Bibel

Wir alle sind Dirnen, wenn wir uns im Geiste mit dem Bösen – etwa mit Groll, Hass, Neid und Feindseligkeit – zusammentun. Diese negativen Gefühle bringen eine üble Nachkommenschaft hervor und verursachen alle möglichen Krankheiten und gedanklichen Konflikte.

Während eines kürzlich gehaltenen Vortrags im Saddleback Valley Plaza Cinema, Laguna Hills, wies ich darauf hin, dass ich schon einige auf Abwege geratene Straßenmädchen in den »Hafen der Ehe« leitete. Sie haben sich schließlich grundlegend geändert, wunderbare Männer geheiratet, und führen jetzt ein anständiges, harmonisches Leben. Einige dieser

Frauen fragten mich, ob frühere Kunden, denen sie vielleicht zufällig begegneten, den Ehemann über ihre ausschweifende Vergangenheit informieren könnten.

Ich antwortete ihnen: Angesichts Tatsache, dass sie sich selbst verziehen haben, sich keine Vorwürfe mehr machen und nun ein gottähnliches Leben führen, kann kein Mann sie anklagen oder belästigen. *Weib, wo sind sie, deine Ankläger? Hat dich niemand verdammt? Sie aber sprach: Herr, niemand. Jesus aber sprach: So verdamme ich dich auch nicht; gehe hin und sündige hinfort nicht mehr.* (Johannes 8,10–11)

Die Frauen verstanden den Sinn dieser Bibelverse und sahen ein, dass die Vergangenheit tot ist und dass nichts zählt als dieser Augenblick. Ein neuer Anfang markiert eine neue Ausrichtung, ein neues Ziel.

Die Bibel sagt, dass Jesus mit Dirnen und Zöllnern Umgang hatte. *Des Menschen Sohn ist gekommen, isst und trinkt; so sagt ihr: Siehe, der Mensch ist ein Fresser und Weinsäufer, der Zöllner und Sünder Freund!* (Lukas 7,34) Der Grund für diese Anspielung liegt auf der Hand. Die Dirne ist auf die tiefste Stufe der Erniedrigung abgesunken. Sie wird von der Gesellschaft verachtet und geächtet. Aber oft sind gerade solche Menschen äußerst empfänglich für die Wahrheit. Sie hungern und dürsten nach den ewigen Wahrheiten des Lebens. Es macht ihnen Freude zu hören, dass Gott niemanden verdammt, dass sie lediglich die eigene Denkweise ändern und den neu eingeschlagenen Weg fortsetzen müssen, woraufhin dann auch ihr Unterbewusstsein entsprechend reagieren wird. Die Vergangenheit ist vorbei und schwindet aus dem Gedächtnis.

Oberflächliches Beten reicht dafür nicht aus; doch wenn im Geist und im Herz der Frau eine echte Transformation stattfindet, die ihren sehnlichen Wunsch bezeugt, eine Tochter des Unendlichen und ein wahres Kind der Ewigkeit zu werden, dann ist sie aufgrund des zwingenden Gesetzes ihres Unterbewusstseins förmlich genötigt, ein neues Leben zu führen und solche Werte wie Treue, Liebe, Ehrlichkeit und Rechtschaffenheit noch stärker hervorzuheben. ... *und ihrer Sünden will ich nicht mehr gedenken.* (Hebräer 8,12)

Die Pharisäer dieser Welt

Der Pharisäer ist überall. Er ist jener Typ Mensch, der die Rituale, Zeremonien, Liturgien und Dogmen seiner Kirche befolgt. Er verzehrt eine Hostie und trinkt etwas Wein und denkt, er kommuniziere mit Gott. Die Hostie bleibt eine aus Mehl und Wasser gebackene Scheibe, der Wein eine aus Trauben gekelterte Essenz – doch jener glaubt, dadurch schon am Heiligen Abendmahl teilzunehmen. Er mag all die Regeln und Vorschriften seiner Kirche beachten und so das Gefühl haben, der richtigen Religion anzugehören.

Er gibt sich oft stolz und prächtig und mag im konventionellen Sinne auch anständig sein, aber es zählt allein der Glaube, den er im Herzen trägt. Das Lippenbekenntnis zu irgendeiner vorgeschriebenen Lehre, Schulmeinung oder Konfession ist bedeutungslos. Die ewigen Wahrheiten müssen im Innern aufrichtig als wahr empfunden werden. Die gesprochenen Gebete müssen voller Geist und Leben sein – und nicht bloß mechanische Rezitationen ohne tiefere Einsicht oder Liebe.

Weh euch, Schriftgelehrte und Pharisäer, ihr Heuchler, die ihr die Becher und Schüsseln auswendig rein haltet, inwendig aber sind sie voll Raub und Gier! (Matthäus 23,27)

Es gibt nicht gut noch schlecht

Shakespeare sagte: »Es gibt nicht gut noch schlecht, das Denken macht es so.« Das einzig wirklich Gute oder Schlechte ist in unserem Denken, in der Art und Weise, wie wir eine

Sache, einen Ablauf, einen Zustand, eine Pflanze oder ein Tier sehen. Viele Leute berühren Giftefeu oder andere giftige Gewächse und zeigen keinerlei Reaktion. Sie haben zu allen Pflanzen eine gute Beziehung. Andere wiederum hegen die Vorstellung, dass Giftefeu gefährlich sei, und obwohl sie ein oder zwei Meter davon entfernt stehen, bekommen sie einen Hautausschlag.

Ihr Unterbewusstsein weiß, dass sie Angst davor haben, und was sie befürchten, das erfahren sie auch. *Denn was ich gefürchtet habe, ist über mich gekommen.* (Hiob 3,25)

Ihre Mutter sagte zu ihr, sie sei eine Sünderin

Vor einigen Wochen leitete ich ein Seminar in der Unity Church, Phoenix, die Reverend Blaine Mays untersteht, einem der hervorragendsten Geistlichen der New Thought-Bewegung in Amerika.

Im Hotel suchte mich eine Frau auf, die sich beklagte, dass ihre Mutter sie scharf verurteile, weil sie Karten spiele, tanze, ins Kino gehe, gelegentlich einen Cocktail trinke und Fleisch esse. Oftmals ist die richtige Erklärung zugleich das Heilmittel. Ihre Mutter sprach nämlich aus einer Position der Unwissenheit, der Angst und des Aberglaubens. Sie war durch irgendeine Sekte einer Gehirnwäsche unterzogen worden und projizierte nun die eigenen Tabus und Verbote auf ihre Tochter. Diese junge Frau war dreißig Jahre alt, unverheiratet, hatte Angst vor Männern, vor Sex und trug zahlreiche innere Konflikte mit sich herum.

Ich empfahl ihr, auszugehen und all die Dinge zu tun, die ihr untersagt worden waren. Wie Emerson schon erklärte: »Mach das, wovor du dich fürchtest, dann stirbt die Angst zweifellos ab.« Außerdem schlug ich ihr vor, der Mutter klipp und klar mitzuteilen, dass sie keine Anweisungen mehr von ihr befolgen werde, dass sie ein frei wählendes, willensstarkes Wesen sei und über ihre Kleidung, ihre Nahrung, ihre Gesellschaft sowie über die weiteren Phasen ihres Lebens selbst bestimmen könne.

In dieser jungen Frau gibt es ein Leitendes Prinzip, das auf ihr Denken reagiert. Das Böse befand sich im Geist ihrer Mutter, denn in Karten, im Wein, im Tanzen oder in einer Verabredung mit einem jungen Mann liegt nichts Böses. Sie kam zu einer Entscheidung, reinigte ihr Bewusstsein von all den törichten Verboten der Mutter und beschloss, ihr eigenes Leben zu leben, wobei sie Gott zu ihrem Partner, Führer und Berater erkor.

Inzwischen habe ich einen Brief von ihr erhalten, in dem sie schrieb, dass das Gefühl von Freiheit wunderbar sei – und dass sie sich mit einem jungen Zahnarzt verlobt habe. Ihrem Wortlaut zufolge sind sie wahnsinnig ineinander verliebt, sieht sie die Welt nun mit den Augen der Liebe. Das ganze Leben hat eine andere Färbung angenommen. Sie widmet ihre Gedanken, Wünsche und Handlungen der Wahrheit und erkennt, dass Göttliches Gesetz und Göttliche Ordnung ihr Leben beherrschen.

Während sie damit fortfährt, das Gesetz der Harmonie und der Liebe in die Praxis umzusetzen, nähert sie sich dem Triumph, der Erfüllung, der Glückseligkeit. *Die Wüste und Einöde wird frohlocken, und die Steppe wird jubeln und wird blühen wie die Lilien.* (Jesaja 35,1)

Ein Besuch aus Las Vegas

Eine alte Freundin aus Las Vegas stattete mir einen Besuch ab. Sie berichtete von all den Allergietests, die sie bei ihrem Arzt hatte durchführen lassen. Dabei habe sich herausgestellt, dass sie allergisch sei gegen Hunde- und Katzenhaare, Eier, Staub und jede Art von Pollen.

Ich erzählte ihr, wie ein mit mir befreundeter Arzt eine Frau geheilt hatte, die allergisch gegen rote Rosen war. Er besorgte in einem Kaufhaus einige künstliche Rosen und stellte sie auf den Tisch im Wartezimmer. Als sie dort eintrat, erlitt sie einen Allergieschock und war wütend darüber, dass er Rosen auf dem Tisch stehen hatte. Er erklärte ihr, dass diese künstlich seien, und sie brach in Gelächter aus. Beide lachten herzlich; plötzlich erkannte sie, dass das ganze Problem eigentlich in ihrem Kopf lag. Nach diesem Erlebnis hatte sie nie wieder Schwierigkeiten mit roten oder weißen Rosen.

Viele Menschen sind allergisch gegen die Ehefrau/den Ehemann oder gegen den Menschen, der neben ihnen auf der Bank sitzt. Wenn Sie einen Mann, der angeblich allergisch ist gegen Timotheusgras oder Jakobskraut oder Pollen, hypnotisieren, ihm ein Glas mit destilliertem Wasser unter die Nase halten und sagen, es handle sich dabei um Timotheusgras, so wird er all die typischen Symptome entwickeln; das beweist, dass der Glaube an Allergie in den geheimen Winkeln seines Unterbewusstseins verborgen ist.

Ich erzählte der Freundin aus Las Vegas von meiner kürzlich unternommmenen Reise nach Indien, Nepal usw. Dort sieht man in den Geschäften und Banken Menschen, die verschiedene Leiden haben und deren Hände mit eiternden Wunden übersät sind. Sie tauschen das Geld ihrer Landsleute und auch der Touristen in Rupien um. Diese von den Wechslern angefassten Geldscheine sind sehr schmutzig und zweifellos voller Krankheitserreger jeder Art, doch niemand zeigt irgendwelche anormalen Reaktionen. Offensichtlich ist kein Mensch allergisch gegen Geld. Die Bevölkerung scheint mit sämtlichen Geldsorten – befleckt oder sonstwie verunreinigt – Frieden geschlossen zu haben.

In Indien erzählte mir ein Arzt, dass während der Beulenpest, die zahlreiche Menschen wie Fliegen dahinraffte, den Toten Geld entwendet wurde, wodurch jedoch niemand sich anzustecken schien. Vermutlich neutralisierte die geistige Übereinstimmung mit Geld all die giftigen Bakterien und virulenten Organismen.

So vertrage dich nun mit Gott und mache Frieden, daraus wird dir viel Gutes kommen. (Hiob 22,21)

SIEBZEHNTES KAPITEL

Einige Dinge, die Sie wissen sollten

Vor kurzem fragte mich eine Frau, ob es ein Zeichen von Wahnsinn sei, wenn man Selbstgespräche führe. Offenbar tat das ihr Mann gelegentlich. Ich erklärte, dass es keineswegs ungewöhnlich und nicht zwangsläufig ein Zeichen von Wahnsinn sei, mit sich selbst zu sprechen. Ihr Mann reagiere auf diese Weise nur auf beruflichen Druck.

Grundsätzlich wird diese Reaktion durch einen Zwiespalt zwischen den beiden Ichs in jedem von uns verursacht – nämlich zwischen dem geistigen und dem allzu menschlichen, mit den fünf Sinnen verbundenen Ich. Kinder plaudern oft mit unsichtbaren Spielkameraden, was einige Psychologen als schärfere Sinneswahrnehmung des subjektiven Ichs deuten. In vielen Fachkreisen wird diese psychologische Erklärung der Reaktion akzeptiert und propagiert.

Warum er mit sich selbst sprach

Während der Konsultation mit ihrem Mann stellte ich fest, dass er ziemlich von der Vernunft bestimmt war. Er redete deshalb mit sich selbst, weil ihm ein ernstes rechtliches Problem zu schaffen machte, woraufhin die geistige Seite im Innern seine äußeren Worte und Handlungen kritisierte. Dieser Konflikt rief einen Zustand der Unausgeglichenheit hervor, der aber schließlich geklärt wurde, als der Mann zu bekräftigen anfing: »Dank der Weisheit des Unendlichen in mir gibt es eine Göttliche, von Harmonie geprägte Lösung.« Indem er an dieser einfachen Wahrheit festhielt, wurde ihm nach kurzer Zeit bewusst, dass sein Gebet sich buchstäblich auszahlte. Und so kam es zu einer außergerichtlichen Einigung, die beide Parteien zufrieden stellte.

Die Schlagzeilen ärgerten ihn

Im Gespräch mit einem Mann, der sehr hohen Blutdruck hatte und in ärztlicher Behandlung war, begriff ich, dass er deshalb klagte, weil er endlich inneren Frieden finden wollte, zugleich aber durch die Artikel in der Tageszeitung äußerst beunruhigt, aufgebracht und verwirrt wurde. Er ließ sogar zu, dass schon die Schlagzeilen ihn wütend machten.

Ich erklärte ihm Folgendes: Es sei zwar richtig, dass die Welt von einer Krise in die nächste taumle, doch dies müsse ihn nicht persönlich beeinträchtigen. Und so verstand er allmählich, dass er als Einzelner Verbrechen, Massenmord, soziale Umwälzungen, Krieg und Krankheit nicht verhindern kann, aber imstande ist, seine Reaktionen zu kontrollieren und die eigene Einstellung gegenüber diesen Geschehnissen zu ändern. Es gibt kein Gesetz, das einen Menschen zwingt, vor Zorn wahnsinnig zu werden, weil ein Journalist einen ebenso schauerlichen wie gemeinen Artikel schreibt.

Die Bibel sagt: *Niemand nimmt es von mir ...* (Johannes 10,18) Die Bedeutung dieser Worte ist ziemlich klar: Niemand, kein Zeitungsartikel, kein Umstand oder Zustand kann uns den inneren Frieden oder den Glauben an Gott rauben. Friede oder Glaube kommen uns nur dann abhanden, wenn wir die Kontrolle über unsere Gedanken und Gefühle aufgeben.

Jener Mann erkannte, worum es ging, und beschloss auf der Stelle, sich durch keinen Artikel, keine Nachricht, kein Ereignis die innere Ruhe, Ausgeglichenheit oder Gelassenheit nehmen zu lassen. Sobald ängstliche, wütende oder böse Gedanken ihn verfolgten, ersetzte er sie sofort durch die Bestätigungsformel: »Gottes Friede erfüllt meine Seele.« Das machte er sich zur Gewohnheit (und das Gebet ist eine gute Gewohnheit), bis er schließlich mit großer Freude die Mitteilung seines Arztes vernahm, dass sein Blutdruck wieder normal sei und er die Medikamente absetzen könne. Nach zwei Wochen hatte er den Zustand inneren Friedens und vollkommener Gelassenheit erlangt.

Bewahren Sie Ihren Glauben bis zum Ende

Vor einigen Abenden hielt ich einen Vortrag in Dr. Bitzers Church of Religious Science in Hollywood. Das Thema lautete: *Die Weisheit des I Ging.** Hinterher erzählte mir eine befreundete Zuhörerin, dass ihr Mann von seinem Bruder eine bestimmte Geldsumme versprochen bekommen hatte, der sie ihm sofort zusenden wollte. Dadurch wäre sein akutes finanzielles Problem auf einen Schlag gelöst worden. Der Brief sollte mit Luftpost geschickt werden, und ihr Mann erwartete ihn innerhalb weniger Tage. Doch als die Sendung ausblieb, war er schrecklich niedergeschlagen, sodass ihn die Verzweiflung packte und er einen Herzanfall erlitt. Am nächsten Tag kam der Brief per Einschreiben und Luftpost.

Der Mann hatte sich von der Angst beherrschen lassen. Hätte er Ruhe und Gelassenheit bewahrt und der Göttlichen Gegenwart vertraut, wäre ihm klar geworden, dass der Brief unterwegs war. Als seine Frau ihm dann Brief und Inhalt zeigte, erlebte er eine erstaunliche und schnelle Genesung. Sein Arzt sagte zu ihm, der Brief seines Bruders sei die beste Medizin.

* Vgl. Joseph Murphy, *Secrets of the I Ching*, West Nyack, N.Y.: Parker Publishing Co., Inc. 1970.

Bewahren Sie also den Glauben bei jedem Schritt, bis zum Ende des Weges. Es gibt immer eine Lösung.

In Ihnen sind
große Reichtümer verborgen

Auf der Rückreise von einer Vortragsreihe in der Unity Church in Phoenix, Arizona, hatte ich im Flugzeug ein höchst interessantes Gespräch mit einem Unternehmer aus der Ölbranche. Er bezeichnete sich selbst als »alten Hasen«. Sein Vater hatte vor vielen Jahren in Texas nach Öl gebohrt, dann aber angewidert aufgegeben in der Meinung, dass es nirgendwo zu finden sei. Er fragte seinen Sohn: »Warum probierst du's nicht mal?« Der Unternehmer sagte, er sei also in die von seinem Vater erforschten Felder gegangen und habe plötzlich Öl entdeckt, das ihm im Laufe der Jahre ein kleines Vermögen einbrachte. Sein Vater hatte zu früh das Handtuch geworfen.

Der Sohn war davon überzeugt, dass Gott ihn an die richtige Stelle führen würde, und stieß im gleichen Gebiet, das sein Vater vergeblich abgesucht hatte, auf eine ergiebige Quelle. Der Reichtum war im Boden verborgen, aber auch im Bewusstsein des Sohnes, denn es bedurfte einiger Intelligenz sowie eines gewissen Scharfsinns, um das flüssige Gold zu finden. Er erklärte mir, sein Vater sei irgendwo blind gewesen, weil er so sehr seine Nachbarn beneidete, die durch Ölfunde reich geworden waren. Der Blick durch die Brille des Neids hatte ihm die Sicht getrübt, und deshalb sah er nicht das Öl unter seinen Füßen.

Das Königreich ist in Ihrem Innern

Das Königreich der Intelligenz, der Weisheit und der Kraft befindet sich in Ihnen. Mit anderen Worten: Gott wohnt Ihnen inne, und all die Belehrung und Einsicht, die ganze Energie und Stärke, die Sie benötigen, sind Ihnen sofort verfügbar. Ihr Königreich ist eine geistige Einstellung, eine Denkweise, eine innere Gestimmtheit, dank derer Sie wissen, dass Sie mit Hilfe der Kraft des Allmächtigen jede Herausforderung bestehen und meistern können. Machen Sie es sich zur Gewohnheit, tagaus, tagein immer wieder zu bekräftigen: »Göttlicher Friede erfüllt meine Seele. Göttliche Liebe lenkt all meine Tätigkeiten. Göttliches Handeln ist mein. Göttliche Unterweisung ist mein.«

Erziehen Sie sich dazu, in diesem Sinne zu beten, und Sie werden Frieden und Ruhe finden, die aus den Tiefen Ihres Innern kommen. Äußere Bedingungen, Umstände, Menschen, Berge, Seen oder Meere werden Ihnen dies nicht von sich aus geben können. Die Welt ist ständig in Aufruhr, und eben deshalb gehen Sie nach innen und beanspruchen und finden schließlich den Frieden, der das übliche Verstehen übersteigt. Bringen Sie sich in Einklang mit dem Unendlichen, das sich geruhsam und lächelnd in Ihnen ausbreitet. Während Sie beten werden Wunder geschehen.

Die Welt überwinden

Die Bibel sagt: *In der Welt habt ihr Angst; aber seid getrost, ich habe die Welt überwunden.* (Johannes 16,33) Mit »Welt« ist hier nicht das Materielle wie Häuser und Straßen, Bäume und Seen gemeint, sondern vielmehr das Massenbewusstsein, also Verwirrung, Hass, Eifersucht, Konflikte, Träume und Ambitionen, das Gute und das Schlechte, Streitigkeiten und Kriege …

Es handelt sich demnach um das Denken und Fühlen, die Aktionen und Reaktionen von sechs Milliarden Menschen.

Wir alle sind versunken in das Massenbewusstsein oder das Gesetz des Durchschnitts. Trotzdem hat es keinen Sinn, sich über die Konflikte in der Welt aufzuregen, ihretwegen beunruhigt oder verwirrt zu sein. Sie können zwar der Welt nicht entfliehen, sich aber durch spirituelles, konstruktives und harmonisches Denken über sie erheben. Entwickeln Sie eine Einstellung, die von Siegeswillen und Triumph zeugt, und fordern Sie mutig: »Gott in meinem Innern führt, begünstigt und stärkt mich und schenkt mir die Kraft zur Überwindung.« Strahlen Sie gegenüber allen Menschen Liebe und Wohlwollen aus. Beanspruchen Sie innere Ausgeglichenheit und Gemütsruhe. Während Sie diese Wahrheiten regelmäßig hervorheben, bewegen Sie sich unversehrt durch den Malstrom des Denkens, der diese Welt kennzeichnet, hin zu der Erfahrung tiefer Zufriedenheit und beglückender Erfüllung.

Sie sagte: »Ich halte das nicht mehr aus«

Nach dem Gottesdienst im Saddleback Theatre, Laguna Hills, berichtete mir eine junge Krankenschwester, dass sie ihre erste Anstellung in einer Klinik erhalten habe, dass es dort aber dauernd zu Klagen, Störungen, Zwistigkeiten und Streitereien käme. Sie war verärgert und sagte zu mir: »Die Situation erscheint mir unerträglich. Ich halte das nicht mehr aus.«

Ich wies sie darauf hin, dass es ihr nicht gut tun würde, einfach wegzulaufen; dass sie in dieser Klinik sei, um die Herausforderungen zu bestehen und die Schwierigkeiten zu überwinden. Klagen, Störungen, Zwistigkeiten und verstimmte Patienten gehörten zur Arbeit mit dazu. Sie lauschte meinen Ausführungen und beschloss, ruhig zu bleiben und häufig zu bekräftigen: »*Keines dieser Dinge bringt mich aus der Fas-*

sung ... (Apostelgeschichte 20,24) Ich bin hier, um zu überwinden, zu dienen, Liebe und Verständnis auszustrahlen und Erfahrungen zu sammeln.«

Sie stellte fest, dass ihre veränderte Einstellung alles änderte. Sie geht jetzt in die Klinik mit einer ruhigen Gemütsverfassung. ... *durch Stillesein und Hoffen würdet ihr stark sein.* (Jesaja 30,15) Sie fand heraus, dass die Kraft, Tumult und Ärger zu übersteigen, in ihrem Innern lag. Und sie bemerkte, dass diese Kraft größer war als jede Situation. ... *denn der in euch ist, ist größer, als der in der Welt ist.* (1. Johannes 4,4)

Jeder stößt auf Schwierigkeiten, Herausforderungen, Zwistigkeiten und Streitereien, die ein unvermeidlicher Teil der Erfahrung hier auf Erden sind. Doch derjenige, der erkennt, dass jedes Problem auf göttliche Weise beseitigt wird, erringt Siege und weiß, dass die Verbindung mit der Unendlichen Gegenwart und Macht jene Freude hervorrufen wird, die aus dem beantworteten Gebet resultiert. Das Wissen um die Göttliche Gegenwart im Innern bildet die Grundlage des Glaubens und des geistigen Friedens.

Seien Sie ein guter Gärtner

Ihr Geist ist der Garten, in dem Sie Samen aussäen, das heißt Gedanken, Eindrücke und Überzeugungen. Der menschliche Geist wird in der Bibel als Weinberg bezeichnet. Das Buch der Bücher befasst sich mit geistig-seelischen Gesetzen, die in die Symbolik körperlicher und irdischer Dinge gehüllt sind. Was immer wir unserem Unterbewusstsein einprägen, ob Gutes oder Schlechtes, kommt irgendwann in unserer Erfahrung zum Ausdruck.

Der Mensch sucht die Schuld stets in äußeren Umständen, Bedingungen und Ereignissen, anstatt nach innen zu schauen und zu erkennen, dass er genau das wird, was er den ganzen Tag über denkt. Gesundheit, Glück und Wohlstand hängen nicht von Geschehnissen und Handlungen anderer ab, sondern von der Art und Weise, wie man denkt und fühlt. Ihre Gedanken und Gefühle bestimmen über Ihr Schicksal. Vergessen Sie also nie: *Sie* formen Ihre Vorstellungen bezüglich der Welt und Ihrer selbst und gestalten dadurch Ihre Zukunft.

Welche Gefühle projizieren Sie auf andere Menschen?

Kürzlich sprach ich mit einem Mann, der die eigene Wut, Verstimmung und Feindseligkeit auf seine Kollegen projizierte, die ihm dann mit einer ganz ähnlichen Einstellung begegneten. Er wusste nicht, dass er selbst im Unrecht war und die Schuld bei den anderen suchte.

Ich erklärte ihm, sein Bewusstsein sei wie ein Filmvorführapparat, der Bilder auf die Leinwand wirft. Daraufhin änderte er seine Einstellung und begann, gegenüber allen Mitarbeitern Wohlwollen, Liebe, Harmonie und Frieden auszustrahlen. Er stellte fest, dass nun auch sie anders auf ihn reagierten, und sah ein, dass er selbst das Arbeitsklima vergiftet hatte.

Die Bibel gibt darauf die passende, wunderbare Antwort: *Richtet nicht, auf dass ihr nicht gerichtet werdet. Denn mit welcherlei Gericht ihr richtet, werdet ihr gerichtet werden ...* (Matthäus 7,1–2) *... denn eben mit dem Maß, mit dem ihr messet, wird man euch wieder messen.* (Lukas 6,38) Man sagt mit Recht: »Die Schönheit liegt im Auge des Betrachters.« Wenn Ihr Blick auf das Schöne gerichtet ist, sehen Sie nur das Schöne. *Den Reinen ist alles rein ...* (Titus 1,15)

Denken Sie daran: Sie besitzen die Macht, die Kontrolle und die Herrschaft über Ihren Geist. Sie sind der Weinbauer, und der Weinberg ist Ihr Geist. Lernen Sie, diesen in Besitz zu nehmen, und vergegenwärtigen Sie sich immer wieder, dass das

Schatzhaus des Unendlichen in Ihrem Innern liegt. Bringen Sie sich bei, dessen zahllose Möglichkeiten auszuschöpfen, und vergrößern Sie fortwährend das Maß an Gesundheit, Glück und geistigem Frieden, mit dem Sie messen.

Er entdeckte das Schatzhaus

Ein jung gebliebener Neunziger erzählte mir nach dem sonntäglichen Gottesdienst im Saddleback Valley Plaza Theatre, Laguna Hills, dass er in seinem Innern verborgene Talente entdeckt habe, deren er sich nie bewusst gewesen war. Er hatte angefangen, die Unendliche Intelligenz darum zu bitten, ihm neue kreative Ideen zu offenbaren, die andere Menschen beglücken und beflügeln. Er zeigte mir einige herrliche Gedichte, die ihm frei aus der Feder geflossen waren und die er in mehreren spirituell ausgerichteten Zeitschriften veröffentlichte. Sie sind tatsächlich geistige Juwelen der Weisheit.

Als junger Mann war er durchs ganze Land gewandert – zweifelnd, fragend, ängstlich, trauernd, hassend und mit anderen kämpfend; bis er dann im Alter von dreißig Jahren merkte, dass die größten Geschenke des Lebens in seinem Innern zu finden waren – und nicht in den fünfzig amerikanischen Bundesstaaten. Er lebt heute in Laguna Hills und trägt zur Schönheit und Harmonie der Gegend bei, indem er alle Menschen ringsum an seiner Weisheit und Großzügigkeit teilhaben lässt.

Schauen Sie immer nach innen

Sinnen Sie über die Lebendige Gegenwart Gottes in Ihrem Innern nach. Machen Sie sich bewusst, dass Sie in dieser Unendlichen Gegenwart und Macht leben, sich bewegen und Ihr

Sein haben. Sobald Sie dies regelmäßig wiederholen, stellen Sie fest, dass Sie auf all Ihren Wegen unterstützt, gestärkt und beschützt werden. Erübrigen Sie jeden Tag etwas Zeit, um über das Göttliche Wirken im Diesseits zu meditieren. Doch erinnern Sie sich: Nicht auf hektische Betriebsamkeit kommt es an, sondern auf Zielstrebigkeit und Vollendung.

Danken Sie jeden Morgen beim Aufstehen für Ihre zahlreichen Wohltaten und leben Sie in der freudigen Erwartung des Besten, indem Sie diesen Tag als den größten überhaupt betrachten, weil Ihnen das Höhere Selbst günstigere Möglichkeiten offenbart, geistig zu wachsen und den anderen zu dienen. Hüllen Sie sich abends vor dem Einschlafen in den Mantel Göttlicher Liebe, indem Sie sich alle tagsüber begangenen Fehler verzeihen, und sinken Sie in Schlaf mit dem ewigen Lob Gottes auf den Lippen.

Sind Sie bereit?

In einem kürzlich gehaltenen Vortrag zitierte ich folgende Formulierung Shakespeares: »Alles ist bereit, wenn der Geist dazu bereit ist.« Er brachte damit eine tiefe Wahrheit zum Ausdruck, die auf Gesetze des Bewusstseins und des Geistes Bezug nimmt. Eine junge Frau im Publikum schrieb mir hinterher, sie habe dergleichen nie zuvor gehört, aber es treffe genau auf ihre Situation zu. Sie hatte nämlich ihre Heirat immer wieder aufgeschoben in der Meinung, dafür noch nicht bereit zu sein, weil sie sich um ihre Eltern kümmern musste. Plötzlich kam sie zu dem Schluss: »Jetzt bin ich bereit!« Sie rief den jungen Mann an, der sie heiraten wollte, und ich hatte das Privileg, die Trauung zu vollziehen.

Sie können so sein und in der Weise handeln, wie Sie es sich wünschen, wenn Sie geistig dazu bereit sind. Ihre große Chance liegt wirklich in Ihrer bejahenden Einstellung und inneren Bereitschaft. Die Eltern der jungen Frau bildeten im Grunde kein Hindernis auf dem Weg zu deren Lebensglück. Vielmehr gab es im Bewusstsein der Tochter eine »blinde Stelle«. Ihre Eltern waren entzückt und engagierten eine Krankenschwester sowie ein Dienstmädchen, das ihnen im Haushalt half, was sich für alle Beteiligten als wesentlich bessere Lösung erwies. Wenn die Liebe in Erscheinung tritt, trägt sie zum Frieden und Glück aller nahen und fernen Menschen bei.

Vergegenwärtigen Sie sich eine einfache Wahrheit: Wann immer Sie innerlich bereit sind, werden Sie feststellen, dass auch alles Äußere bereit ist. In der geschichtlichen Frühphase Nordamerikas hätten die Pilgerväter Telefon, Radio, Autos, Flugzeuge, Kinos usw. benutzen können, aber sie waren geistig noch nicht bereit dazu. Sie glaubten, Pferd und Wagen seien die einzigen Beförderungsmittel. Moses, Elias, Buddha und all die anderen großen Lehrmeister hätten auf Radio und Fernsehen zurückgreifen können, um die tiefen Wahrheiten des Lebens darzustellen und zu verbreiten, wenn sie dafür empfänglich und bereit gewesen wären.

Die Naturgesetze ändern sich zwar niemals – sie waren früher die gleichen wie heute –, aber das Bewusstsein der alten Weisen und Propheten war auf solche modernen Erfindungen nicht eingestellt. Zwischen Angebot und Nachfrage besteht eine Wechselbeziehung, doch man muss zunächst für geistige Bereitschaft sorgen, um dann die Antwort gemäß Göttlicher Fügung erhalten zu können.

Gott an die erste Stelle setzen

Vor einiger Zeit leitete ich einen Gedenkgottesdienst für einen Mann, der 104 Jahre alt wurde. Seine Witwe berichtete, dass er, soweit sie sich erinnern könne, nie krank gewesen sei, aber dass er ihr am Abend vor seinem Übergang in die nächste

Dimension gesagt habe, er werde nun seinen geliebten Menschen wiederbegegnen. Dann starb er im Schlaf. Seiner Witwe zufolge hat er jeden Morgen den 91. Psalm laut vorgelesen und dabei den Satz: *Ich will ihn sättigen mit langem Leben ...* (Psalm 91,16) ebenso betont wie die folgenden Bibelverse: *Du tust mir kund den Weg zum Leben* (Psalm 16,11) und *Behüte dein Herz mit allem Fleiß, denn daraus quillt das Leben.* (Sprüche 4,23)

Für diesen Mann war das Leben gleichbedeutend mit Glück, Leistung und Dienst am Nächsten. Er genoss das Leben und ließ andere großzügig an seinen Talenten teilhaben. Das lange Leben, von dem die Bibel spricht, ist eine ausgedehnte Phase der Freude, der Freiheit, des Friedens und des Erfolgs. Diese Zeit des Überflusses kann jeder erfahren, der die Goldene Regel beachtet und im Alltag verwirklicht, der Gott an die erste Stelle setzt.

Sie benutzte die Alphabettafel
für spiritistische Sitzungen

Ich bekomme viele Briefe von Männern und Frauen, die in verschiedenen Bundesstaaten wohnen und behaupten, nachts Stimmen zu hören; diese schrieen ihnen obszöne und vulgäre Bemerkungen sowie alle möglichen Schimpfwörter ins Ohr. Eine Frau schrieb sogar, ein Geist habe sie aufgefordert, Selbstmord zu begehen und sich ihm in der nächsten Dimension anzuschließen.

Sie hatte die Alphabettafel für spiritistische Sitzungen benutzt und lebte in der ständigen Angst, dass ein böser Geist von ihr Besitz ergreifen würde. Was sie ständig befürchtete, kam schließlich über sie. Ihr war nicht klar, dass das Unterbewusstsein jede Art von positiver oder negativer Suggestion akzeptiert und dass ihre Angst vor einem bösen Geist für jenes einen dauernden Befehl darstellte, auf den es dann reagierte, um so die Rolle eines bösen Geistes zu spielen. Eigentlich war es das eigene Unterbewusstsein, das ihr in dieser Weise antwortete.

Ich gab ihr das folgende, sehr wirkungsvolle Gebet mit der Empfehlung, es tagsüber oder abends viele Male und so oft wie nötig laut zu wiederholen – dann würde sie die Gegenwart Gottes fühlen. Die intensive Konzentration verbanne alle unguten und störenden Einflüsse aus ihrem Bewusstsein. Sie solle diese Wahrheiten bekräftigen, sich deren Inhalt vergegenwärtigen und mutig erklären:

»Ich meine es und ich verfüge es: Gott lebt in mir. Er spricht und wandelt in meinem Innern. Mein Leben ist Gottes Leben, und Sein Friede erfüllt meinen Geist und mein Herz. Seine Liebe durchdringt meine Seele. Ich eigne mir mehr Weisheit, Wahrheit und Schönheit an. Ich bin ganz, ich bin stark, ich bin glücklich, frohgemut und frei. Mit Gottes Kraft, die mich stärkt, kann ich alles schaffen. Ich weiß, dass ich das werde, was ich mit »ICH BIN« verknüpfe. Gott sorgt für mich. Ich bin umgeben vom heiligen Kreis ewiger Göttlicher Liebe. Gottes Rüstung hüllt mich völlig ein. Er führt mich. Sein Licht scheint in mir.«

Nach dieser spirituellen Meditation sollte sie ihrem Unterbewusstsein beherzt, entschlossen und mit schneidend scharfer Stimme folgenden Befehl erteilen: »Ich bestimme, dass du jetzt aus mir fährst! Das meine ich ernst. Ich spaße nicht. Verschwinde! Gott ist jetzt bei mir. Wo immer Gott ist, gibt es kein Übel. Komm nie wieder zurück! Ich bin frei.«

Dank dieser Methode wurde sie innerhalb zweier Wochen von ihrem Geisterglauben völlig geheilt. Sie spielt jetzt nicht mehr mit der Alphabettafel herum.

Ergreifen Sie diesen Schlüssel

Die Bibel sagt: *Ich bin, der ich bin* (Exodus 3,14), und verweist damit auf das unbedingte Sein – den Allmächtigen Lebendigen Geist. Er ist der namenlose Name. Er bezeichnet die Einzige Gegenwart und Macht – Gott. Moses versucht hier, das Unendliche Wesen Gottes zum Ausdruck zu bringen, das form- und gesichtslos, zeit- und raumlos ist.

»ICH BIN« bedeutet, dass Sie die Gegenwart Gottes in Ihrem Innern verkünden. Sie sind eine individuelle Gestaltung des Unendlichen. Wenn Sie sagen: »ICH BIN John Jones«, erklären Sie damit, dass Sie ein Mann mit einem bestimmten Namen, einer Nationalität, persönlichen Eigenschaften, einem gewissen sozialen Status usw. sind. Mit anderen Worten: Sie sind das Allumfassende Leben, das in diesem Menschen zur Erscheinung kommt. Was immer Sie mit »ICH BIN« in Zusammenhang bringen, das werden Sie auch.

Benutzen Sie die folgende Bestätigungsformel und fühlen Sie die Wahrheit dessen, was Sie bestätigen: »ICH BIN ganz, stark, mächtig, liebevoll, glücklich, erfolgreich, beseelt und erleuchtet.« Machen Sie es sich zur Gewohnheit, diese Wahrheiten zu wiederholen, dann werden Sie den Schlüssel entdecken, der das Schatzhaus in Ihrem Innern öffnet.

Der Anfang und das Ende

In einem kürzlich von mir abgehaltenen Bibelkurs über die tiefere Bedeutung der Offenbarung des Johannes fragte ein Mann nach dem Sinn jenes Verses: *Ich bin das A und das O, der Anfang und das Ende …* (Offenbarung 1,11)

Er war Geschäftsmann, und ich gab ihm folgende Erklärung: ICH BIN ist die Gegenwart Gottes in uns allen. Es ist das unbedingte Bewusstsein, die einzige Gegenwart und Macht, die Ursache jeder konkreten Erscheinungsform, die Allgegenwart und unser aller Leben. Das individuelle ICH BIN ist das universale, durch die jeweiligen Gedanken und Überzeugungen bedingte ICH BIN. Es ist unser persönliches Bewusstsein, also die Art und Weise, wie wir denken, fühlen und glauben, und zugleich das, was wir innerlich gutheißen.

Der Mann erfasste allmählich den Gehalt jener Aussage: *ICH BIN der Anfang und das Ende*, denn unser Bewusstsein ist der Anfang jeder Unternehmung. Dann erst folgen unsere Handlungen, Erfahrungen und die daraus sich ergebenden Resultate.

Vielleicht fangen wir an, ein Buch zu schreiben, was einige Zeit in Anspruch nimmt; und irgendwann werden wir es schließlich beenden. Das Gleiche trifft auf jede Erfindung, Entdeckung oder geschäftliche Angelegenheit zu. Der Anfang liegt im Bewusstsein der betreffenden Person. Wenn sie ihr Projekt mit Glauben und Zuversicht beginnt, wird sie es auch zu einem erfolgreichen Abschluss bringen. Das Ende stimmt mit dem Anfang überein.

Jener Mann erzählte, er habe angefangen, voller Liebe im Herzen Postkarten mit religiösen Motiven zu malen, und dann von fast allen Menschen, denen er sie zuschickte, ergreifende Dankesbriefe erhalten. Auch seine jetzige Ehefrau hatte eine solche Karte bekommen, und auf diese Weise war sie in sein Leben getreten.

Beginnen Sie Ihre Unternehmung mit Glauben und Zuversicht, dann wird sie von Erfolg gekrönt sein. Anfang und Ende sind im Grunde eins. Denken und Fühlen bilden den Anfang, die entsprechenden Ergebnisse das Ende.

Sie scheiterte drei Mal

Eine Immobilienmaklerin sagte, sie habe drei verschiedene Büros eröffnet und sei jedes Mal kläglich gescheitert. Sie ging zur Kirche, empfing das Abendmahl, und betete regelmäßig für Erfolg und Wohlergehen. Auch für diese Geschäftsfrau war die richtige Erklärung zugleich das Heilmittel. Sie hatte Angst zu versagen und rechnete damit, dass sie tatsächlich versagen würde. In ihrem Kopf war der Fehlschlag schon vorprogrammiert. Diese ständig negative Einstellung unterminierte all ihre beruflichen Tätigkeiten. Sie zog zwar Kunden an und hatte eine Reihe von günstigen Gelegenheiten, aber das innere Grundmuster des Scheiterns blieb bestehen. Da sie mit dem Gedanken an Misserfolg begann, konnte das Ergebnis nicht anders als schlecht ausfallen.

Sie lernte schließlich, die innere Einstellung zu ändern, und in ihrem Bewusstsein das Grundmuster des Gelingens zu etablieren, indem sie jeden Morgen und Abend bekräftigte: »Der Unendliche Geist führt mir Kunden zu, die das nötige Geld zum Kauf haben und sich die von mir angebotenen Wohnungen und Häuser wünschen. Sie sind ebenso begünstigt wie ich selbst. ICH BIN in all meinen Unternehmungen ein enormer Erfolg. ICH BIN geboren, um zu gewinnen und meine Ziele zu erreichen. Ich weiß, wenn ich mit der Vorstellung vom Erfolg beginne, wird auch das Ende erfolgreich sein.«

Sobald ihr ängstliche Gedanken kamen, ersetzte sie diese sofort durch die Versicherung: »Der Erfolg ist auf meiner Seite. Das ist wunderbar.« Daraus machte sie eine Gewohnheit, und da das Unterbewusstsein der Sitz der Gewohnheit ist, hat sie jetzt zwangsläufig Erfolg. Sie geht ihren Weg, der steil bergauf führt.

Ihre Stimmung ist ansteckend

Jeder kennt den verdrießlichen Arbeiter oder die schnippische Verkäuferin, die Kunden, Menschen überhaupt und so ziemlich alles in der Welt heftig kritisieren. Diese negative Einstellung wird von den anderen unterbewusst aufgenommen, mit der Folge, dass sie in einen öden Trott verfallen und niemals die Leiter des Lebens hochsteigen. Viele Menschen sind verbittert und neidisch auf jene, die Sprosse um Sprosse erklommen haben. Diese von Missgunst und Unbehagen geprägte Stimmung beraubt sie der Lebenskraft, und sie sind immer müde, erschöpft und teilnahmslos.

Warmherzige, freundliche, verständnisvolle und aufgeschlossene Menschen hingegen setzen die heilsame Lebenskraft frei und bringen das Licht Göttlicher Liebe in ihre Arbeit mit ein.

Seien Sie ein guter Chef

Sie werden zu einem guten Chef, wenn Sie nicht mehr Ihre Abstammung, Ihre Eltern, Ihre frühe Kindheit oder Ihre Umgebung für die eigenen Fehler und Schwächen verantwortlich machen. Es hat keinen Sinn, die Schuld bei anderen zu suchen; die Ursache jedweden Problems liegt im persönlichen Denken und Fühlen. Sie können niemanden ändern außer sich selbst.

Lernen Sie, Ihre Gedanken, Gefühle, Handlungen, Reaktionen unter Kontrolle zu bekommen und umsichtig in die richtigen Bahnen zu lenken. Erkennen Sie, dass Sie der Herrscher über Ihren Geist und Ihr Leben sind. Beanspruchen Sie, stets von Göttlichem Gesetz und Göttlicher Ordnung geleitet zu werden. Fangen Sie an, aus dem Göttlichen Zentrum im Innern zu denken, zu sprechen, zu agieren und zu reagieren. Sie können Ihre Gedanken gleichsam befehligen und festlegen, worauf sie sich richten sollen. Sorgen Sie dafür, dass all Ihre Gedanken Sie belohnen mit Gesundheit, Erfolg, harmonischen Beziehungen – sowohl heute als auch in künftigen Lebensphasen.

Wer sich weigert, Verantwortung für sein Denken zu übernehmen, wird von Situationen, Bedingungen und anderen Menschen dominiert und manipuliert. Er unterliegt dem Einfluss des Massenbewusstseins, wird herumgestoßen, genötigt, unterdrückt. Bestimmen Sie daher selbst über Ihre Gedanken, die auf Göttlichen Grundsätzen und ewigen Wahrheiten beruhen, dann werden all Ihre Wege angenehm und friedlich sein.

Glücklicher Zufall

Kürzlich sprach ich mit einem achtzigjährigen Mann, der mir erzählte, dass seine Maxime immer gelautet habe: »Ich rechne mit dem glücklichen Zufall.« Und der war ihm während des ganzen Lebens gewogen. Seine Mutter, eine Quäkerin, hatte ihm schon in früher Kindheit gesagt: »John, erwarte stets das Glück, dann wird es dir auch zuteil.« Das ist ein weiser Rat, weil wir alle das bekommen, was wir vom Leben erwarten – und nicht unbedingt das, was wir uns wünschen.

Glauben Sie an das Glück, dann werden Sie es in jeder Hinsicht erfahren, denn das Gesetz des Lebens ist das Gesetz des Glaubens.

Erkennen Sie sich selbst

Die Bibel sagt: *Es soll auch kein Mischling in die Gemeinde des HERRN kommen; auch seine Nachkommenschaft bis ins zehnte Glied soll nicht in die Gemeinde des HERRN kommen.* (5. Mose 23,3) Der biblische Ausdruck »Unser Vater« meint das Lebensprinzip, das unser gemeinsamer Urahn ist. Wir alle sind Brüder und Schwestern und eng miteinander verbunden.

Jeder Mensch sollte die Quelle kennen, der er entsprungen ist. Die Bibel befasst sich mit Psychologie und Metaphysik und spricht in Metaphern und Gleichnissen. Wir müssen deren verborgenen Sinn entdecken. Wenn jemand nicht weiß, dass Gott oder die Unendliche Intelligenz ihm innewohnt, kann er die Herausforderungen des Lebens nicht in der Weise bestehen, wie es notwendig wäre. Er übersieht, dass er über Weisheit und Kraft verfügt, die ihn befähigen, jedes Problem zu lösen, sich triumphierend zu erheben und seine Persönlichkeit auf höchster Stufe zum Ausdruck zu bringen.

Wer die eigenen Vorfahren als Quelle seines Daseins betrachtet, beschränkt in der Tat sich selbst und glaubt, durch die Umgebung, die Erziehung sowie die kleinmütigen Ansichten der früheren Generationen eingeengt zu werden. Die Einsicht, dass sein wahrer Vater Gott ist und dass er sämtliche Kräfte, Eigenschaften und Möglichkeiten des Unendlichen geerbt hat, verleiht ihm das Gefühl und das Bewusstsein, große Leistungen erzielen zu können, und so wird er fortfahren, einen Berg nach dem anderen zu bezwingen.

Es wäre absurd, die eingangs zitierte Passage aus dem Deuteronomium wörtlich zu nehmen, doch wenn ein Mensch seine wahre Quelle kennt und sich mit dem Unendlichen in Einklang bringt, weist er die Illusionen, irrigen Überzeugungen und abergläubischen Vorstellungen der Massen scharf zurück und wird zum Meister seiner Verhältnisse und Bedingungen. Der Mensch entstammt einer königlichen Linie, denn sein Vater ist Gott, und Gott ist Geist; oder, mit den Worten Emersons: »Jeder Geist baut sich sein eigenes Haus.« So hat er die Zügel fest in der Hand und gestaltet sein Schicksal selbst.

… dir geschehe, wie du geglaubt hast. (Matthäus 8,13)

Michael A. Singer

Die Seele will frei sein

Eine Reise zu sich selbst

Aus dem Amerikanischen von
Oliver Fehn.
Taschenbuch.
www.allegria-verlag.de

Öffne dein wahres Selbst!

Wir alle sind nahezu unablässig von Gedanken erfüllt.
Dieses pausenlose Denken macht die Welt aus, in der
wir leben. Doch eigentlich sind wir mehr als das. Im
Grunde sind wir frei, und uns steht eine unermessliche
Energie zur Verfügung.

Der Bestsellerautor Michael A. Singer führt uns Schritt
für Schritt dazu, die eigene Wahrnehmung zu beobachten und sich dem anzunähern, was hinter dem Fühlen und Denken steht.

Ein Zenmeister gibt Tipps für den Alltag

Es braucht keinen Tempel, um sich selbst und innere Ruhe zu finden

Ist Ihr Alltag geprägt von Hektik, Technologie und unerledigten Aufgaben? *New York Times*-Bestsellerautor Pedram Shojai zeigt, wie auch Sie Ihr Leben mit der Gelassenheit eines Zenmeisters leben können. Urban Monk ist ein praxistaugliches Lebenskonzept, das östliche Weisheitstraditionen auf den modernen Menschen und seinen Alltag überträgt. Mit Übungen und Tipps als Soforthilfe gegen Zeitmangel, Einsamkeit oder fehlende Naturverbundenheit eröffnet Pedram Shojai hundert praktische Wege, um sich besser zu fühlen und besser zu handeln.

»Die lockere Sprache macht es leicht, sich von der Begeisterung des Autors anstecken zu lassen.« natur & heilen

Pedram Shojai
Urban Monk
Der buddhistische Wegweiser für einen
glücklichen Alltag

Aus dem Amerikanischen von Antje
Korsmeier
Taschenbuch
Auch als E-Book erhältlich
www.ullstein.de

ullstein

Pascal Voggenhuber

ENJOY THIS LIFE®

Wie du dein ganzes
Potential entfaltest

Klappenbroschur.
Auch als E-Book erhältlich.

Die neue, erfolgreiche Methode jetzt als Buch

Enjoy this Life® ist der neue Kurs von Pascal Voggenhuber, in dem er zeigt, wie wir wieder mehr Freude ins
Leben bringen. Die hier vorgestellte Methode basiert
auf dem gleichnamigen erfolgreich gestarteten On-
line-Seminar des Autors. Mit einfachen, aber bewähr-
ten Übungen gibt er Hilfestellungen, das eigene Leben
bewusst zu gestalten und seine wahre Bestimmung
zu leben. Mit Einfühlungsvermögen und Achtsamkeit
zeigt er dem Leser, wie er sich selbst neu kennenlernen
und zum Schöpfer eines neuen Selbstbewusstseins
werden kann.

Ein neuartiges, modernes und sofort anwendbares
Konzept für ein selbstbestimmtes Leben.